ADAC Reiseführer

Türkei

Südküste

von Erica Wünsche

Intro

Unterwegs

Türkei Südküste Kaleidoskop

Karten und Pläne

Service

Türkei Südküste Impressionen

Riviera des Ostens

Herrliche duftende Orangen- und Zitronenhaine, exotisch blühende Bananenstauden, Oleander, Palmen, Feigen- und Maulbeerbäume an einer Küste, die durch bewaldete oder kahlgraue Felsberge begrenzt wird: Die türkische Südküste verdient in weiten Abschnitten wahrhaftig den Namen ›Riviera des Ostens‹. Denn wo sonst im östlichen Mittelmeer sind Uferzonen durch zwei- bis dreitausend Meter hohe **Bergbarrieren** vor kalten Nordwinden geschützt? Wo sonst gibt es im Schutz der Berge genügend Winterregen, welche Schwemmlandebenen der Kleinasiens der **Lykische Taurus**. Wo sich sein Küstensaum dem Meer vermählt, liegen sand- und kiesgerahmte einsame Buchten, die zu Recht als ›türkisblaue Küste‹ gepriesen werden. Der fruchtbare Mittelabschnitt zwischen Antalya und Alanya gilt als Herz der Riviera, während der östliche Küstenbereich – das antike **Kilikien** – mit seiner teils wilden, teils kultivierten Karstlandschaft weniger lieblich wirkt. Doch auch hier bietet die Küste, was viele Urlauber ersehnen: Sonne, lange Sand- und Kieselstrände; **Badesaison** von April bis Anfang Oktober!

Flüsse in fruchtbare Gärten Eden verwandeln? Hier gedeihen nicht nur Agrumen, Bananen, Aprikosen, Gemüse und Erdnüsse, hier liegt auch das größte **Waldgebiet** des Mittelmeerraums. Es hat in weiten Bereichen seinen ursprünglichen, typisch mediterranen Charakter bewahrt und besteht aus Steineichen, Erdbeerbäumen, Terebinthen und Baumheiden, aus wild wachsenden Öl-, Johannisbrot- und Judasbäumen. Andere Waldgebiete, speziell in den Bergen, sind mit Rot- und Schwarzkiefern aufgeforstet, die mit ihrem Duft ganze Regionen erfüllen.

Die türkische Südküste ist längst nicht so stark durch Halbinseln und vorgelagerte Inseln zergliedert wie die Westküste, dennoch weist auch sie deutlich unterscheidbare Regionen auf. Im Westen steht wie ein markanter Eckpfeiler

Oben: *Das Theater von Aspendos gehört zu den bedeutendsten Stätten der Antike – und doch ist es nur eines von insgesamt dreißig in dieser Region*
Unten: *Ölü Deniz bei Fethiye. In zahllosen Buchten können Urlauber ihren Lieblingsstrand entdecken, es muss nicht unbedingt der berühmteste sein …*
Links: *Die türkische Südküste wird zu Recht Riviera des östlichen Mittelmeers genannt. Ob kleine oder große Boote: Die Küste bietet allen gute Hafen- und Ankerplätze*
Rechts: *Zarter Duft entströmt der Blüte der Meerstrandnarzisse (Pancratium maritinum)*

Links: *Alanya wurde mit seinen sehenswerten Bauten und feinen Stränden schon 1965 von den Touristen entdeckt*
Mitte: *Das nur 40 Zentimeter hohe Relief am Sarg einer Frau rührt noch nach zweitausend Jahren ans Herz. Wollkorb, Fächer und Spindel erinnern an ihr Leben, Schwalbe, Schmetterling und Tür an den Übergang ins Jenseits (Museum Side)*
Unten: *Treffpunkt der türkischen Männer ist das Teehaus*

Glanz der Antike – neu belebt

Dass diese Landschaft erst 1970 von den Tourismusmanagern entdeckt wurde, erhöht ihren Reiz. Denn nun konnten bei der Planung der Hotelzentren die Bausünden anderer Urlaubsgebiete weitgehend vermieden werden. Ebenso günstig war, dass die gesamte Region jahrhundertelang in einem Dornröschen-Schlaf gelegen hatte. Das Machtzentrum des Osmanischen Reiches lag weit entfernt in Konstantinopel, dem heutigen Istanbul; die Handelsrouten führten an den meisten Häfen der Südküste vorüber. Die Region war unwichtig geworden und weitgehend entvölkert. So sind hier durch die Archäologen antike Städte und Stätten freigelegt worden, die auch dem Laien in imponierender Weise griechisch-römische Kultur vor Augen führen. In Aspendos gibt es das besterhaltene Theater der gesamten Antike, in Perge und Side wandert man auf Straßen, die römische Kaiser und christliche Apostel benutzten; überall finden sich antike Thermen, Theater und Grabfelder.

Türkei im Wandel

Noch Ende der 1990er-Jahre schienen der Türkei und ihren Urlaubsregionen am

Oben: *Die steilen Felswände der lykischen Westküste – wie hier in Myra – boten sich für großzügig angelegte Höhlengräber geradezu an*
Unten: *Geduldig wartet die Bäuerin am Markttag auf Käufer, den eigentlichen Handel übernimmt der Ehemann*

Mittelmeer unruhige Zeiten bevorzustehen: Die Kurdische Arbeiterpartei (PKK) verübte auch in Tourismusgebieten Anschläge und die Besucherzahlen sanken. Doch 1999 gelang es den Sicherheitsbehörden, den PKK-Vorsitzenden Abdullah Öcalan zu verhaften. Um den Beitritt der Türkei zur EU zu ermöglichen, setzt die Regierung mittlerweile auf einen Ausgleich mit der kurdischen Bevölkerung, was allerdings immer wieder von Rückschlägen begleitet wird.

Mittlerweile haben sich an der türkischen Südküste übrigens viele Deutsche dauerhaft niedergelassen, in der Region um Antalya sollen es bis zu 20 000 sein.

Der Reiseführer

Dieser Band möchte dem interessierten Urlauber die bedeutendsten Stätten der **türkischen Südküste** nahebringen. In drei Hauptkapiteln folgt die Autorin der geographischen Gliederung von West nach Ost, ohne bestimmte Fahrtrouten vorzugeben. Erprobte Rundgänge führen durch Städte und antiken Stätten.

Übersichtskarten, Stadtpläne sowie **archäologische Grabungspläne** erleich-

Oben: *Die Reichhaltigkeit türkischer Märkte an frischem Gemüse und Obst ist faszinierend. Oft vergessen wir, dass unsere Küche durch türkische Zuwanderer um viele Gemüsesorten bereichert wurde*
Unten: *Baumwollpflücker in der Çukurova. Die Türkei gehört zu den größten Baumwollproduzenten der Welt*
Oben rechts: *Touristen schätzen nostalgische Souvenirs wie die traditionellen Kupfer- und Messinggefäße*

Tradition und Moderne sind an der Südküste stärker miteinander verbunden als im Inland. **Unten:** *Noch blitzt das Arbeitsgerät des Schuhputzers und der Besuch im Teelokal gilt nicht als ›Arbeitspause‹. Aber Jugendliche messen ihr Image bereits an ›Outfit‹ und ›PS‹*

tern die Orientierung. Die **Top Tipps** bieten Empfehlungen zu Sehenswürdigkeiten, Restaurants, Hotels oder Stränden. Den Besichtigungspunkten sind **Praktische Hinweise** mit Tourismusbüros sowie verschiedene Hotel- und Restaurantadressen angegliedert. Der **Aktuelle Teil** bietet alphabetisch geordnet Nützliches von Informationen vor Reiseantritt über Einkaufstipps und Sportmöglichkeiten bis zu Verkehrsmitteln im Land. Hinzu kommt ein umfassender **Sprachführer**. Ein **Kaleidoskop** von Kurzessays zu landesspezifischen Themen wie z. B. den sozialen Verhältnissen oder der Handwerkskunst rundet den Reiseführer ab.

Geschichte, Kunst, Kultur im Überblick

Vom legendären Troja über das Reich der Byzantiner und Seldschuken zur modernen Türkei

Die Chimäre gehört zu den lykischen Fabelwesen, die bis heute in unserem Sprachschatz existieren

250 000 v. Chr. Früheste Spuren nomadisierender Jäger in der Karain-Höhle, die bis ins 1. Jh. v. Chr. sporadisch bewohnt war und dann als Kultort galt.
7000 v. Chr. Zeichnungen in der Grotte von Beldibi.
3000 v. Chr. Erste Kupferschmelze an der Südküste.
2600–2200 v. Chr. Bronzezeitliche Siedlungen bei Elmalı.
1750–1200 v. Chr. Die Südküste gehört zum Einflussbereich des hethitischen Großreichs. Vielleicht sind die Lykier das in hethitischen Texten erwähnte ›Volk der Luka‹. Kilikien ist in dieser Zeit ein wichtiges Ausfallgebiet der Hethiter nach Süden (Kämpfe und Verträge mit Ägypten).
um 1180 v. Chr. Zerstörung von Troja. Nachhall der Kämpfe in der ›Ilias‹. Homer erwähnt das »tapfere und reiche Volk« der Lykier als Verbündete der Trojaner.
Es kommt zu einer ersten Einwanderungswelle griechischer Siedler in Pamphylien unter den sagenhaften ›Gründern‹ Mopsos und Amphilochos. Die Einwanderer gehören verschiedenen Stämmen an (Pamphylien = alle Stämme) und mischen sich in der Folgezeit mit den Einheimischen.
1050–850 v. Chr. Späthethitische Kleinkönigreiche.
840–800 v. Chr. Der hethitische Kleinkönig Asitawanda errichtet die Sommerresidenz von Karatepe.
546 v. Chr. Die Perser erobern die Südküste und setzen Satrapen als Statthalter ein; die lykischen Dynasten regieren in der Folgezeit relativ selbstständig. Es entstehen einzigartige Pfeiler-, Haus- und Felsgräber in Lykien.
ab 500 v. Chr. Zusammenschluss lykischer Städte im Lykischen Bund. Seine Bedeutung schwindet jedoch in der römischen Kaiserzeit.
um 480 v. Chr. Harpyien-Monument in Xanthos.
469 v. Chr. Seeschlacht am Eurymedon: Die Flotte des Atheners Kimon besiegt die Perser.
429 v. Chr. Die Xanthier besiegen ein Flottenkontingent der Athener.
Anfang 4. Jh. v. Chr. Das Nereïden-Monument in Xanthos entsteht, das in seiner Architektur lykische und griechische Bauformen miteinander verbindet.
um 380/360 v. Chr. Der lykische Dynast Perikles errichtet das Mausoleum von Limyra.
334/333 v. Chr. Alexander der Große erobert die Südküste und überwintert in Phaselis. Die Städte blühen auf und schmücken sich mit Bauten im griechischen Stil. Griechisch wird Amtssprache.
323 v. Chr. Tod Alexanders. Die kleinasiatische Halbinsel wird in der Folgezeit zum großen Streitobjekt seiner Nachfolger. Wechselnde Vorherrschaft der Seleukiden und der Ptolemäer.

Einer der überraschendsten Funde aus hethitischer Zeit war die äußerst seltene Schiffsabbildung im Sommerpalast von Karatepe ▷

Für die alten Griechen war die ganze Natur beseelt und teilweise personifiziert. So entquillt das Flusswasser des Kestros einer Amphore, auf die sich der Flussgott stützt (Theater von Perge)

190 v. Chr. Aspendos gerät unter die Herrschaft von Pergamon.
159–138 v. Chr. Attalos II. von Pergamon gründet Attaleia (Antalya).
133 v. Chr. Das Reich von Pergamon fällt durch Testament des letzten Königs (Attalos III.) an Rom. Von nun an stärkeres Engagement Roms an der Südküste, die durch ihre Häfen für das Römische Reich strategisch sehr interessant wird.
1. Jh. v. Chr. Einrichtung der Provinz Kilikien, die allerdings vorwiegend Pamphylien umfasst.
79 v. Chr. Der römische Statthalter Verres plündert den Artemis-Tempel in Perge und entwendet dabei kostbare Statuen und Weihegeschenke .
67 v. Chr. Pompejus befreit das östliche Mittelmeer von den Piraten und siedelt einen Teil von ihnen in Kilikien an.
41 v. Chr. Begegnung von Kleopatra und Antonius in Tarsos.
31 v. Chr. Oktavian besiegt Antonius und begründet als Kaiser Augustus eine fast 250-jährige Friedensperiode.
um 10 n. Chr. Paulus wird als ›Saulus‹ und Sohn jüdischer Eltern in Tarsos geboren.
um 50 Paulus missioniert in Kleinasien, besucht Attaleia und Perge.
1. und 2. Jh. Die römischen Kaiser bereisen die Südküste. Von ihnen oder zu ihren Ehren werden in den Städten Ehrentore, Brunnen und Getreidespeicher gestiftet.
2. Jh. Die hl. Thekla stirbt in Kilikien (Meryamlik).
um 280 Der hl. Nikolaus wird in Patara geboren und wird Anfang des 4. Jh. Bischof in Myra.
284–305 Kaiser Diokletian. Trennung der Verwaltung in Ost- und Westrom. Unterteilung der Provinzen in ›Diözesen‹. Das Christentum gewinnt zunehmend an Boden.
ab 330 Die Südtürkei gehört zum Byzantinischen Reich, das von christlichem Glauben, römischem Recht und griechischer Sprache bestimmt wird.
392 Kaiser Theodosius I. verbietet die heidnischen Kulte. Die großen Tempel werden zu Kirchen umgebaut oder dienen als Steinbrüche.
399 Die Goten greifen Selge an.
650 Arabische Überfälle an der pamphylischen Küste; Verfall der Städte.
860–869 Antalya von Arabern besetzt.
1071 In der Schlacht von Manzıkert/Malazgırt (Ostanatolien) schlagen die muslimischen Seldschuken das byzantinische Heer. Sie errichten nun in Zentralanatolien ein Sultanat mit der Hauptstadt Konya. In der Folge entsteht im Stil der seldschukischen Architektur die Zitadelle von Alanya.
12.–13. Jh. Christliche Armenier übersiedeln von Ostanatolien nach Kilikien und errichten kleine Königreiche.
1190 Kaiser Friedrich Barbarossa ertrinkt auf dem dritten Kreuzzug im Saleph (Göksu Çayı) vor Silifke.
1207 Antalya geht endgültig in seldschukischen Besitz über.
1220 Ausbau der Festung Alanya.
1231–39 An den wichtigen Handelsstraßen der Südküste lassen die Seldschuken Karawansereien errichten.
1471 Die Osmanen erobern Silifke.
1481–1512 Sultan Beyazıt gliedert Antalya ins Osmanische Reich ein.
1517 Die ganze Südküste gehört zum Osmanischen Reich, das nun auch Syrien, den Libanon und Ägypten umfasst.
17., 18. und 19. Jh. Viele Häfen der Südküste versanden. Das Christentum verliert (u. a. infolge hoher Besteuerung) Anhänger, wird jedoch geduldet.
1908/09 Die Verschwörung der Jungtürken zwingt den Sultan zur Anerkennung der Verfassung.
1912/13 In den Balkankriegen verliert das Osmanische Reich, außer Istanbul und Adrianopel, alle europäischen Gebiete.
1918 Das Osmanische Reich gehört zu den Verlierern des Ersten Weltkriegs. Italien meldet Ansprüche auf den Südwesten (Teile Lykiens und

Pamphyliens) an, Frankreich besetzt den Südosten (Teile Kilikiens).

1919 Mustafa Kemal (später Atatürk) besiegt ein griechisches Invasionsheer.

1923 Fast alle Griechen verlassen im Rahmen eines Bevölkerungsaustausches die Türkei.

1923 Gründung der Türkischen Republik. Erster Präsident ist Mustafa Kemal (Atatürk). Im Frieden von Lausanne erhält die Türkei ihr heutiges Staatsgebiet.

1938 Tod Atatürks.

1939–45 Türkei bleibt im Zweiten Weltkrieg neutral.

1945 Einführung eines Mehrparteiensystems; Weg in die Demokratie.

seit 1980 Es kommen zunehmend mehr Touristen ins Land. Die Erschließung der Küstenregionen und der Ausbau der Infrastruktur erfolgen.

ab 1984 Aufstand der Kurden im Südosten der Türkei, die als ›Bergtürken‹ keine Autonomie besitzen.

1987 Offizieller Antrag der Türkei auf Vollmitgliedschaft in der EG.

1989–93 Turgut Özal Staatspräsident. Der Islam gewinnt stark an Bedeutung. Trotz wirtschaftlichen

Das charakteristische osmanische Sultanszeichen steht am Beginn der Stadtmauer-Inschrift von Antalya, die heute im Museum verwahrt wird

Aufschwungs hat das Land mit einer enormen Inflation zu kämpfen.

1993 Nach dem Tod Özals wird Süleyman Demirel Staatspräsident. Erstmals kommt es zu massiven gegen den Tourismus gerichtete Terroranschläge der kurdischen Arbeiterpartei (PKK) in Antalya. Verbot der PKK in Deutschland; als unmittelbarer Protest werden daraufhin zahlreiche öffentliche Einrichtungen in Deutschland von PKK-Symphatisanten besetzt.

1995 Die islamistische Wohlfahrtspartei (Refah Partisi) wird unter Erbakan mandatstärkste Partei.

1996 Zollunion für gewerblichen Handel zwischen EU und Türkei.

1996/97 Erbakan wird Ministerpräsident einer Koalitionsregierung.

1998 Verbot der Refah. Koalition unter Yilmaz.

1999 Bülent Ecevit, Chef der Demokratischen Linkspartei (DSP) wird Premier. – PKK-Führer Abdullah Öcalan wird verhaftet, die Todesstrafe gegen ihn wird auf Druck der EU später in lebenslange Haft umgewandelt. – Im August ereignet sich ein schweres Erdbeben östlich von Izmit.

2001 Die islamistische Tugendpartei (Fazilet) wird verboten. – Nach den Anschlägen in den USA vom 11. September wird der NATO-Partner Türkei (mit der osttürkischen Militärbasis Incirlik) zum wichtigsten Verbündeten der USA im Mittleren Osten.

2002 Die konservative AKP unter Recep Tayyip Erdogan, gegründet als Nachfol-

Der Türsturz der Evangelisten-Kirche in Alahan zeigt ein von zwei Engeln getragenes Christusrelief, das Christi Himmelfahrt symbolisiert

Neue alte Macht – der Islam

Fünfmal am Tag rufen die Muezzine zum Gebet und täglich werden ihre Stimmen lauter. Denn in den vergangenen Jahren entstanden landesweit ungezählte neue, z. T. riesige Moscheen. Erstmalig forderte der 1993 verstorbene Staatspräsident Turgut Özal eine **Synthese von Türkentum und Islam**. In den Ministerien wurden Gebets- und Fastenzeiten stärker beachtet, private Koranschulen geduldet, saudisches Kapital ins Land geholt.

Nach Özals Tod 1993 stellten zweimal streng islamistische Parteien die Regierungsmehrheit. Ihre Erfolge basierten auf der auch bei Türken in Deutschland feststellbaren neuen Identitätssuche im Islam, beide wurden allerdings vom Nationalen Sicherheitsrat des Militärs verboten. Ende 2002 errang die konservativ-islamische AKP unter Recep Tayyip Erdogan einen überwältigenden Wahlsieg, Ziel der neuen Regierung ist die Aussöhnung islamischer, liberaler und säkularer (kemalistischer) Türken. Dabei könnte ihr auch die seit 2002 wieder rasch expandierende Wirtschaft helfen.

Durch einschneidende Reformen (u. a. die Entmachtung des Nationalen Sicherheitsrats, der seit 1960 vier Regierungen absetzte) strebt Erdogan die Mitgliedschaft in der EU an. Während also einerseits die Modernisierung der Türkei betrieben wird, bleibt die vermeintliche Islamisierung des Erziehungs- und Bildungswesens durch die AKP-Regierung das umkämpfteste Gebiet türkischer Innenpolitik.

In den letzten Jahren werden islamische Gebote wieder strenger befolgt. An hohen Feiertagen finden nicht alle Gläubigen in der Moschee Platz

gerin der Tugendpartei, erringt bei den Parlamentswahlen die absolute Mehrheit im Land. Ihr vorrangiges Ziel ist der Beitritt der Türkei zur EU. Um ihn zu ermöglichen stärkt sie u. a. die Menschenrechte, weitet die Pressefreiheit aus und drängt den Einfluss des mächtigen Militärs zurück.

2004 Eine von Istanbul unterstützte Volksabstimmung über die Wiedervereinigung Zyperns scheitert an der Ablehnung durch die griechische Bevölkerungsmehrheit in der Republik Zypern.

2005 Große Währungsreform. – EU für Beitrittsverhandlungen mit der Türkei. – Im Februar übernimmt die Türkei das Kommando über die NATO-Streitkräfte in Afghanistan. – Der Schriftsteller Orhan Pamuk, geb. 1952, erhält den Friedenspreis des deutschen Buchhandels. Pamuks Romane verknüpfen Erzählkunst und Wissen von Orient und Okzident.

Zu den Reformen Atatürks gehörte der von Mädchen und Jungen gemeinsam besuchte Unterricht. Respekt vor Älteren, Sinn für Anstand und Ehre und Stolz auf die türkische Nation sollen hier vermittelt werden ▷

Der Tempel des Apoll in Side – traumhaft am Meer gelegen

Unterwegs

Lykien – wildromantische Türkisküste, Heimat der Götter und Helden

Lykien gehört zu den schönsten Landschaften der Türkei. Im Zentrum liegt der **Lykische Taurus**, ein herbes, großartiges Bergland mit 2000–3000 m hohen, viele Monate im Jahr schneebedeckten Gipfeln, mit Hochebenen, Almen und Bergseen, Wäldern, Wasserfällen und Schluchten. Mehrere **Flüsse** haben sich vom Hochland einen Weg zur Küste gebahnt. Niemals schiffbar versorgten sie doch die Anrainer mit Frischwasser und fruchtbarem Erdreich. Schon Homer schwärmt in der ›Ilias‹ von den »schäumenden Fluten des Xanthos« und dem »reichen Volk des großen lykischen Landes«. Der **Waldreichtum** besaß früh wirtschaftliche Bedeutung und ist bis heute beeindruckend.

Die **Küste** wechselt zwischen Steilhängen und Schwemmlandebenen, sie bezaubert durch Buchten, Halbinseln sowie kleine und größere vorgelagerte Inseln, die teilweise in griechischem Besitz sind. Es gibt nur wenige Küsten, die Seglern so herrliche Ankerplätze bieten: glasklares Wasser, das an seichten Stellen auf dem Meeresgrund jeden Stein, ja häufig sogar die Mauerzüge versunkener Städte erkennen lässt, Lichtreflexe, die das Meer türkisgrün oder tiefblau leuchten lassen, verschwiegene Buchten, in denen man – als sei man allein auf der Welt – ankern, baden, surfen und sich sonnen kann!

Geschichte Bis ins Dunkel der Frühzeit scheint Lykiens Geschichte zurückzureichen. Ausgrabungen in der Umgebung von Elmalı haben Siedlungsreste der frühen **Bronzezeit** (2600–2200 v. Chr.) ans Licht gebracht und in den Annalen des hethitischen Großreichs (1750–1200 v. Chr.) werden Handelsbeziehungen zum ›Volk der Luka‹ erwähnt, bei dem es sich wahrscheinlich um die Lykier handelte. Laut Herodot wanderten die Lykier aus **Kreta** ein. Obwohl griechische Einflüsse in Lykien erst ab dem 6. Jh. v. Chr. sichtbar werden, lokalisierten die **Griechen** hier einige ihrer schönsten Mythen und Sagen. Zu ihnen gehört die Geschichte von Leto, der Mutter der Götterzwillinge Apollon und Artemis [s. S. 28]; der Tempelbereich Letoon galt als der heiligste Ort in Lykien und Letos Sohn Apollon wurde der wichtigste Gott Lykiens.

Im 6. Jh. v. Chr. kam Lykien unter **persische Herrschaft**. Alexander d. Gr. befreite das Land endgültig von der persischen Vorherrschaft, doch war die Südwestecke Kleinasiens unter den ihm nachfolgenden Diadochen wieder hart umstritten. Schon damals gab es den berühmten, fast legendären **Lykischen**

Auf den schmalen Bergterrassen wird Getreide mit der Sichel geschnitten

Jachten mit Transitlog können bis zu zwei Jahren in türkischen Gewässern bleiben. An der lykischen Küste wurden mehrere Jachthäfen – wie der von Fethiye – erweitert und modernisiert

Bund, von dem erst der griechische Geschichtsschreiber Strabo (64 v.–23 n. Chr.) Genaueres berichtet. Zu Strabos Zeit bestand er aus 23 stimmberechtigten Städten, die Abgeordnete zu einem Bundeskongress entsandten. Die bedeutendsten Städte besaßen je drei Stimmen, andere zwei oder nur eine; kleinere Orte schlossen sich auch zu einer Sympolitie (einer gemeinsamen Stimme) zusammen. Die Abgesandten wählten für ein Jahr einen Lykiarchen, dazu Bundesbeamte und Rechtsausschüsse. Aus jeder Stadt wurden untergeordnete Beamte und Geschworene für die Bundesgerichte ausgewählt. Strabo erwähnt, dass der Kongress sogar während der Zugehörigkeit zum Römischen Reich noch viele Fragen eigenständig regelte.

Bei der Ausbreitung des frühen Christentums spielte Lykien eine nicht unbedeutende Rolle. **Paulus** war hier und früh entstanden wohlhabende Gemeinden. Der **hl. Nikolaus** wirkte und starb in **Myra**, seine Grabeskirche blieb bis 1923 ein viel besuchter Wallfahrtsort. Durch die Versandung der Häfen verlor jedoch die Landschaft nach und nach an Bedeutung und Lykien versank in schläfrige Provinzialität, in der Erdbeben und Überfälle von Seeräubern und muslimischen Arabern zu den wichtigsten Ereignissen zählten.

1 Fethiye

Traumbucht der Segler mit wunderbar feinen Sandstränden, zu denen auch der ›schönste Strand der Türkei‹ am Ölü Deniz gehört.

An der Staatsstraße Nr. 400, 50 km vom Flughafen Dalaman; am weiten, von Bergen umgebenen Golf von Fethiye.

Fethiye wurde 1957 von einem Erdbeben so schwer zerstört, dass nur einige Straßenzeilen mit Altstadthäusern vor dem Felshang im Südosten der Stadt erhalten blieben. So ist Fethiye eine neue Stadt und besitzt an Denkmälern nur die Häuser der Toten, die seit mehr als zwei Jahrtausenden allen Erdbeben widerstanden.

Geschichte In der Antike hieß Fethiye *Telmessos* und gehörte noch im 5. Jh. v. Chr. nicht zu Lykien, wahrscheinlich hat erst der Dynast Perikles [s. S. 63 f.] Telmessos zu Lykien geschlagen. 334 v. Chr. ergab sich die Stadt Alexander d. Gr. Hier empfing er die Botschafter, die ihn nach Phaselis in Ostlykien einluden [Nr. 21].

Nach Alexanders Tod gehörte Telmessos kurze Zeit den Ptolemäern, dann den Attaliden, kam 133 v. Chr. an Rom und wurde 43 n. Chr. Teil der Doppelprovinz Lycia et Pamphylia.

451 wird der Bischof von Telmessos als Teilnehmer des Konzils von Chalcedon erwähnt; seit dem Mittelalter hieß die Stadt ›Makri‹ (griech. = die Lange, lang Gestreckte) und erst nach dem Wegzug der Griechen erhielt sie 1934 den Namen Fethiye.

Noch heute ist Fethiye eine lang gestreckte Stadt, am Westende der Hauptstraße folgt auf den blumenbunten Park und den modernen Jachthafen die Verla-

Die Schulkinder sitzen bewusst vor dem berühmten Amyntas-Grab, denn hierher kommen alle Fremden. Da kann man mit seinem Schulwissen glänzen: »What is your name?«

Jeder Herrscher im antiken Lykien führte seine Abstammung auf den tapferen Helden Bellerophon zurück

Götter, Helden, Fabelwesen

Berühmte Dichter bewahrten die Mythen Lykiens vor dem Vergessen. Ovid erzählt, wie törichte Bauern der durstigen **Leto** – Mutter der Zwillinge Apollon und Artemis! – das benötigte Trinkwasser verweigerten und zur Strafe in quakende Frösche verwandelt wurden.

Homer berichtet vom starken Helden **Bellerophon**, den alle lykischen Geschlechter als ihren Ahnherrn in Anspruch nahmen. Der schöne Jüngling wurde vom lykischen König Iobates mit drei ›Himmelfahrtskommandos‹ betraut, die er alle mit Bravour bewältigte.

Zuerst tötete er die in den lykischen Kragosbergen hausende **Chimäre**, ein Furcht erregendes, grauenhaftes Mischwesen, das »vorne ein Löwe, hinten eine Schlange und in der Mitte eine Ziege« war. Bellerophontes besiegte es (laut späterer Überlieferung) mithilfe des geflügelten Zauberpferdes **Pegasos**. Als der Held dann noch die kriegerischen Solymer und schließlich die Amazonen vernichtete, stieg er zum gefeierten Schwiegersohn des Königs auf und begründete eine neue lykische Dynastie.

Die Felsnekropole von Fethiye begrenzt weithin sichtbar das flache Stadtgebiet. Hier liegen Haus- und Tempelgräber dicht an dicht: Alle wurden bereits im Altertum ausgeraubt

destation für das Chromerz aus dem Kızıl Dağ, die Fethiye zu einem wichtigen Industriehafen macht (die Türkei steht bei der Chromausfuhr weltweit an dritter Stelle).

Besichtigung Die in Fethiye erhaltenen Gräber zählen zu den schönsten ihrer Art und vertreten drei der vier bekannten lykischen Grabformen. Allen gemeinsam ist, dass der Tote nie *in,* sondern stets *über* der Erde bestattet wurde. Zunächst gibt es die auf einem Sockel **frei stehenden Sarkophage,** von denen derjenige neben der modernen Hauptstraße in der Nähe der Stadtverwaltung (Belediye) den Typ des *Schiffskiel-Sarkophags* vertritt. Diese Sarkophage setzen, wie man heute weiß, die Holzbauweise lykischer Häuser in Stein um und erinnern durch ihr spitzbogiges Dach mit First an einen Schiffskiel. Der Sarkophag stand jahrhundertelang im Wasser und muss zur abgesunkenen Nekropole der antiken Stadt gehört haben; die Erdaufschüttung nach dem Beben von 1957 verbreiterte die Uferzone und stellte ihn somit wieder auf trockenen Boden.

Weitere derartige Einzelsarkophage auf Stufensockeln finden sich im südlichen Stadtbereich am Straßenrand, auf kleinen Plätzen und zwischen Häusern. Man erreicht sie – und die berühmten Felsgräber – am leichtesten, wenn man von der modernen, in Ostwest-Richtung zum Hafen führenden Hauptstraße in der Nähe des Kreisverkehrs (beim Ortsanfang) nach Süden in Richtung der hoch aufragenden Felswand abbiegt.

Hier bilden die **Felsgräber** die größte Sehenswürdigkeit, die unübersehbar in die Steilwand am Stadtrand geschlagen sind. Sie vertreten den Typus des *Tempelgrabs* sowie des *Hausgrabs,* wobei hier vom ionischen Tempel bzw. lykischen Haus lediglich die Fassaden übernommen wurden, während der in den Fels gearbeitete Grabraum ein schlichter

Rechtecksaal ist. Eine ganze Anzahl von Felsgräbern liegt neben- und übereinander; zum aufwendigsten und schönsten, dem sog. **Grab des Amyntas**, führt seit einigen Jahren eine Betontreppe empor. Das Grab ist in Form eines ionischen Antentempels gestaltet und stammt aus dem 4. Jh. v. Chr., ursprünglich waren die Kapitelle und Giebelakrotere farbig gefasst. Der inschriftlich als »Amyntas, Sohn des Hermagios« bezeichnete Grabherr ist im Übrigen nicht bekannt. Die Vorhalle seines Grabs überrascht durch die perfekte Steinimitation einer antiken Tempeltür mit Türflügeln, Bronzebeschlägen und Schmuckrosetten.

Den Zugang zur rechteckigen Grabkammer gewährt das offene untere Feld des rechten Türflügels; in der Antike war der Eingang durch eine Schiebetür aus Stein verschlossen, die bei manchen anderen Gräbern noch erhalten ist. Das leicht erreichbare, sehr auffallende Amyntas-Grab lockte Besucher an, die sich an den Wänden ›verewigten‹; zu ihnen gehört Charles Texier, der im 19. Jh. die kleinasiatische Küste bereiste und beschrieb. An der Felswand gibt es außer dem Amyntas-Grab noch zwei weitere Tempelgräber und zahlreiche, recht schlichte, Felsgräber mit Hausfassaden.

Fethiye besitzt an der Hauptstraße ein 1986 eröffnetes kleines **Museum** (Di–So 8.30–12 und 13–17 Uhr). Interessant sind der mit Jagdmotiven verzierte *Klinen-Sarkophag* aus Tlos (um 200 n. Chr.); ferner die wichtige dreisprachige *Inschriftenstele* vom Letoon [Nr. 3] und die schwer beschädigte, reliefverzierte *Stufenbasis vom Grabmal des Izraza* aus Tlos [Nr. 4], die wohl einst ein Pfeilergrab trug. Charles Fellows ließ 1843 Gipsabgüsse von den Kampfszenen anfertigen (Britisches Museum, London), die u. a. die Belagerung einer befestigten Bergstadt (Tlos?) zeigen. Bemerkenswert sind ferner Reliefs, die den keuleschwingenden *Kakasbos*, einen in Telmessos verehrten Lokalgott, als Reiter abbilden. Ob in seiner Erscheinung alte syrische Gottheiten fortleben, bleibt unentschieden.

TOP TIPP Bucht von Fethiye und Ölü Deniz

Die volle Schönheit der bergumkränzten **Bucht von Fethiye** erschließt sich vor allem den Seglern, die hier einen Urlaub verbringen können. Da gibt es die von den Griechen verlassene **Insel Tersane**, ungezählte verschwiegene und immer noch einsame Felsbuchten wie die **Karpi-Bucht**, Sandstrände und in **Göcek** am Nordwestrand des Golfs eine Marina, die alle Versorgungseinrichtungen für Segel- und Motorjachten besitzt.

Ausflugsboote fahren von Fethiye zu den **Badestränden** Çalıs, Küyük Kagı, Katrancı und Belceğiz. Und natürlich zum berühmtesten aller türkischen Strände, zum **Ölü Deniz** (= Totes Meer) in der von Kiefernwäldern gerahmten gleichnami-

Nach jeder Straßenkurve bezaubert eine neue Variante im Zusammenspiel von Pinien, Felsen, Inseln, Meer und Himmel!

Nicht weit von Fethiye liegt der bekannteste Strand der ganzen Türkei, Ölü Deniz (= Totes Meer). Mag man das Bild noch so oft auf Werbeplakaten gesehen haben und in der Saison den Platz mit vielen Sonnenhungrigen teilen: Ölü Deniz bleibt ein Traumstrand

gen Bucht. Wer früh kommt (im April/Mai) oder auch frühmorgens im Sommer, erlebt die ansonsten viel besuchte, weiße Lagune am türkisblauen Wasser noch immer als strahlendes Kleinod der Natur. Der Landweg von Fethiye zur Bucht von Ölü Deniz führt über den zum Museumsdorf erklärten Ruinenort **Kaya Köyü**, den die Griechen 1923 verlassen mussten und der nun touristisch ›vermarktet‹ wird.

Ein äußerst lohnendes Ausflugsziel ist die knapp 30 km östlich von Fethiye liegende **Schlucht von Saklıkent**, die erst seit wenigen Jahren gut erschlossen ist (20 km östlich Fethiye auf der Straße 400, dann Richtung Kemer, ausgeschildert). Auch wer die etwa 13 km lange Schlucht zwischen bis zu 300 m aufragenden Felswänden nicht ganz durchwandern möchte, kann hier ein ganz anderes, grandios-herbes Lykien abseits der Traumstände erleben.

Praktische Hinweise

Information

Iskele Karşısı, beim Jachthafen, Fethiye, Tel. 02 52/614 15 27, www.fethiye.net

Hotels

TOP TIPP ****Club Lykia World Village**, 15 km südlich von Fethiye, 3 km von Ölü Deniz, Tel. 02 52/617 02 00, Fax 02 52/617 03 50, www.lykiaworld.com. Ausgezeichnetes Feriendorf am 750 m langen Kies-/Sandstrand.

****Letoonia Oteli/Club**, Paçarız Burnu (etwa 5 km nördlich von Fethiye), Tel. 02 52/614 49 69, Fax 02 52/614 49 27. Weitläufige und sehr schön gelegene Anlage auf einer Halbinsel im Golf von Fethiye. Neben einem kleinen Sandstrand auch Badeplateaus.

*****Meri Oteli**, Ölü Deniz (16 km südlich von Fethiye), Tel. 02 52/617 00 01, Fax 02 52/617 00 10, www.hotelmeri.com. Am nördlichen Ufer der Bucht, herrlicher Blick; mit Privatstrand an der für Tagesausflügler frei zugänglichen Lagune.

****Yacht Oteli**, Yat limani karsisi, Fethiye, Tel. 02 52/614 15 30. Nahe der Altstadt mit schönem Blick auf den Hafen. Abendprogramm.

Restaurants

TOP TIPP **Rafet Restoran**, Kordon Boyu, Fethiye. Seit Jahrzehnten bekannt gute türkische Küche, ausgezeichnete Fischgerichte.

Yat Restoran, direkt am Jachthafen, Fethiye. Gut, aber etwas teuer.

Viele kleine einfache **Lokantas** in den Seitengassen südlich des Atatürk-Parks von Fethiye.

2 Xanthos

Plan Seite 26

TOP TIPP *Wichtigste Stadt des antiken Lykien und Weltkulturerbe – großartige Ruinenstätte im weiten, fruchtbaren Xanthostal.*

48 km südwestlich von Fethiye, 15 km nördlich von Kalkan beim Dorf Kınık. In der Dorfmitte von Kınık braunes Hinweisschild, auf Erdstraße 600 m bergan.

Im Jahre 1838 entdeckte Charles Fellows Xanthos und konnte vom Sultan in Konstantinopel die Erlaubnis zum Abtransport großer Teile der Grabanlagen, u. a. vom Nereïden-Monument, erreichen. Erst seit 1950 wird die Ruinenstätte von französischen Archäologen systematisch ausgegraben.

Geschichte Homer erwähnte zwar das Land Lykien und den Fluss Xanthos, nicht aber die gleichnamige Stadt. In der ›Ilias‹ kämpfen die Lykier auf der Seite der Trojaner, besitzen aber dennoch viele persönliche Beziehungen zu den Achäern. Bisher sind in Xanthos keine Siedlungsspuren vor dem 8. Jh. v. Chr. nachweisbar. Die ersten ›Schlagzeilen‹, die Xanthos macht, beziehen sich auf die schrecklichen Ereignisse anlässlich der Belagerung durch den persischen Feldherrn Harpagos 546 v. Chr. Herodot schildert in seinen ›Büchern der Geschichte‹ ausführlich, wie sich die Lykier im Xanthostal Harpagos entgegenstellten, vor ihm zurückweichen mussten und sich in der Stadt Xanthos verschanzten. Als ihre Situation ausweglos wurde, schlossen sie Frauen, Kinder und Sklaven in der Burg ein und zündeten diese an, sie selbst suchten im Kampf den Tod. Nur 80 Familien, die wahrscheinlich gerade auf den Yailas, den Sommerweiden, waren, überlebten und gründeten Xanthos neu.

Im 5. Jh. v. Chr. vernichtete ein Feuer Xanthos und schließlich folgte die dritte Katastrophe, als 42 v. Chr. der Caesarmörder **Brutus** vergeblich Geld und Truppenkontingente forderte. Als seine Soldaten schon innerhalb der Stadtmauern waren, zündeten die Xanthier den Rest der Stadt an, warfen ihre Frauen und Kinder ins Feuer und töteten sich gegenseitig. Brutus war über die sich abspielenden Szenen so erschüttert, dass er eine Belohnung für jeden geretteten Xanthier aussetzte – so überlebten 150 Bürger das Inferno.

Fast wirkt es nach diesen dramatischen Ereignissen wie ein Wunder, dass aus der frühen lykischen Zeit überhaupt noch Denkmäler in Xanthos stehen. Es sind – wie häufig in Lykien – vor allem **Grabdenkmäler**, die überdauerten, darunter wahrhaft einzigartige, bis zu 7 m hohe Pfeilergräber.

Während der römischen Kaiserzeit, als Xanthos wieder zu Wohlstand kam, wurden diese Pfeilergräber schon als ›Antiquitäten‹ gewürdigt und bei Bauarbeiten notfalls sorgsam umgesetzt. In der **byzantinischen Epoche** entstanden mehrere Kirchen und ein Kloster, doch seit dem 10. Jh. verödete die Stadt nach mehreren Raubüberfällen und wurde nie wieder besiedelt.

Besichtigung Die Ruinenstadt liegt einsam 80 m über dem Koca Çayı, dem antiken Fluss Xanthos. Vom Dorf Kınık fährt man leicht bergan und gelangt auf den großen **Parkplatz** [**1**] am Rand der römischen Agora.

Vom Parkplatz geht man zunächst zum römischen Theater, das durch die am Rand aufgestellten **Pfeilergräber** [**2**] eine ganz besondere Note erhält. Direkt benachbart stehen hier das berühmte **Harpyien-Monument** und ein lykisches **Sarkophag-Pfeilergrab**. Beide vertreten den Typ des lykischen Pfeilergrabs in

Die ältesten und markantesten Gräber Lykiens sind Pfeilergräber, in denen der Tote hoch über der Erde bestattet wurde. Sollte der Verstorbene dem Himmel näher sein oder das Erdreich nicht verunreinigen? – Links das Harpyien-Grab

schönster Ausprägung: Sinn der hohen Türme scheint der Glaube gewesen zu sein, dass die Seele der Verstorbenen von geflügelten Wesen (Sirenen) zu den Inseln der Seligen getragen werde und die Toten aus diesem Grund möglichst hoch über der Erde zu bestatten seien.

Das **Harpyien-Monument** steht an der Stelle der archaischen Nekropole. Über einem Sockel erhebt sich ein 5,43 m hoher Monolithpfeiler, der oben die von hellen Reliefplatten eingefasste Totenkammer trägt. Der Tote lag also in luftiger Höhe. Dreistufig überkragende Platten bildeten ein Flachdach, das vielleicht von einer Statue bekrönt wurde. Da die Reliefs der Totenkammer 1,02 m und die überkragenden Deckplatten 0,65 m hoch sind, muss das Pfeilergrab mit Aufsatz früher mindestens eine Höhe von 8 m gehabt haben.

Besonders interessant wird das Monument durch den Relieffries der Totenkammer (hier Kopien; Originale im Britischen Museum, London). Sie zeigen sitzende Gestalten, heroisierte Tote, die von Angehörigen Waffen, Eier, Granatäpfel, Blumen und Hähne als Opfergaben bekommen, während Mischwesen – halb Frauen, halb Vögel – die als Kleinkinder dargestellten Seelen der Toten forttragen. Fellows sah hier die sagenhaften Harpyien der Argonautensage der Antike dargestellt – so erhielt das Pfeilergrab seinen Namen. Heute spricht man von Sirenen, welche die Seelen der Verstorbenen zu den Inseln der Seligen bringen. Nach den qualitätvollen, einst rot und blau bemalten originalen Friesplatten wird das Monument in den Beginn des 5. Jh. v. Chr. (um 480) datiert.

Beim benachbarten **Pfeilergrab** ist der Pfeiler aus vier aufrecht stehenden Steinplatten zusammengesetzt und trägt auf der überkragenden Stufenplatte einen lykischen Sarkophag mit Spitzbogendeckel. Das Monument ist insofern einzigartig, weil hier Pfeiler- und Sarkophaggrab miteinander verbunden sind und der Pfeiler eine zweite Totenkammer enthält. In ihr wurde die Reliefplatte eines älteren Pfeilergrabs (540/530 v. Chr.) verbaut, auf der zwei Ringer zwischen Musikanten dargestellt sind. Sicher bezieht sich die Szene auf die uns von Homer und vielen Vasenbildern bekannten Wettkämpfe bei der Leichenfeier. Die Reliefplatte befindet sich im Archäologischen Museum Istanbul, das Sarkophag-Pfeilergrab wird ins 4. Jh. v. Chr. datiert. In unmittelbarer Nachbarschaft steht ein weniger interessantes römisches Turmgrab (1. Jh. n. Chr.).

Das im 2. Jh. n. Chr. erbaute **Theater** [3] ist recht gut erhalten und weist typische Merkmale der Römerzeit auf: Die Seiteneingänge sind überwölbt und verbinden den Zuschauerraum und das halbkreisförmige Orchestra mit dem Bühnenhaus zu einem Ganzen; wenn man sich das Bühnengebäude in voller Höhe vorstellt, ein fast moderner Raumeindruck. Von der Prunkfassade des *Bühnenhauses* liegen viele Trümmer am Boden, sicher war sie so prächtig, wie wir sie von Ephesos und anderen Plätzen der türkischen Westküste kennen, denn an den Kosten für den Bau beteiligte sich Opramoas von Rhodiapolis [Nr. 18], der bekannteste Mäzen Lykiens. Typisch für die späte Entstehung des Theaters sind die erhöht über der Orchestra liegenden untersten Sitzreihen und die hohe *Umfassungsmauer der Orchestra*. Römische Schauspiele wurden realistisch aufgeführt, d. h., man ließ ein Haus abbrennen oder enthauptete einen zum Tode Verurteilten, wenn das Stück solche Szenen vorschrieb.

Nun geht man auf den Stufen des Zuschauerraums empor und betritt die **Lykische Akropolis** [4], deren Ruinenbestand infolge mehrfacher Zerstörung und Neubebauung ziemlich unübersichtlich ist. Mauerreste einer byzantini-

Xanthos

1 Parkplatz
2 Pfeilergräber
3 Theater
4 Lykische Akropolis
5 Polygonalmauer
6 Vespasians-Bogen
7 Fundament des Nereïden-Monuments
8 Römische Agora
9 Inschriftenpfeiler
10 Sarkophag der Tänzerinnen
11 Löwen-Sarkophag
12 Pfeilergrab
13 Römische Akropolis
14 Byzantinisches Kloster

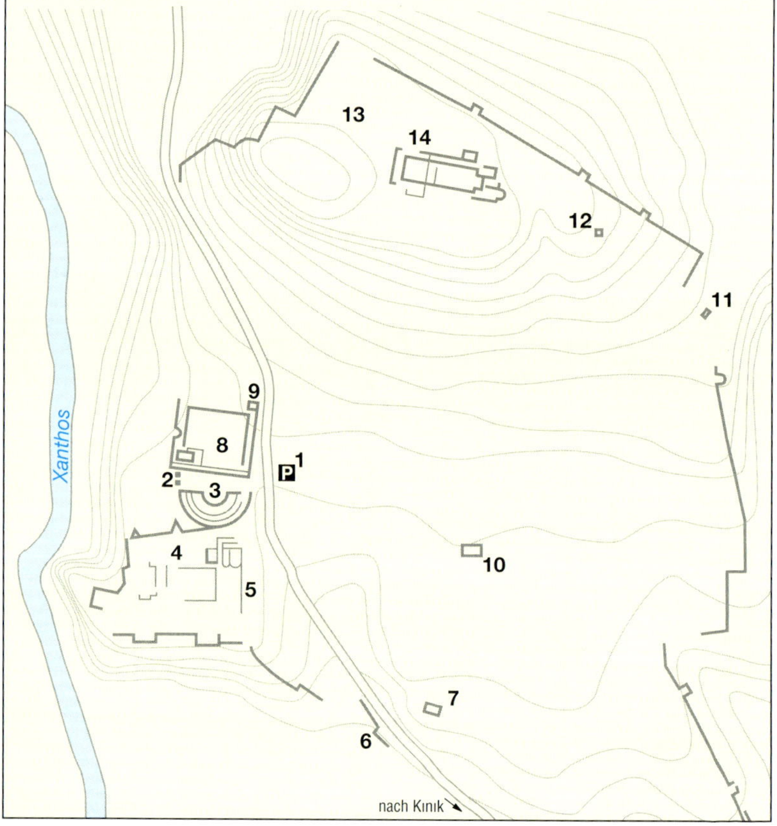

schen *Kirche*, eines lykischen Gebäudes *(Palast?)*, einer *Zisterne* und eines kleinen *Heiligtums* sind auszumachen. Hinreißend ist der Ausblick vom steilen Westabfall des Akropolishügels über den Xanthos-Fluss und das weite, von Bergen gesäumte Tal. Im nicht einsehbaren Oberlauf ist der Fluss wild und schnell, südlich von Xanthos weiten sich Flussbett und Tal. Hier werden verschiedene Gemüse, vorwiegend Tomaten, angebaut.

Wendet man sich anschließend nach Osten und verlässt den Hügel, so ist auf der Ostseite der Akropolis die schöne, aus dem 5. Jh. v. Chr. stammende, **Polygonalmauer** [**5**] zu bewundern, in die ein Pfeilergrab eingemauert wurde.

Interessierte gehen auf der Straße knapp 200 m zurück in Richtung Kınık und entdecken auf der westlichen Straßenseite im Gebüsch die Reste des *Stadttors* und des **Vespasians-Bogens** [**6**]; auf der Ostseite der Straße liegt erhöht das **Fundament des Nereïden-Monuments** [**7**], das man sich sehnlichst – wenigstens als Nachbau – an Ort und Stelle wünscht (Rekonstruktion mit wesentlichen Partien des originalen Architektur-, Skulptur- und Reliefschmucks im Britischen Museum, London). Es entstand Anfang des 4. Jh. v. Chr. im Auftrag eines lykischen Adeligen und trug über einem mit zwei Relieffriesen geschmückten *Sockel* eine Totenkammer, die als ionischer Peripteros gestaltet war. Seinen Namen erhielt das Monument von den herrlichen, lebensgroßen Mädchenfiguren, die ursprünglich zwischen den Säulen standen und von Meerestieren getragen wurden. Als Töchter des Nereus (Nereïden) sollten sie hier wohl die Seelen der Toten ins Jenseits bringen.

Im Nereïden-Monument wurde erstmalig eine Verbindung von altlykischen Elementen mit griechischen Tempelformen vorgenommen, durch die ein völlig *neuer Grabtyp* entstand. Lykisch ist der hohe Sockel, die rechteckige, an drei Seiten von Totenbetten umgebene Grabkammer, aber auch die Thematik der Reliefs an Sockel und Architrav. Sie zeigen u. a. die Belagerung und Eroberung einer lykischen Stadt mit zinnenbewehrten Mauern. Doch nun nimmt ein ionischer Tempel die Stelle eines lykischen Sarkophags oder Hausgrabs ein. Dieser neue, äußerst dekorative Grabtyp machte Schule: Wir finden ihn in den Mausoleen von Trysa und Limyra [Nr. 14] und, in riesige Dimensionen gesteigert, im Grabmonument des Satrapen Mausolos von Halikarnassos (377–353 v. Chr.). Dieses einst 54 m hohe Grabdenkmal machte den neuen Grabtyp unsterblich, es zählte zu den Sieben Weltwundern und bis auf den heutigen Tag wird eine aufwändige Grabanlage als ›Mausoleum‹ bezeichnet.

Von den leider sehr enttäuschenden Resten des Nereïden-Monuments geht man zurück zur nur teilweise ausgegrabenen **Römischen Agora** [**8**], die auf dem Gelände der lykischen Agora entstand und von Säulenhallen umgeben war. Direkt am Ostrand steht ein schönes **Hausgrab** aus römischer Zeit, das auf einem Stufensockel das typisch lykische, flach gedeckte Holzwohnhaus als Haus des Toten – in Stein übersetzt – zeigt.

Für die Forschung außerordentlich wichtig ist ein nicht ganz so imponierendes Denkmal am Nordrand der Agora: der **Obelisk** oder **Inschriftenpfeiler** [**9**]. Er ist Teil eines ursprünglich 11 m hohen Pfeilermonuments, das eine reliefverzierte Grabkammer trug und von einer Rundplastik gekrönt war (Relieffragmente im Archäologischen Museum, Istanbul).

Außerordentlich an diesem Grab ist die vollständige Beschriftung des monolithischen Pfeilers, die in lykischer Sprache und einem zwölfzeiligen griechischen Epigramm die Taten eines Kherei, Sohn des Harpagos, preist. Das Epigramm fasst den langen lykischen Text zusammen, der durch die vielen Eigennamen historisch eingeordnet werden konnte. Danach besiegte Kherei 429 v. Chr. eine von Athen gesandte Flottenexpedition, die von Melesandros geführt wurde. Ziel der Athener war, von Xanthos finanzielle und personelle Unterstützung im Kampf gegen Sparta zu erwirken; durch den Sieg über Melesandros entzog sich die lykische Stadt allen Forderungen. Kherei wird ferner als grandioser Ringer und Kämpfer gerühmt, so hat er viele Städte erobert und an einem Tag sieben arkadische Hopliten (Schwerbewaffnete mit einem großen Schild) besiegt. Die lange Auflistung der Heldentaten wurde durch Reliefs der Totenkammer ergänzt. Für Historiker, Epigraphiker und Archäologen ist dieses Denkmal gleichermaßen aufregend, denn die Person des Kherei ist als lykischer Dynast von Porträtmünzen bekannt, seine Taten lassen sich geschichtlich einordnen und die Dokumentation der Taten in Stein steht am Anfang einer langen Reihe von Rechenschaftsberichten im griechisch-römischen Raum.

Nun kann man noch das Gelände jenseits der Feldstraße und die römische Akropolis besichtigen; für diesen Rundgang muss man gut 45 Minuten veranschlagen. Man geht vor dem Haus der Ausgräber entlang durch das unausgegrabene einstige Wohngebiet und trifft auf den **Sarkophag der Tänzerinnen** [10], von dem nur der gewölbte Deckel am Boden liegt. Er wurde nach den Reliefs auf den Schmalseiten so benannt. Auf den Langseiten des Deckels sind eine Eberjagd sowie eine Szene zu sehen, bei der ein Krieger triumphierend den Schild des vom Pferd gleitenden Besiegten berührt. In der Nähe legten die Ausgräber die Fundamente einer großen byzantinischen Kirche mit einer halbkreisförmigen Priesterbank (Synthronon) in der Mittelapsis frei, die schönen Mosaike (zwei Hirsche trinken das Wasser des Lebens aus einer Amphore) kamen ins Museum Antalya [Nr. 24].

Man wendet sich nach Norden, kommt am Rest des **Löwen-Sarkophags** [11] vorbei (die um 560 v. Chr. entstandenen Reliefs befinden sich in London) und kann außerhalb der Stadtmauer zahlreiche **Gräber der alten Nekropole** entdecken. Nahezu an der höchsten Stelle der Akropolis ragt – nun innerhalb der Mauer – ein weiteres, sehr gut erhaltenes **Pfeilergrab** [12] auf, dessen Marmorplatten der Totenkammer keine Reliefs besitzen (vielleicht waren sie bemalt). In der Felswand liegt eine ganze Reihe lykischer **Hausgräber** mit schönen kassettierten Fassaden. Deutlich sind die Rillen zu sehen, in denen die steinernen Schiebetüren bewegt werden konnten. Die Grabkammern sind in den anstehenden Felsen geschlagen.

Auch der ›Inschriftenpfeiler‹ war ursprünglich ein hohes Grabmonument

Auf dem Gipfel der **Römischen Akropolis** [13] liegen – sicher am Ort eines antiken Tempels – die Ruinen eines **Byzantinischen Klosters** [14]. Das Gelände ist von Gestrüpp überwuchert, der Blick von freien Partien des Hügels auf das Stadtgebiet und das von Bergzügen flankierte stille Tal ist jedoch unvergesslich.

i Praktischer Hinweis

Ein Restaurant gibt es in Xanthos nicht, doch der Wärter von Xanthos betreibt einen Kiosk mit Getränken, man sitzt im Schatten der Pinien. Die Lokantas im Dorf Kınık sollte man meiden.

3 Letoon

Lykisches Heiligtum für Leto und deren Kinder Apollon und Artemis.

Zwischen Kınık und Kalkan Abzweigung von der Straße 400 (braunes Schild); 4 km auf Nebenstraße.

Wie eifersüchtig Hera, die Gemahlin des Zeus, die äußerst zahlreichen Geliebten ihres Mannes verfolgte, berichten viele Mythen. Besonders zu leiden hatte Leto, mit der Zeus den »gewaltigsten und strahlendsten« seiner Söhne gezeugt hatte. Nach der Entbindung floh Leto mit ihren Säuglingen Apollon und Artemis nach Kleinasien (nicht in allen Legenden sind Artemis und Apollon Zwillinge), wo sie in Lykien Rast machte und aus einem Teich Wasser trinken wollte. Als die lykischen Bauern der durstigen Leto das Trinken aus dem Teich, »der ja allen gehört«, verwehrten, wurden sie zur Strafe in Frösche verwandelt.

Geschichte In diesem Gebiet entstand das bedeutendste **Heiligtum Lykiens**,

Die Reliefs der Grabkammer des Harpyien-Grabs (Abb. S. 25) zeigen auf Sesseln sitzende Tote, denen Angehörige Opfergaben bringen. Sirenen tragen die Seelen der Verstorbenen in andere Gefilde

hier versammelten sich die Abgesandten des Lykischen Bundes bei gemeinsamen Kultfeiern und Festspielen, zu denen – wie auf Delos – hymnische und gymnische Wettkämpfe gehörten. Seit wann das Heiligtum existierte, ist noch nicht endgültig geklärt, jüngste Grabungen brachten Funde aus der Zeit um 800 v. Chr. ans Tageslicht; zweifellos war die Geschichte des Letoons eng mit der von Xanthos verbunden.

Ovid hat in seinen ›Metamorphosen‹ das Gelände des Letoons so genau geschildert, als ob er die Stätte gekannt habe. Bis heute ist das Gebiet sumpfig, in jedem Frühjahr stehen viele Ruinen im Wasser. Wen wundert's, dass Frösche noch heute im Gebiet des Letoons quaken und Ausgräber und Besucher mit dem hohen Grundwasserstand Probleme haben!

Im 19. Jh. wurde das wichtigste Heiligtum Lykiens wieder entdeckt und ab 1962 von französischen Ausgräbern freigelegt.

Besichtigung Das Gelände ist gut überschau-, aber nicht immer gut begehbar. Imponierend sind die drei parallel angeordneten Tempelfundamente, die auf einer Felsterrasse in der sumpfigen Niederung liegen. Von den nach Süden orientierten Tempeln war der westlichste, auf den man vom Parkplatz kommend zuerst stößt, **Leto** geweiht. Er war ein ionischer Peripteros mit 6 x 11 Säulen und mit 15,75 x 30,25 m etwas größer als der östlichste Tempel. Ein kleiner runder Opferstein in der Cella (Hauptraum) gab mit dem Namen ›Leto‹ den entscheidenden Hinweis auf die Widmung. Lykische Münzen im Fundament datieren den Bau in das zweite Viertel des 2. Jh. v. Chr.

Der mittlere, 8,70 x 18,20 m große Tempel wird **Artemis** zugeschrieben, er besaß keine Ringhalle, sondern war ein Antentempel. Seine Cella umschließt im Nordteil einen Felsblock – wahrscheinlich befand sich hier eine sehr alte Kultstätte, die in hellenistischer Zeit neu gefasst wurde.

Neben dem relativ kleinen Antentempel stand der dorische **Apollon-Tempel** mit einem Säulenkranz von 6 x 11 Säulen und knapp 28 m Länge. In seiner Cella ist ein Bodenmosaik erhalten, das mit Bogen, Köcher und Leier eindeutig auf Apollon verweist. Apollon war nicht nur der göttliche Sänger und Seher, sondern auch der »Fernhintreffende«, der mit Pfeil und Bogen Verletzungen, Krankheit und Tod bringen konnte. Der um 200 v. Chr. entstandene Tempel besaß einen älteren Vorgängerbau aus dem 4. Jh. v. Chr.

In der Nähe des Apollon-Tempels wurde 1973 eine **Stele** mit einer **Inschrift** in aramäischer, griechischer und lykischer

Die meisten Fundamente der Säulenhalle des Letoons liegen unter Wasser

Sprache aufgefunden. Diese ›Trilingue‹ ist in mehrfacher Beziehung von großer Bedeutung: als Schlüssel zur lykischen Schrift und Sprache und als historisches und religiöses Dokument. Aramäisch war die offizielle Hof- und Diplomatensprache der persischen Großkönige. Der Text handelt von der Einsetzung eines Kults für den karischen Gott Basileos Karios im ersten Regierungsjahr des Perserkönigs Artaxerxes III. (358 v. Chr.) durch den Satrapen Pixodaros, der bisher nur als Dynast von 340–334 v. Chr. bekannt war.

Im Norden wurde der Tempelbezirk von einer hellenistischen **Säulenhalle** begrenzt, deren ionische Säulentrommeln heute meist im Grundwasser stehen. Hier stießen die Ausgräber auf Reste aus dem 8.–5. Jh. v. Chr., die das Letoon als archaischen Kultplatz ausweisen.

Noch weiter nordöstlich schmiegt sich das gut erhaltene hellenistische **Theater** an den Hang, das durch einen tempelartigen *Giebel mit Maskenfries* am überwölbten Zugang zur Orchestra auffällt. Im Süden des Kultbezirks sind die Ruinen eines **Nymphäums** erhalten sowie die einer **Klosteranlage** mit dreischiffiger Basilika. Im 7. Jh. wurde das Kloster zerstört.

Das Letoon war der heiligste Ort Lykiens. In drei Tempeln wurden Apoll, Artemis und ihre Mutter Leto verehrt

4 Tlos

In weitem Gelände verstreute Ruinenstadt mit mächtigem, an mehreren Flanken fast senkrecht abstürzendem Akropolisfelsen.

37 km südöstlich von Fethiye über dem Xanthostal. 23 km von Fethiye wird östlich von Kemer der Koca Çayı, der antike Xanthos, überquert, dann fährt man auf einer Nebenstraße nach Süden (Hinweisschild ›Tlos‹ bzw. ›Tlos Restaurant‹). Auch bei der Anfahrt von Süden (Kalkan) ist Tlos an der Straße 400 ausgeschildert. Die Ruinen liegen im Dorfgebiet von Kale Köy.

Faszinierend ist die Lage von Tlos auf der Ostseite des **Xanthostals** auf einem bis zu 477 m Höhe ansteigenden **Plateau**. Vom Gipfel, der einst die Stadtburg trug (heute Ruine der türkischen Befestigung), überblickt man das ganze mittlere Xanthostal.

Hinweis: Nach längeren Regenfällen sollte man auf den Besuch der Felsnekropole am Akropolishang verzichten. Der Aufstieg zur Nordostnekropole und Akropolis kann dann sehr rutschig und das Gelände am Fuß der Nekropole sumpfig sein. In jedem Fall empfiehlt sich festes, geschlossenes Schuhwerk.

Geschichte Über die frühe Geschichte der Stadt ist nichts bekannt, doch machte der Fund eines Bronzebeils aus dem 2. Jt. v. Chr. klar, dass Tlos wohl zu den **ältesten Siedlungsgebieten** im Xanthostal gehört. Hethitische Inschriften des 14. Jh. v. Chr. erwähnen eine Stadt namens ›Dalawa‹ im Land der ›Lukki‹, die sicher mit Tlos identisch ist. Denn man fand Münzen und Inschriften des 4. Jh. v. Chr., auf denen der Ort ›Tlava‹ heißt. Dass die Stadt, die das besonders fruchtbare mittlere Xanthostal kontrolliert, innerhalb des Lykischen Bundes sehr einflussreich war, beweisen die drei Stimmen, die ihr bei

Abstimmungen zustanden. Aus dem 4. Jh. v. Chr. stammen zahlreiche **Felsgräber**, teilweise mit interessantem Reliefschmuck, von denen das Grab des Bellerophon weitaus am bekanntesten ist.

Als ständige Rivalin der in Sichtweite auf dem Westufer des Xanthos liegenden Stadt Pinara konnte sie diese in **römischer Zeit** an Ausdehnung und Ansehen überflügeln und sich mit dem Titel ›glänzende Metropolis der lykischen Nation‹ schmücken. Nach dem schweren Erdbeben 141 n. Chr. erhielt sie nebst Myra die größte Geldsumme zum Wiederaufbau vom lykischen **Mäzen Opramoas** [s. S. 75 f.]. Zahlreiche, teilweise bemerkenswert gut erhaltene Ruinen erinnern an diese Epoche.

In byzantinischer Zeit war Tlos Bischofssitz, verlor jedoch trotz der beherrschenden und sicheren Lage im Mittelalter an Bedeutung. Im 19. Jh. errichtete ein besonders grausamer Ağa namens Kanlı Ali (= blutiger Ali) eine **Burg** auf den Ruinen der alten Akropolisbefestigung.

Tlos wurde, wie Pinara, 1838 von Charles Fellows wieder entdeckt, doch erst nach 1970 wurden die Ruinen kartographisch erfasst. Wegen der Lage abseits der Durchfahrtsstraße ist Tlos heute immer noch ein sehr wenig besuchter Platz, dessen grandiose Berglage aber mindestens ebenso fasziniert wie seine antike Ruinenstätte.

Besichtigung Die Dorfstraße führt zum Teehaus unter einer großen Platane, wo man den Wärter (= Bekçi) von Tlos findet, der die Besucher gern begleitet. Der umfassendste Überblick über das antike Stadtgelände bietet sich von der im Westen imponierend aufragenden Akropolis aus, die man deshalb nach der Nordostnekropole (Morgensonne) besucht.

Die **Felsnekropole:** Schon bei der Anfahrt faszinieren die Felsgräber an den Steilwänden der Akropolis, stellenweise wirkt der Kalkfelsen von Grabeingängen durchlöchert wie ein Sieb, auch die Fassade des berühmten ›Bellerophon-Grabs‹ ist zu sehen. Speziell im Nordosten und Norden imitieren die erhaltenen Grabfassaden die Frontansicht der mit Rundhölzern flachgedeckten lykischen Häuser mit ihren kassettierten Außenwänden; mehrere besitzen in den Vorhallen Reliefschmuck (vorwiegend Kampfszenen) und Inschriften, die Grabräume sind häufig mit Steinklinen ausgestattet. Diese am steilen Hang gelegenen Gräber sollte man nur in Begleitung des Wärters aufsuchen.

Das bekannteste, das **Grab des Bellerophon**, liegt ziemlich tief am Fuß des Felsens. Es hebt sich von den übrigen durch seine Tempelfassade ab, die allerdings im Vergleich zu den schönen ionischen Tempelgräbern von Fethiye recht simpel wirkt. Giebel und Pfeiler des ›Antentempels‹ sind nur grob behauen und wirkten wahrscheinlich ursprünglich durch ihre Bemalung wesentlich eindrucksvoller. Das Grab wurde auch nicht wegen seiner Fassade berühmt, sondern weil im vorigen Jahrhundert Fellows in der geräumigen Vorhalle ein Relief des lykischen Helden Bellerophon auf seinem Flügelpferd Pegasos entdeckte. Die Mythen vom tapferen Bellerophon waren ja so eng mit Lykien und speziell dem Xanthostal verknüpft, dass viele lykische Geschlechter ihre Abstammung auf diesen Helden zurückführten [s. S. 20].

Die in den eigentlichen Grabraum führende Wand der **Vorhalle** besitzt drei *Türen:* in der Mitte eine Scheintür mit in Stein imitierten Bronzebeschlägen, rechts und links echte Türöffnungen, auf deren hohen Schwellen schlecht erkennbare Tierreliefs (Hunde? Pferde?) angebracht sind. Über der linken Tür erkennt man das Relief eines Panthers oder Leoparden – nicht, wie man annehmen möchte, die Chimäre, die der Held zu töten hatte.

An der linken Wand der Vorhalle befindet sich das *Bellerophon-Relief* – der bärtige Held reitet nach rechts, sein nackter Körper wird vom mächtigen Flügel des sich aufbäumenden Pegasos verhüllt. Der Speerarm ist nach hinten erhoben, zweifellos war die Lanze aufgemalt. Als Fellows das Grab entdeckte, konnte er noch Farbspuren der gemalten Satteldecke erkennen.

Das Grab wird wie die benachbarten Felsgräber ins 4. Jh. v. Chr. datiert; aus verschiedenen Jahrhunderten stammen dagegen die zahlreichen *Spitzbogen-Sarkophage*, die noch in römisch-byzantinischer Zeit im Umkreis der Akropolis und am neuen Stadtrand entstanden.

Die **Akropolis** wird heute vorwiegend von der *Festungsruine* des 19. Jh. eingenommen, die auf den Grundmauern der alten lykischen Burg steht. Im Nordwesten des ca. 400 x 350 m großen Plateaus liegen Reste eines lang gestreckten Gebäudes, das als Pferdestall gedient haben mag. Die hoch anstehenden Mauern auf

Die Akropolis von Tlos wird von einer Festung beherrscht, die ein grausamer Ağa im 19. Jh. errichten ließ. Unterhalb der Steilwand ist die spätantike Stadtmauer zu erkennen

der Ostseite gehörten zum Wohnteil der Burg des ›blutigen Ali‹. In die Festung des 19. Jh. wurden zahlreiche Spolien verbaut. Zweifellos lag auf und am Akropolisfelsen in lykischer Zeit das *Wohngebiet* der Stadt, an der weniger steil abfallenden Südflanke sind die dem Hang abgewonnenen Stadtterrassen gut zu erkennen und von byzantinischen Ruinen überdeckt. In römischer Zeit dehnte sich Tlos dann im flacheren Gelände am **Fuß des Burgfelsens** weit nach Osten aus, man findet hinter dem einstigen *Stadion* die Grundmauern eines *Hallenbaus* und einer *Palästra,* die Quadermauern der *Thermenanlagen* und das von Bäumen beschirmte *Theater*. Alles ist so großzügig angelegt, dass die Dorfbauern die ehemaligen Plätze und Gebäude heute als Getreidefelder nutzen.

Nach dem etwas beschwerlichen Besuch der Felsgräber und der Besteigung der Akropolis lässt sich das Gelände der **römisch-byzantinischen** Stadt als Spaziergang absolvieren. Die lykische Burgstadt war von einer Mauer umgeben, die in der Kaiserzeit erneuert bzw. überbaut wurde. Im nördlichen Abschnitt sind Säulentrommeln und Sarkophagteile verbaut, während im Südteil sauber gefügte Hausteine verwendet wurden, hier ist auch eine Toranlage erhalten. Die kaiserzeitliche Neustadt blieb allerdings unbefestigt, man benutzte sogar den gerade verlaufenden Nord-Süd-Abschnitt der Mauer als Rückwand für die Sitzreihen des Stadions. Im Osten wird die heute als Acker genutzte Stadionebene von einem langen zweistöckigen **Hallenbau** begrenzt, der sich mit Arkaden zum Stadion öffnete.

Man folgt der Dorfstraße in Richtung Süden und erkennt auf der Ostseite der dreischiffigen Halle eine **Wasserleitung**, welche die im Süden liegenden Thermenanlagen mit Frischwasser aus den Bergen versorgte. Zwischen den Thermen und der Halle wird ein etwa 100 m langer und fast ebenso breiter Platz als **Palästra** gedeutet.

Die Ruinen der **Thermenanlagen** sind besonders interessant. Die kleinere von

Am Fuß der Akropolis-Nordwand liegt – nicht weit vom Bellerophon-Grab – ein mit zwei Reliefbändern geschmücktes Hausgrab aus dem 5. Jh. v. Chr.

beiden grenzt an die Palästra, sie war wie die folgende aus großformatigen Quadern errichtet und besaß hohe tonnengewölbte Räume. Vor allem gibt jedoch die *Exedra* des Südostraumes der größeren Thermenanlage mit ihren gut erhaltenen sechs Bogenfenstern einen hervorragenden Eindruck von der Großzügigkeit und Qualität römischer Bauten. Seit dem 1. Jh. n. Chr. wurden die Thermen mit großen, in Holzrahmen gefassten Glasfenstern ausgestattet. Dass diese Bauten nicht billig waren, zeigt die Summe von 60 000 Denaren, die Opramoas von Rhodiapolis im 2. Jh. n. Chr. für das Theater und die »Exedra in den Thermen« stiftete, womit sicher die hier erhaltene Apsis gemeint ist. Heute kann man von der Ruine den Blick über das südliche Xanthostal schweifen lassen und in der Ferne das Meer erahnen.

Nordöstlich der Thermen befinden sich die Trümmer eines kaiserzeitlichen *Tempels*, noch weiter nördlich lag eine byzantinische *Basilika* mit Querschiff und innen runder Apsis. Von der ungefähr 80 x 80 m großen *Agora* östlich davon zeugen wenige Überbleibsel, so im Nord- und Südwesten Ecksäulen mit herzförmigem Querschnitt.

Das **Theater** liegt nördlich der Erdstraße. Es stammt aus dem 1. und 2. Jh. n. Chr. und ist heute stark überwachsen. Für die Entstehung in der römischen Kaiserzeit spricht, dass das Gebäude über flachem Gelände hochgezogen wurde und nicht die natürliche Schräge eines Hangs nützte. Fasziniert schrieb 1978 George E. Bean: »Dieses herrliche Theater ruft geradezu nach einer Ausgrabung, zumindestens aber nach einer Rodung des Bewuchses.«

Nördlich vom Theater liegen viele *Sarkophage* im Wald verstreut, hier entdeckten im 19. Jh. Theodore A. Spratt und E. Forbes auf einem Felsrücken eine viereckige **Stufenbasis** mit Reliefs, die wahrscheinlich ein lykisches Pfeilergrab des 5. Jh. v. Chr. trug. Fellows ließ von den Reliefs Gipsabdrücke anfertigen und diese dann ins Britische Museum bringen. Eine Inschrift nennt den Namen des Grabherrn ›Izraza‹. Die stark beschädigte Stufenbasis befindet sich heute im Museum von Fethiye.

i Praktische Hinweise

Hotel

The Mountain Lodge, Yaka Köyü (2 km vor dem Ruinengelände von Tlos), Tel. 02 52/638 25 15, www.themountainlodge.co.uk. Nette familiäre Unterkunft (Nov.–März geschl.) mit einfachem Restaurant.

Restaurant

Tlos Restaurant, Kale Köy. Das sog. Restaurant ist sehr bescheiden.

5 Pinara

In prächtiger Berglandschaft versteckte Ruinen mit der mächtigsten, von Grabhöhlen durchsiebten Akropolis des Xanthostals.

Über dem Westufer des antiken Xanthos (heute Koca Çayı). Beschilderte Abzweigung von der Staatsstraße 400 (ca. 20 km südlich Kemer bzw. 37 km nördlich Kalkan) nach Westen über Minare Köy (5 km) ins Ruinengebiet (2 km).

Pinara ist vor allem durch die einzigartige **Felsnekropole** am weithin sichtbaren Akropolishang mit Hunderten von **Grabhöhlen** bemerkenswert. Interessant sind aber auch die übrigen Grabanlagen von Pinara, die durch ihre Typenvielfalt imponieren. So sind neben Felsgräbern mit unterschiedlichen Haus- und Tempelfassaden auch Pfeiler- und Sarkophaggräber erhalten. Besonders bekannt sind die Flachreliefs im sog. Königsgrab, welche die Silhouette einer lykischen Stadt (vielleicht Pinara) darstellen.

Hinweis: Pinara wird noch wenig besucht. Im Frühjahr sollte man auf eine stabile Wetterlage achten, denn wer im Bergland von einem Gewitter überrascht wird, kann nur mit Glück noch schnell in einem Grabhaus Schutz finden. Vorsicht bei der Abfahrt nach Minare – steile Piste!

Geschichte Der Historiker Menekrates (4. Jh. v. Chr.) aus Xanthos bezeichnete Pinara als xanthische Gründung. Und zwar habe man wegen der drohenden Überbevölkerung die älteren Bürger in drei Gruppen aufgeteilt. »Eine Gruppe zog zum Berg Kragos und gründete eine Stadt auf einem abgerundeten Gipfel. Sie gaben ihr den Namen Pinara, was ›abgerundet‹ bedeutet, denn die Lykier nannten alle runden Dinge pinara.«

Spätere Historiker, zuerst Arrian, erwähnen Pinara im Zusammenhang mit der Eroberung Lykiens durch Alexander d. Gr. (334 v. Chr.) als eine der lykischen Städte, die sich kampflos unterwarfen. Obwohl Pinara zu den sechs mächtigen und einflussreichen Städten des **Lykischen Bundes** gehörte, die mit drei Stimmen votieren konnten, wissen wir über die frühe Geschichte, von wenigen Erwähnungen einmal abgesehen, fast nichts.

Im Ruinenbestand lassen mehrere lykische Pfeilergräber auf einen gewissen Wohlstand im 5. Jh. v. Chr. schließen. Das große Theater weist mit seinem rein griechischen Grundriss auf Prosperität in hellenistischer Zeit hin, entsprechend der Lage am Ostrand dürfte die Stadt damals ihre größte Ausdehnung gehabt haben. Dagegen scheint Pinara in der Kaiserzeit im wahrsten Sinn des Wortes ins Abseits geraten zu sein.

Immerhin war die Stadt in **byzantinischer Zeit** Bischofssitz. Im Mittelalter muss ein schweres Erdbeben die Bevölkerung zum Wegzug gezwungen haben. Die benachbarte Ortschaft Minare ist zum großen Teil aus Spolien erbaut, in seinem Namen lebt auch weiterhin der antike Ortsname fort. Dabei spielte die Lautverwandtschaft mit dem türkischen Wort für ›Minarett‹, minare, zweifellos eine Rolle.

Die Ruinen von Pinara wurden 1840 von Charles Fellows wieder entdeckt und von mehreren archäologisch interessierten Reisenden, u. a. George Scharf, gezeichnet. Im 20. Jh. haben Ekrem Akurgal und Bean diverse Pläne von Pinara veröffentlicht, die 1978 durch Untersuchungen von Wolfgang Wurster erheblich ergänzt und verbessert wurden.

Besichtigung Die 715 m hohe Felskuppe der Akropolis hat man bei der Anfahrt wegweisend im Blick, besonders charakteristisch sind die Reihen dunkler rechteckiger **Felshöhlen,** die wie eingestanzt in die senkrecht abfallende Wand wirken. Das Stadtgebiet am Fuß des Felsens verteilt sich auf mehrere, nord-südwärts verlaufende Terrassen und Senken, die im Osten und Süden wallartig begrenzt sind.

Schon aus der Ferne fasziniert die von Grabhöhlen durchlöcherte Akropolis von Pinara! Plinius bezeichnete die dort arbeitenden Steinmetzen als »Vogelmenschen«

Der starke Pinien- und Macchiabewuchs, die benachbarte Schlucht sowie der durch Erosion stark zerklüftete Felsboden machen das weitläufige Gelände nur in begrenztem Ausmaß begehbar.

Der vom Dorf Minare nach Pinara führende Saumpfad (Wanderweg) erreicht das Ruinengelände in der Nähe des großen Theaters; auf der unbefestigten Fahrstraße, die kurz vor dem Dorf Minare links bergauf führt, gelangt man mit dem Auto ohne Probleme an den Südfuß des Unterburgfelsens. Der Wärter ist hier meistens anwesend.

Das weitläufige, grandiose Berggelände wird durch die nur an der Südflanke über einen zerklüfteten Hang zugängliche **Akropolis** klar beherrscht, doch wird man sich bei einer normalen Besichtigung mit dem Anblick dieses steilen Felsklotzes begnügen. Untersuchungen zeigten, dass das nahezu dreieckige Akropolisplateau lediglich als militärischer Stützpunkt und Fluchtburg diente. Die für Pinara typischen, wabenartig angeordneten **Grabkammern** am steilen östlichen Akropolishang konnten nur mithilfe von an Seilen hängenden Gerüsten oder Strickleitern ausgemeißelt werden, auch die Bestattungen dürften recht waghalsige Unternehmungen gewesen sein.

Nahe beim Parkplatz liegen an der Felswand der unteren Burg mehrere Felsgräber mit Hausfassaden, darunter das sog. **Königsgrab**. Die Kassetten der Fassade sind weitgehend zerstört, erhalten blieb der reliefgeschmückte Türsturz und der von einem dreigeteilten Architrav mit ›Zahnschnitt‹ getragene Giebel. Berühmt sind die vier *Flachreliefs* an den Seitenwänden der Vorhalle; je zwei übereinander angeordnete Reliefs zeigen lykische Stadtansichten mit zinnenbewehrten Mauern, Türmen, Häusern und Grabmonumenten, darunter auch Pfeilergräbern (stark beschädigt).

In den Dörfern darf man der Hausfrau beim Backen des Fladenbrots zuschauen. Der Teig muss dünn ausgerollt werden

Das Königsgrab vertritt den Typus eines Hauses mit Satteldach. Leider haben Vorhalle und Grabraum durch mutwillige Zerstörungen und Hirtenfeuer stark gelitten; allgemein glaubt man, dass das Königsgrab wegen seiner großzügigen Anlage und ungewöhnlichen Stadtreliefs einem lokalen Herrscher gehörte.

Man geht nun am Fuß des Bergrückens nach Norden und erkennt rechts im Gelände die spärlichen Ruinen römischer Thermen. Links ist ein weiteres sehr interessantes Felsgrab erhalten, das als **Stierkopf-Grab** bekannt ist. Seine Fassade ist im unteren Teil zerstört, gut erhalten blieb dagegen der kassettierte Spitzgiebel, der am Dachfirst Hörner und Ohren eines Stierschädels aufweist.

Über Steinstufen steigt man auf den in Nord-Süd-Richtung verlaufenden Felsrücken und kann einen Teil des **Stadtgeländes** besichtigen, das im Süden von der Unterburg beschützt wurde. Die Ruinen sind vom stärksten Bewuchs befreit, dennoch sind Lage und Bestimmung der einstigen Bauten nicht leicht auszumachen. Reste des *Stadttors* und der *lykischen Mauer* sind gut zu erkennen, ebenso das südlicher gelegene, recht zerstörte *römische Odeon*, das auch als ›kleines Theater‹ bezeichnet wird. Wahrscheinlich diente es vorwiegend als Bouleuterion. Denn vor dem Odeon lag (im Westen) die fast gänzlich zerstörte *Agora*, der sich im Süden eine Ladenstraße anschloss. Der überwucherte Hügel der *Unterburg* begrenzt den hier schwer zu begehenden Felsrücken. In der Unterburg residierte wohl der Lokalherrscher oder Statthalter von Pinara.

Man geht nun nach Norden zurück und sieht auf einem Platz unter Pinien die Trümmer eines *römischen Podiumtempels*. Daneben erstreckt sich eine durch Stützmauern erweiterte Terrasse, die früher von Säulenhallen umgeben war (die Ecksäulen haben, wie in Aphrodisias oder Tlos, einen herzförmigen Querschnitt).

Am besten verlässt man anschließend die Stadtterrasse auf dem Weg, den man auch heraufkam (Steinstufen), geht vom ›Stierkopf-Grab‹ in nördlicher Richtung weiter und gelangt schließlich zur **Nordnekropole** mit mehreren frei stehenden Spitzgiebel-Sarkophagen. An Tagen mit klarem Himmel hat man von hier einen herrlichen Panoramablick nach Osten, wo über dem Xanthosufer die im Frühjahr von Schnee bedeckten, mächtigen Gipfel des Ak-Gebirges aufragen (viele Berge werden von den Türken Ak-Dağ genannt, was schlicht und einfach ›weißer Berg‹ heißt).

Von der Nordnekropole bietet sich auch eine gute Sicht auf das jenseits einer Senke gelegene große **Theater**, das an den Hang gebaut ist und eine mehr als halbkreisförmige Cavea mit 27 Sitzreihen besitzt. Vom Bühnenhaus sind nur noch Fundamente und einige Säulentrommeln erhalten.

Der Besuch des Theaters lohnt sich, weil von hier die Aussicht nach Westen auf die Akropolis mit ihren Grabkammern besonders eindrucksvoll ist. Auf dem Rückweg zum Parkplatz sieht man gut

die Felsgräber der **Südnekropole**, die in die steile Bergflanke jenseits des Bachs gearbeitet sind.

i Praktische Hinweise

Tee und kalte Getränke sind in Minare erhältlich.

6 Patara

Bedeutende antike Hafenstadt, deren Ruinen vom Flugsand überweht sind. Der feine Sandstrand von Patara gehört zu den Eiablagegebieten der Meeresschildkröte Caretta caretta.

8 km nordwestlich von Kalkan
Abzweigung von der Straße 400 (braunes Schild), 3 km Teerstraße.

Insgesamt gehört das Gebiet um Patara noch zu den einsamen Ruinenstätten in der Nähe eines Superstrandes, obwohl sich hier Jahr für Jahr mehr Touristen einfinden – nichts spricht sich schneller herum als ein ›Geheimtipp‹. Vom benachbarten Kalkan führen täglich Bootsausflüge zum Strand und Segeltörns nach Patara; im Dorf Gelemiş gibt es mehrere Pensionen. Es bleibt zu hoffen, dass Naturschützer und Archäologen verhindern, dass Patara das Schicksal von Side [Nr. 32] teilt.

Geschichte Patara war spätestens seit dem 7. Jh. v. Chr. besiedelt. Herodot erwähnt das **Apollon-Orakel** von Patara, das allerdings nur im Winter tätig war, wenn der Gott nicht auf Delos weilte. In der hellenistischen Zeit wird über das Orakel nichts berichtet, es erlebte aber im 2. Jh. n. Chr. eine Renaissance, als der Mäzen Opramoas den Patarern 20 000 Denare spendete für »Apollon, den Gott ihrer Ahnen, der nach langem Schweigen jetzt wieder begonnen hat, Weissagungen zu verkünden«. Anscheinend bestand das Orakel bis zur Schließung aller Orakelheiligtümer durch Theodosius im Jahre 392; wo es in Patara lokalisiert war, ist bis heute nicht sicher geklärt.

Patara unterwarf sich 334 v. Chr. freiwillig Alexander und war während der Diadochenkämpfe eine wichtige **Marinebasis**, so spielte der Hafen bei der Eroberung von Rhodos durch Antigonos 315 v. Chr. und Demetrios 304 v. Chr. eine Rolle. Im **Lykischen Bund** gehörte Patara zu den sechs führenden Städten, die mit je drei Stimmen vertreten waren. Die Bedeutung der Stadt wird auch aus der Tatsache ersichtlich, dass sie die Archive des Lykischen Bundes verwaltete.

In der **römischen Kaiserzeit** blühte die Stadt auf und wurde Sitz des Statthalters der Provinz Lycia et Pamphylia. Die meisten Ruinen stammen aus dieser Zeit. Der Hafen wurde von Schiffen aus Phönizien, Ägypten und Griechenland angelaufen, wie wir u. a. aus der Apostelgeschichte erfahren. So wechselte hier Paulus am Ende seiner dritten Missionsreise das Schiff. Und im 3. Jh. wurde **Nikolaus** in Patara geboren, der als **Bischof von Myra** berühmt wurde und allen Christen als Patron der Seefahrer und Freund der Kinder vertraut ist. Drei Kirchenruinen bezeugen, dass das Christentum hier nicht nur zahlreiche, sondern auch vermögende Anhänger besaß; beim Konzil von Nicäa (325) vertrat Bischof Eudemus von Patara ganz Lykien.

In spätbyzantinischer Zeit begann die Verlandung des Hafenbeckens, an der Küste entstanden große Wanderdünen, die bis heute nicht zur Ruhe gekommen sind und sich immer mehr landeinwärts schieben. So bietet das Theater von Patara heute ein ganz einzigartiges Schauspiel: Die Orchestra ist mit feinem Flug-

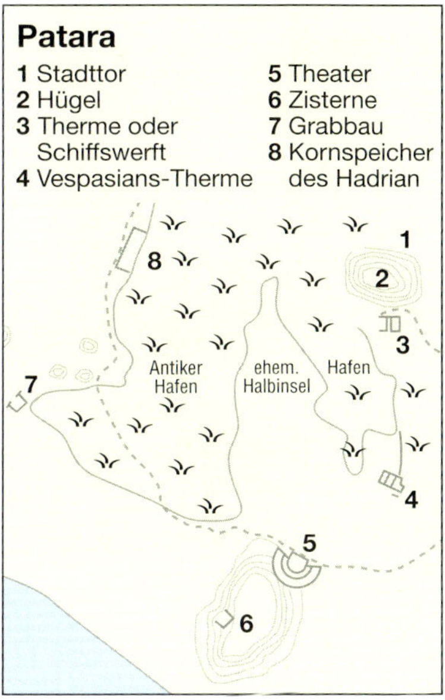

◁ *Nur mit Glück im Gebiet um Patara zu entdecken: Weißstörche und Meeresschildkröte*

Patara für Tierfans

Für Naturfreunde ist das gesamte, von Hügeln und Bergzügen umrahmte Gebiet überaus interessant. Wie der berühmt gewordene Dalyan-Strand ist auch der Strand von **Patara** ein Eiablagegebiet der **Meeresschildkröten** (Caretta caretta). Wächter sollen dafür sorgen, dass der 11 km lange Strand Mai bis August nachts nicht betreten wird.

Ferner beobachten Zoologen im Gelände von Patara das **Hardun** (Agama stellio). Das bis zu 40 cm lange Hardun ist eine urtümliche Reptilienart und besitzt stachelförmige Schuppen an der Körperoberseite. Unkundige können es für eine (allerdings seltsam große) Eidechse halten (die Familie der Agamen gehört zu den Echsen).

In den Sanddünen nisten **Nachtschwalben** und **Cistensänger** und im Sumpfgebiet des auf Landkarten als ›Ova-See‹ (Ova Gölü) verzeichneten Gebiets finden sich **Graureiher, Weißstörche** und manchmal auch **Purpurreiher** ein.

sand gefüllt, von den Zuschauerrängen blickt man auf bewachsene Dünen zwischen antiken Ruinen. Seit 1988 erforscht die Universität Ankara das Ruinengelände.

Besichtigung Das Ruinengebiet von Patara ist mit einer Ausdehnung von 1,5 x 0,5 km ausgesprochen weitläufig, im Frühjahr streckenweise sumpfig und schlecht begehbar. An windigen Tagen wird der feine Sand aufgewirbelt und erschwert die Bewältigung der weiten Wege. Die Straße durchquert zunächst die **Nekropole**, die von Macchia überwachsen ist und erst teilweise von den Ausgräbern freigelegt wurde. Obwohl nur Grabanlagen aus römischer Zeit erhalten blieben, besitzen die Sarkophage typisch lykische Formen mit spitzbogigem Deckel.

Das **Stadttor** [**1**] entstand zu Beginn des 2. Jh. zu Ehren des römischen Statthalters Mettius Modestus, eine griechische Inschrift auf der Nordseite verkündet, dass der Bogen »vom Volk von Patara, Metropolis der lykischen Nation« errichtet wurde. Die stolze Bezeichnung, die Xanthos degradiert, signalisiert die Wertsteigerung Pataras in der römischen Kaiserzeit – Hafenstädte waren im endlich sicher gewordenen Seehandel landeinwärts gelegenen Städten wie Xanthos oder Pinara überlegen.

Das Tor hat die übliche Form eines dreitorigen Triumphbogens und besitzt auf beiden Seiten nach syrischer Art *Konsolen* für Büsten, die laut Inschrift Mettius und seine Familie darstellten. Auch die drei Nischen der oberen Zone dürften Statuen, wahrscheinlich Kaiserbilder, enthalten haben. Insgesamt ist das Tor zwar hervorragend erhalten, wirkt aber durch den harten Kontrast der rechteckigen Nischen zu den Arkaden wenig elegant.

Auf dem **Hügel** [**2**] westlich vom Stadttor wurden griechische *Keramikscherben* aus dem 6. und 5. Jh. v. Chr. sowie ein *Apollonkopf* gefunden. Ruinen eines Apollon-Tempels ließen sich nicht nachweisen, obwohl sich der Standort geradezu anbietet.

Südlich vom Hügel stößt man auf die Ruine einer **Therme** oder **Schiffswerft** [**3**], ebenso schlecht erhalten ist die noch weiter südlich liegende *Kirche* mit basilikalem Grundriss und halbrunder Apsis. Besser zu identifizieren ist die am Weg liegende **Vespasians-Therme** [**4**], die laut Inschrift mit Mitteln des Lykischen Bundes finanziert wurde (69–79). Vespasian hatte nach einer kurzen Zwischenzeit unter Kaiser Nero, in der Lykien nochmals frei war, die Provinz Lycia et Pamphylia wieder hergestellt. Fünf miteinander verbundene, ehemals überwölbte Räume sind auszumachen, die erwähnte Inschrift befindet sich über einem der Durchgänge. Die 105 x 48 m große Anlage wurde später, als der Stadtbereich verkleinert wurde, in die Stadtbefestigung einbezogen. Spätestens hier muss man den Wagen endgültig parken und den Weg zu Fuß fortsetzen (die Piste führt weiter zum Strand).

Das Stadtgebiet wird im Süden durch einen 60 m hohen Felshügel begrenzt, der in der Antike die Südwestseite der Hafeneinfahrt markierte. An seinen Nordhang schmiegt sich das **Theater** [**5**], sicher ein hellenistischer Bau, der in römischer Zeit nach einem Erdbeben erneuert wurde. Eine Inschrift an der Ostseite des Bühnengebäudes besagt, dass im Jahr 147 die Bürgerin Vilia Procula die von ihrem Vater begonnene Ausgestaltung des Bühnenhauses fortführte. Dort, wo das Quadermauerwerk nicht unter Treibsand und dichtem Buschwerk verborgen ist, erkennt man die saubere Hausteinar-

Der feine Sandstrand von Patara ist nicht nur ein Badeparadies: Er gehört auch zum (nächtens) geschützten Eiablagegebiet der Meeresschildkröten

beit; doch mehr als technische Details fasziniert hier der romantische Gesamteindruck: Cavea und Trümmer des Bühnenhauses liegen unter feinem Flugsand, sind wie die einst so stolzen Akteure ›vom Winde verweht‹.

Nun sollte man den im Rücken des Theaters aufsteigenden **Felshügel** besteigen, der wohl kaum die Akropolis der Stadt war. Auf seiner Kuppe befindet sich eine ca. 10 m tiefe runde **Zisterne** [**6**], deren Fassungsvermögen auf über 600 000 l geschätzt wird, die Decke der Zisterne wurde von einem noch 2 m hohen, aus Quadern zusammengesetzten Pfeiler getragen. Man sieht von der Hügelkuppe auf den fantastischen langen Sandstrand und das Meer und kann sich gut vorstellen, dass der feine Sand, der uns entzückt, die Alten wenig erfreute, denn er verstopfte die Hafeneinfahrt. Im Norden der Lagune ist das versumpfte ehemalige **Hafenbecken** deutlich zu erkennen, auch eine in das Hafenbecken hineinragende Landzunge lässt sich ausmachen, auf der ein Teil der Stadt lag (Tempelruine).

Wenn die Bodenbeschaffenheit es zulässt, kann man westwärts wandern, wo unter dem Sand das *Fundament* eines unbekannten Baus, vielleicht eines **Grabbaus** [**7**], liegt. Weiter nördlich, am ehemaligen Westkai des Hafens, steht hinter Buschwerk verborgen der **Kornspeicher des Hadrian** [**8**], der durch eine Inschrift identifiziert werden konnte. Das 69 m lange und 19 m breite Granarium enthält acht durch Türen nahe der Außenmauer verbundene Räume, die wahrscheinlich überwölbt und eingeschossig waren. Die lange, zweistöckige Fassade wird durch ein Gesims unterteilt, im Erdgeschoss gliedern Türen, darüber Fenster den Bau. Auf den Konsolen über den Türen standen natürlich früher Büsten. Der in Italica/Spanien geborene ›Reisekaiser‹ Hadrian (117–138) und seine Frau Sabina besuchten Patara wahrscheinlich im Jahr 129, als sie auch in Andriake [Nr. 13] Station machten. Der große Speicherbau ist ein deutlicher Beweis für die wichtige Funktion der lykischen Häfen als Umschlagplätze im Getreidehandel zwischen Ägypten und Rom.

Nun kann man noch zur Ruine eines unmittelbar nördlich vom Speicher stehenden Grabbaus gehen, der aus der Zeit stammen muss, als das Stadtgebiet verkleinert wurde. Die unterste Reihe des Gewölbeansatzes ist erhalten und besitzt vertiefte Kassetten; sicher war der Bau einst prächtig.

i Praktische Hinweise

Hotel

Hotel Dardanos, Patara, Tel. 02 42/ 843 51 09, Fax 02 42/843 51 10, www. dardanostravel.com. Kleines deutsch-türkisches Familienhotel mit Restaurant und Bar. Bietet organisierte Trekking- und Kanutouren im Taurus-Gebirge.

7 Kalkan

An den kargen Felshang geschmiegter, noch recht ursprünglich wirkender Fischerort ohne Sehenswürdigkeiten. Der kleine Hafen wurde 1990 für Jachten ausgebaut.

Direkt westlich unter der Staatsstraße 400.

Die Häuser des Dorfs werden heute von einer Moschee überragt. Jahrhundertelang bildeten die Griechen die Bevölkerungsmehrheit, woran die griechischen Stilelemente vieler Häuser in Hafennähe erinnern. Kalkan und Kaş sind zwischen Fethiye und Antalya die einzigen Küstenorte, in denen in etwas größerem Umfang **Fischfang** betrieben wird, doch gibt es auch hier keine Fisch verarbeitende In-

Oben: *Trotz fehlender Strände entwickelt sich Kalkan zum beliebten Touristenort. Von hier aus kann man alle Stätten des berühmten Xanthostals in Tagesausflügen kennen lernen*
Unten: *Vom Sand verweht ist in Patara nicht nur das alte Hafenbecken, sondern auch das Theater*

dustrie. Die Bewohner von Kalkan besitzen Obstgärten, Felder und Weiden in den Bergtälern oberhalb der Ortschaft, wo sie traditionell die Sommermonate verbrachten. Erst der nach 1980 einsetzende **Tourismus** sorgte nun auch im Sommer im Dorf für Betrieb; mehrere Teppich-, Textil- und Souvenirläden sind seither entstanden, kleine Hotels und Pensionen bieten Unterkunft in familiärer Atmosphäre.

Kalkan ist wegen der wenigen ortsnahen Badestrände kaum für einen längeren Erholungsurlaub zu empfehlen, bietet sich jedoch als Standort für interessante Ausflüge an.

Kalkan ist Charterhafen für Motorsegeljachten (schon in Deutschland vorab buchen). Hier herrscht noch weniger Hektik als in Bodrum oder Fethiye. Lohnende Abstecher lassen sich per Motorboot zum westlich gelegenen Strand von **Patara** oder zum näheren **Kapıtaş-Strand** im Osten unternehmen. Auch die **Blaue Grotte** (Mavi Mağara) ist ein beliebtes, wenn auch keineswegs mit Capri vergleichbares Ausflugsziel. Bedeutendste Sehenswürdigkeiten der lykischen Antike sind die von Kalkan gut erreichbaren Stätten **Xanthos**, **Letoon** und **Patara** [Nr. 2, 3, 6]. Ein großartiges Landschaftserlebnis bietet zudem die Schlucht von Saklıkent [s. S. 23].

Praktische Hinweise

Information

Kalkan Info, Kalkan, Tel. 02 42/844 31 31, Fax 02 42/844 34 69, www.kalkan.org.tr

Unterkunft

******Patara Prince Hotel**, 1 km östlich von Kalkan, Tel. 02 42/844 39 20, Fax 02 42/844 39 30, www.pataraprince.com. Terrassenartig an den Hang gebaute Hotelanlage.

*****Pırat Oteli**, Kalkan Marinası, Kalkan, Tel. 02 42/844 31 78, Fax 02 42/844 31 83, www.hotelpirat.net. Direkt am Jachthafen, Terrassenrestaurant, Pool.

****Tekin Berk Hotel**, Kalamar Caddesi 31, Kalkan, Tel. 02 42/844 30 90, Fax 02 42/844 33 98. 50 m über dem Hafen.

Restaurant

Top Tipp **Aubergine**, direkt am Hafen, Kalkan, Tel. 02 42/844 33 32. Köstliche, fantasievoll gewürzte Gerichte. Erstklassiger Service, abends sitzt man unter beleuchteten Bäumen. In der Saison unbedingt Tisch vorbestellen.

8 Kaş

Top Tipp *Für viele der sicherlich malerischste Hafenort an der türkischen Südwestküste.*

Über eine gut ausgebaute Serpentinenstraße von der oberhalb am Ort vorbei führenden Staatsstraße 400 zu erreichen. An der Kurve: fantastischer Blick auf die roten Walmdächer der Kleinstadt und die von Halbinseln und Inseln gerahmte Bucht.

Die kurvenreiche Straße von Kalkan nach Kaş (27 km) wurde in 100 bis 200 m Höhe in den Felsen der Steilküste gesprengt und bietet immer wieder spektakuläre Ausblicke auf das Meer, besonders die Nachmittags- und Abendstimmungen sind wunderschön.

Kaş besaß bis 1923 eine griechische Bevölkerungsmehrheit; die vorgelagerte **Insel Megiste**, auf der die Johanniter eine Burg besaßen, gehört noch heute zu Griechenland. Als Bodrum vielen Intellektuellen und Künstlern zu sehr zur Schickimicki-Stadt mutierte, entdeckten sie Kaş für sich. Heute boomt der einst so verträumte Ort, der Hafen ist ein beliebter, wenn auch nicht sehr geräumiger Treffpunkt der Jachten.

Geschichte Kaş liegt auf dem Areal des antiken Antiphellos, das bis zum 4. Jh. v. Chr. lediglich als Hafen der in 750 m Höhe landeinwärts angesiedelten Stadt Phellos diente. ›Phellos‹ bedeutet im Griechischen ›steinige Gegend‹, so dürfte der heute von Macchia überwucherte einstige Hauptort kaum reich gewesen sein. In hellenistischer Zeit stieg das vorher nur aus wenigen Häusern und Speichern bestehende **Antiphellos** (das Phellos ›gegenüber‹ lag, wie der Name besagt) zum Hauptort auf und behielt diese Stellung bis heute. Plinius erwähnt Antiphellos als **Ausfuhrhafen** für Schwämme, sicher wurde aus dem bewaldeten Hinterland auch Holz verschifft.

Die wenigen Reste des Altertums muss man – vom Theater und den beiden ›Vorzeige-Sarkophagen‹ abgesehen – in den Gärten der neuen Pensionen und Häuser suchen; eine Kirchenruine erinnert an das Christentum, das hier bis zum Auszug der Griechen praktiziert wurde.

Viele Türken aus Kaş waren als Gastarbeiter in Deutschland und leben nun, nach der Rückkehr in ihre Heimat, vom örtlichen Tourismus.

Besichtigung Im kleinen Ort kann man sich nicht verlaufen, und da man viele Deutsch sprechende Türken trifft, ist der Rundgang kurzweilig und vergnüglich. Der zentrale Platz am **Jachthafen** (Cumhuriyet Meydanı) wurde ab 1980 durch

Fischfang gehört zu den ältesten Gewerben an der Küste – doch der Ertrag ist heute gering

Kaş, das antike Antiphellos, ist der malerischste Hafenort der lykischen Küste. Alte Häuser mit Holzbalkons verleihen der Hauptstraße liebenswerten Charme

Grünanlagen und Palmen verschönt, von den Cafés und Restaurants hat man einen prächtigen Blick auf das Hafenrund mit Mole, Leuchtturm und Bucht. Wahrscheinlich hatte der weiße **Leuchtturm** auf der Mole einen antiken Vorgänger, denn der Damm liegt auf einem Riff, das bereits den alten Hafen schützte. Der auf der Mole stehende Sarkophag wurde erst später, beim Hafenausbau, hierher gebracht und weist keinerlei besonderen Merkmale auf.

Die bekannteste Attraktion ist der auf vielen Postkarten abgebildete **Hyposorion-Sarkophag** vom Ende des 4. Jh. v. Chr. Vom Hafenplatz geht man durch die leicht bergan führende Postane-Gasse (Postane Sokağı) nach Osten. Hier haben sich alte griechische Häuser mit schönen, z. T. überdachten Holzbalkons erhalten, deren ursprünglicher Charakter aber durch den Einbau von aufdringlich wirkenden Souvenirläden im Erdgeschoss verfälscht ist. Die kurze Gasse weitet sich zu einem kleinen Platz, auf dem der gut erhaltene Sarkophag im Schatten einer alten Platane steht.

Er überrascht durch seine Höhe von über drei Metern, allein das Hyposorion, der Unterbau mit der zweiten Grabkammer, ist 1,5 m hoch. Auf ihm steht ein Sarkophag mit Spitzbogendeckel und hohem First. Die von Kassetten gerahmte Tür ist aufgebrochen, an den Langseiten tragen ›Holzbalken‹ den wie ein gewölbtes Dach geformten Sarkophagdeckel. Als Löwenköpfe gestaltete Bossen dienten beim Aufsetzen des Deckels als Halt für die Seile. Eine achtzeilige, schwer lesbare Inschrift auf der Südseite des Hyposorion ist in der bis heute nicht entzifferten lykischen Dialektform verfasst, die auch auf dem ›Inschriftenpfeiler‹ von Xanthos [s. S. 27] verwendet wurde.

Für Antiken- und Landschaftsfans lohnt sich der Weg vom Hafenplatz auf der Hauptstraße nach Westen. Links von der Straße findet sich die wenig eindrucksvolle Ruine eines kleinen **Tempels**, von dem nur fünf Quaderlagen erhalten sind. Weitergehend kommt man zum hellenistischen **Theater**, das ungefähr 500 m vom Hafenplatz direkt nördlich der Straße liegt. Olivenbäume beschirmen

Trotz des großen Baubooms in Kaş gelang es den Behörden bisher, den fantastischen Blick vom Theater aufs glitzernde Meer unverbaut zu erhalten

den Zugang. Das Theater ist nach griechischer Art an den Hang gebaut und bildet mit seinen 26 Sitzreihen mehr als einen Halbkreis; ein Bühnengebäude fehlt allerdings. Von den oberen Reihen der nach Süden orientierten Sitzplätze hat man über die Ölbäume hinweg einen herrlichen Blick auf die felsige Halbinsel Bucak, die vorgelagerten Inseln und das azurblaue Meer.

Wie stets lagen die **Nekropolen** am Stadtrand, leider sind die frei stehenden Sarkophage an den einstigen Ausfallstraßen fast alle zerstört. 1842 zählte Spratt noch mehr als hundert. Während die unpraktischen Deckel als Viehtränken Verwendung fanden oder liegen blieben, wurden die Sarkophagkästen als Platten, Schwellen und Türstürze in den Häusern verbaut. Dagegen blieben die oberhalb der Stadt gelegenen Felsnekropolen besser erhalten. Ihr markantestes Grab liegt ca. 200 m nordöstlich über dem Theater und wird von den Forschern als **dorisches Grab** bezeichnet. Der einem griechischen Haus nachempfundene, frei stehende ›Bau‹ ist aus dem gewachsenen Fels geschlagen und wirkt durch das fehlende Dach recht plump, einziger Fassadenschmuck sind flache Eckpilaster und Rahmenprofile der 2 m hohen Türöffnung. Die Schiebetür fehlt, im Inneren ist der von Bean beschriebene Fries mit 21 kleinen Tänzerinnen an der Rückwand praktisch kaum noch zu erkennen.

Schließlich kann man noch zur weiter östlich über der Stadt liegenden Felsnekropole hinaufsteigen, von deren Hausgräbern noch einige begehbar sind. Sie weisen allerdings keine Besonderheiten auf.

Insgesamt besteht der Charme von Kaş in der **bezaubernden Lage** am Fuß der Felsküste: Von einer buchtenreichen Halbinsel und Inseln geschützt, mit weißem Leuchtturm, schaukelnden Segel- und Motorjachten und sehr hübschen Grünanlagen ist der Ort genau so, wie man sich einen kleinen und beschaulichen Hafen an der Mittelmeerküste erträumt.

Im Hafen werden **Bootstouren** vor allem nach Kekova [Nr. 11] oder zur griech. Insel Megiste (Tagestour, Passkontrolle) angeboten. Fischerboote bringen Badegäste zu den umliegenden bezaubernden Buchten.

i Praktische Hinweise

Information

Cumhuriyet Meydanı, Nr. 6 (Hafen), Kaş, Tel. 02 42/836 12 38, Fax 02 42/836 16 95

Hotels

***__Ekcici Oteli__, Hükümet Konağı Yanı, Kaş, Tel. 02 42/836 14 17, Fax 02 42/836 18 23, www.ekicigroup.com. 150 m vom Zentrum und kleiner Badebucht entfernt, am Hang gebaut, mit Pool.

***Sardunya Otel, Hastane Caddesi, Kaş, Tel. 02 42/836 30 80, www.sardunya otel.com. Kleiner Privatstrand.

Klubhotel Aquapark, Çukurbağ Yarımadase, Kaş, Tel. 02 42/836 19 01, Fax 02 42/836 19 92, www.aquapark.org. Einsam an Steilküste auf der Halbinsel gelegen.

Restaurants

Eriş Restorant, Hafenplatz, Kaş, Tel. 02 42/836 21 34. Bekanntes, gutes Lokal, türkische Speisen, Fischgerichte.

Sardunya Restaurant, Hastane Caddesi, Kaş, Tel. 02 42/836 30 80. In hübschem Garten an der Straße zum Theater. Gute Fischgerichte.

Sempati, Uzuncarsi Gürsoy Caddesi, Kaş. Liebevoll betriebenes Familienlokal, nahe dem Hafen.

Zwischen Hafen und Hauptstraße finden sich zahlreiche kleine Restaurants – leider heute alle mit fast identischen Speisekarten und Preisen. Es ist ratsam, die Preise für Fisch vor der Zubereitung zu vereinbaren.

9 Kyaneai

Die ›Stadt der Sarkophage‹.

Oberhalb der Staatsstraße 400 auf halber Strecke zwischen Kaş und Myra; 200 m über dem Dorf Yavu.

Kyaneai liegt beherrschend auf einem Felsplateau über dem Dorf Yavu und ist von dort auf einem stark ansteigenden Pfad zu erreichen (ca. 40 Minuten). Bis 2001 führte die Universität Tübingen hier Ausgrabungen durch.

Meistbesuchte Sehenswürdigkeit von Kaş ist der Hyposorion-Sarkophag

Neben verschiedenen **Nekropolen** mit Hunderten von Grabdenkmälern ist vor allem das **Theater** von Kyaneai wegen seiner Lage bemerkenswert: Eingebettet in die lykische Bergwelt gibt es einen schönen Blick auf die Mittelmeerküste mit ihren Halbinseln und Inseln frei. Wer etwas mehr Zeit hat, sollte sich auch die **Oberstadt** ansehen.

Geschichte Kyaneai teilt mit anderen, sogar bedeutenderen lykischen Städten das Schicksal, erst in der römischen Kaiserzeit von Geographen beschrieben worden zu sein. Doch geben die lykischen Inschriften und Felsgräber einen Hinweis auf das hohe Alter der lykischen Stadt, die seit dem 2. Jh. v. Chr. eigene Münzen prägte. Der heute sichtbare Ruinenbestand lässt auf eine Blütezeit während der frühen römischen Kaiserzeit schließen. Der bekannteste Bürger war *Jason*, Sohn des Nikostratos, der im 2. Jh. n. Chr. lebte und ein Jahr als Lykiarch amtierte.

Besichtigung Man sollte sich in Yavu einem ortskundigen Führer (auch Dorfjungen) anvertrauen, denn nur so kann man Hin- und Rückweg variieren. Der etwas längere, aber weniger steile Weg führt am Südhang des Akropolisfelsens vorbei, folgt in größeren Abschnitten dem antiken Treppenpfad und führt zum ursprünglichen Westeingang der Akropolis – der steilere Weg durchquert die mit ungezählten Sarkophagen bestückte Ostnekropole und erreicht die Akropolis auf der Ostseite.

Während die Ostnekropole vorwiegend die üblichen Sarkophaggräber aufweist, kommt man auf der **Südroute** an sehr unterschiedlichen Grabmonumenten vorbei. So steht linker Hand der **Hyposorion-Sarkophag**, nach den Löwenköpfen auf dem Deckel auch Löwensarkophag genannt, der aus dem anstehenden Felsen gearbeitet wurde. Ihm benachbart ist ein **Pfeiler** mit Inschriftresten; von zwei weiteren Pfeilermonumenten sind nur die Einlassspuren im Fels erhalten.

Auf der rechten Seite des Pfads sind in die Felswand verschiedene **Hausgräber** mitunter in mehreren Reihen übereinander gearbeitet. Bemerkenswert ist ein auf hohem Sockel aus dem Fels gemeißeltes Hausgrab mit einem besonders hohen Spitzbogengiebel, der von Stierhörnern gekrönt ist.

Ein Stück weiter erkennt man oben an der Südwand des Akropolisfelsens ein ungewöhnlich gestaltetes **Tempelgrab**, das sog. Ionische Grab. Es soll die Front eines Antentempels darstellen, besitzt aber in der Mitte zwischen den Anten lediglich eine, allerdings schön gearbeitete, ionische Säule. Griechischem Formempfinden widerspricht auch der unförmig wirkende Sarkophagkasten auf dem gut erhaltenen Giebel, der die Stelle eines Giebelakroters einnimmt.

Über dem Eingang von der Vorhalle des Tempelgrabs zur Grabkammer erläutert eine Grabinschrift die seltsame Anordnung, wonach der Sarkophag auf dem Giebel für den *Grabherrn Perpenenis* und seine Frau bestimmt war, die eigentliche Grabkammer und die Grabhöhle neben dem Sarkophag für die übrige Familie. Die Inschrift wird ins 3. Jh. v. Chr. datiert. Der sorg- und ahnungslose Umgang mit griechischen Tempelformen lässt auf selbstbewusste ›Neureichs‹ schließen. Immerhin war der Ort geschickt gewählt: gut sichtbar, aber schwer zugänglich.

Den Eingang zur **Oberstadt** erreicht man auf der Westseite. Das ca. 150 x 250 m messende Felsplateau war nur an der steil abfallenden Südostseite nicht ummauert, mehrere Tore führten in die Stadt. Am in byzantinischer Zeit zugemauerten Westtor links vorbei erreicht man einen Ziegenpfad, der unmittelbar hinter dem Tor nach rechts führt. Geradeaus geht es auf die **Akropolis**, wo sich eine kleine Kapelle und mehrere Zisternen befinden. Geht man weiter nach Nordosten, erreicht man die *Akropolisbasilika*. Folgt man der Abzweigung vom Ziegenpfad nach links am Felsmassiv vorbei, so erreicht man nach einer kleinen Felsstufe rechts die **Agora**. Die dortigen **Großen Thermen** sind die besterhaltenen Gebäude Kyaneais. Unmittelbar hinter ihrer Nordwand steht der schönste Sarkophag der Stadt, der aber großenteils im Erdreich steckt. Auf jeder Seite des Deckels befindet sich das prächtige Relief eines Viergespanns in voller Fahrt.

Über die **Westnekropole** erreicht man das Theater: Man hat die lykischen Berge oberhalb von Kaş ständig im Blick, die höchste Erhebung, der Asas Dağ, erreicht nur wenige Kilometer von der Küste entfernt 1800 m Höhe. Das **Theater** ist an einen niedrigen Hang gebaut und nach Süden orientiert; der *Zuschauerraum* ist relativ klein, größer als ein Halbkreis und umfasst 25 Sitzreihen. Er wird durch ein Diazoma in zwei Ränge unterteilt. Besondere Sorgfalt haben die Steinmetzen der Sitzreihe unterhalb vom Diazoma gewidmet: Sie weisen bequeme Rücklehnen auf. Als die Schauspieler nicht mehr in der Orchestra, sondern auf dem Proskenion auftraten (seit dem 3. Jh. v. Chr.), lagen ja die besten Sitzplätze nicht mehr in der untersten Reihe, sondern höher. Vor zu starker Sonneneinstrahlung konnten die Zuschauer außerdem durch Sonnensegel geschützt werden, Einlasslöcher für die tragenden Holzpfosten blieben in mehreren Reihen erhalten.

Von den mehr als dreißig Theatern der Südwestküste gewähren nur wenige einen derart freien und bezaubernden Blick aufs glitzernde Mittelmeer (noch schöner beim winzigen Theater von Simena [Nr. 11]).

Auf dem Rückweg kann man noch einmal nachvollziehen, warum Kyaneai die **Stadt der Sarkophage** genannt wird. Denn in so dichter Folge wie hier findet man Sarkophaggräber nur noch in Termessos [Nr. 25].

In der Bucht von Kekova kann man im glasklaren Meer versunkene Mauerzüge entdecken und ihrem Geheimnis nachspüren

10 Üçağız

Von Inseln und Landzungen beschützte Traumbucht, glasklares Wasser, ungestörte Natur und Ruinenromantik.

Üçağız liegt 17 km südlich der Staatsstraße 400 am Meer.

Der kleine Fischerort Üçağız, das antike Teimioussa, wird kaum wegen seiner wenig eindrucksvollen Ruinen und Gräber aufgesucht, sondern als Ausgangshafen für eine unvergessliche Motorbootfahrt durch die Bucht von Kekova.

Die Ruinen des antiken Orts liegen unmittelbar am Ostrand des Hafens. Am bekanntesten sind die beiden benachbarten **Felsgräber** am Uferplatz mit dem *Flachrelief* eines nackten Jünglings. Die übrigen im Gelände verstreuten Sarkophage bieten lediglich vom Wasser aus einen malerischen Anblick.

Beim Aushandeln von Route und Preis für eine **Bootsfahrt im Kekova-Golf** sollte man darauf achten, dass das Boot nicht nur nach Simena/Kale übersetzt, sondern eine echte Rundfahrt unternimmt (Badegelegenheit). Dazu gehört außer dem Aufenthalt in *Simena/Kale* auch die Fahrt entlang der *Insel Kekova,* der Blick auf im Meer versunkene Ruinen und ein Halt

in *Tersane* an der Westküste Kekovas [s. S. 52].

Im Südwesten bewachen die beiden Inseln *Kara Ada* und *Toprak Ada* die schmalen Durchgangspassagen von der Bucht zum Meer. Beiden Inseln sieht man an, dass sie jahrhundertelang als Steinbruch dienten.

Bei einem Ganztagsausflug kann man vom Westende der Bucht eine Wanderung über den Isthmus zur Ruinenstätte von **Aperlai** (in der Bucht von Sıçak Iskelesi) unternehmen (ein Pfad führt in 20 Min. nach Westen). Aperlai lag am Isthmus einer die Bucht im Westen begrenzenden Halbinsel, sein einstiges Stadtgebiet ist heute unbewohnt, lediglich Reste der *Stadtmauer*, Ruinen von zwei *Kirchen* und kaiserzeitliche Spitzbogendeckel-Sarkophage der *Ostnekropole* blieben erhalten. Ein Teil der Stadt mit den Hafenanlagen und mehrere Sarkophage der Nekropole liegen unter dem heutigen Wasserspiegel.

i Praktische Hinweise

Restaurants und Bars in Üçağız und besonders viele auf Ausflugsverkehr eingestellte Lokale in Simena; bei Ganztagsausflügen ist Picknick am Badeplatz möglich. Zimmer werden vermietet, **Hotels** in Kaş [Nr. 8] oder Myra [Nr. 12].

11 Simena/Kale und Kekova

TOP TIPP

Simena/Kale besitzt das kleinste – aus dem Felsen des Akropolishügels geschlagene – Theater Lykiens in besonders malerischer Umgebung.

Simena ist auch heute noch ausschließlich mit dem Schiff oder Boot zu erreichen. Alle Jachtkreuzfahrten haben Simena im Programm, aber auch von Üçağız, Kaş, Demre und Andriake aus gibt es in der Saison täglich Bootstouren nach Simena und zur vorgelagerten Insel Kekova (von Kaş aus Ganztagsausflug; von Andriake meist nur nach Absprache – Halbtagsausflug).

Simena liegt in einer durch die vorgelagerte Insel Kekova fast geschlossenen **Bucht** und gehört zu den sehenswertesten Plätzen an der lykischen Küste, obwohl hier der Ruinenbestand äußerst gering ist. Bis vor wenigen Jahrzehnten

Das von einer Burg überragte Simena: Nach Abstechern zu Antike und Mittelalter lässt sich die Gegenwart in einer Lokanta am Meer genießen

hieß der kleine Ort wie die vorgelagerte und jetzt unbewohnte Insel Kekova, heute wird er nach der ihn überragenden Burgruine ›Kale‹ genannt (türkisch: Kale = Burg).

Geschichte Auch das antike ›Simena‹ war offensichtlich eine bescheidene, unbedeutende Siedlung, die nur zusammen mit Aperlai, Apollonia und Isinda im Lykischen Bund eine Stimme besaß (wobei vielleicht Apollonia erst in römischer Zeit dazu kam). In Inschriften wurden die Bürger dieser vier miteinander verbündeten Städte als ›Aperliten‹ bezeichnet, nach Aperlai, der größten der vier Städte. Alle Städte lagen im Umfeld der großen Bucht, die heute zu den beliebtesten Anker- und Badeplätzen der Segler gehört. Da mehrere Grabinschriften anscheinend aus dem 4. Jh. v. Chr. stammen, muss Simena wohl eine längere Geschichte haben, von der jedoch nichts überliefert ist.

Besichtigung Der ganze Ort ist auf kleinstem Raum an einen **Hang** gestaffelt und bei der Ankunft vom Meer her zu übersehen, sodass der Besuch denkbar einfach ist. Es bietet sich ein wahrhaft malerisches Bild: Am höchsten Punkt flattert über den grauen Mauern der Burg die rote türkische Fahne vor dem Blau des Himmels im Wind. Sicher war früher die Uferzone breiter, denn Teile des antiken Simena liegen unter dem Wasserspiegel, der hier wie an weiten Teilen der lykischen Küste angestiegen ist. Man erreicht das Ufer über lange Holzstege und Steinmolen, die zu Lokalen am Ufer gehören bzw. durch ein auf Pfählen erbautes Restaurant hindurchführen (die Bootsführer favorisieren natürlich bestimmte Restaurants, an deren Stegen sie festmachen). Der winzige **Hafen** kann nur von flach gebauten Motor- und Ruderbooten angelaufen werden.

Die wenigen antiken Ruinen Simenas, wie eine römische Thermenanlage, sind durch moderne Häuser überbaut. Man hält sich am rechten Ortsrand und steigt entweder sofort zur Burg auf (kurze Klettertour unterhalb vom Theater) oder wählt den bequemeren Aufweg über die im Osten angrenzende **Nekropole**. Hier stehen im hügeligen Gelände zwischen Macchia und einigen Olivenbäumen zahlreiche Sarkophage mit Spitzbogendeckeln, manche auf zweistufigem Unterbau.

Von Nordosten betritt man den Bereich der mittelalterlichen **Burg**, die auf antiken Fundamenten ruht und mit ihren Türmen und langen Mauern mit Schwalbenschwanz-Zinnen fast ein bisschen operettenhaft wirkt. Von hier hat man einen fantastischen Rundblick über die gesamte Bucht und die im Süden vorgelagerte Insel Kekova.

Innerhalb der unteren Burgmauern steht das **kleinste Theater Lykiens**: Es ist vollständig aus dem Burgfelsen geschlagen, besitzt lediglich sieben Sitzreihen und konnte höchstens 300 Personen aufnehmen, was wahrscheinlich der Zahl der freien Bürger entsprach. Reste eines Bühnenhauses sind nicht erkennbar. Auf dem knappen Raum hätte es auch kaum Platz gehabt.

In jedem Fall bietet die malerische Bucht mit dem das Sonnenlicht reflektierenden, oft einem silbernen Spiegel gleichenden Meer und den Höhenrücken der Landzungen und vorgelagerten Inseln dem heutigen Besucher eine unvergessliche Kulisse.

Westlich der Burg sind zwei schwer zugängliche **Felsgräber** erhalten, die bereits bei der Anfahrt zu erkennen sind. Steigt man durch die schmalen Gassen des Dorfs wieder hinab zum Ufer und geht westwärts, so sieht man einen frei im Wasser stehenden **Steinsarkophag** – eines der beliebtesten Fotomotive der lykischen Küste. Die kleine Felsinsel dahinter trägt noch deutlich sichtbare Meißelspuren und ist der Rest eines in der Antike benützten Steinbruchs, auch hier lag der Wasserspiegel natürlich ursprünglich niedriger.

Die nach Simena fahrenden Boote gleiten meistens an der Nordküste der unbewohnten **Insel Kekova** entlang, wobei sie für kurze Zeit den Motor abstellen, um die Wasseroberfläche ruhig zu halten. Dann kann man *unter Wasser* Steinstufen, Rampen und Mauerzüge erkennen. Die steil am Ufer aus dem Meer aufragenden Felswände von Kekova zeigen Umrisse von Giebelhäusern, die hier mit der Rückseite in den Fels eingelassen waren.

Im Westen lag der griechische Ort **Tersane**, von dem in Ufernähe die eindrucksvolle *Apsis* einer Kirche erhalten ist. Nur in den unbewohnten Gegenden, wo die christlichen Ruinen als Ausflugsziele interessant sind, wird man an die rund 2000 Jahre alte christliche Tradition Kleinasiens erinnert (einzige Ausnahme: Myra/Kale).

i Praktische Hinweise

Simena ist ein beliebtes Ausflugsziel und auf den Tagestourismus voll eingestellt. Am Ufer liegt ein **Lokal** neben dem andern – kein Wunder, dass sich Speiseangebote und Preise ähneln. Besonders romantisch sitzt man auf der kleinen Landzunge, welche die Bucht mit dem im Wasser stehenden Sarkophag vom Hauptufer trennt.

Nur ein Sarkophag kündet von der im Meer versunkenen Nekropole des alten Simena. Die Bucht begrenzt die Insel Kekova

Beredte Mienen – ein Fragment vom Maskenfries des römischen Bühnengebäudes

12 Myra/Kale

Eindrucksvollste Felsnekropole der lykischen Küste – und durch die Nikolauskirche eine der ehrwürdigen Stätten des Christentums.

Die Küstenstraße 400 führt mitten durch die Kleinstadt Kale, die das Ruinengebiet von Myra heute umschließt. Die Zufahrten zu den Ruinen und zur Nikolauskirche sind gut ausgeschildert.

Die relativ kleine Ebene von Myra gehört mit der wesentlich größeren von Limyra zu den fruchtbarsten Landstrichen Lykiens. Sicher waren beide ursprünglich Meeresbuchten, die bereits in prähistorischer Zeit durch das von Flüssen antransportierte Schwemmmaterial zu gut bebaubaren Ebenen wurden. Myra war in römischer und byzantinischer Zeit ein wichtiger **Umschlagplatz im Seehandel**, im Osmanischen Reich verlor die Stadt durch ihren versandeten Hafen ihre Handelsbeziehungen. Seit Fertigstellung der Küstenstraße (1982) dominieren neue Agrumenpflanzungen sowie riesige Plastik- und Glasgewächshäuser die Landschaft.

Geschichte Strabo berichtet, dass Myra im **Lykischen Bund** zu den sechs einflussreichen Städten gehörte, die drei Stimmen abgeben konnten; die frühe Stadtgeschichte ist jedoch nicht literarisch belegt. Mauerreste auf der Akropolis bezeugen eine Bebauung oder Befestigung seit dem 5. Jh. v. Chr., vor allem sind die Gräber der beiden Felsnekropolen, die ab 400 v. Chr. errichtet wurden, eindrucksvolle Beweise für den Wohlstand der Bürger in vorrömischer Zeit.

Nach der Zeitenwende mehren sich die Hinweise auf die Bedeutung der Stadt. Im Jahr 18 n. Chr. kam der Stiefsohn von Kaiser Tiberius, **Germanicus**, mit seiner Frau **Agrippina** nach Myra; zu Ehren der beiden wurden ihre Statuen im Hafen Andriake aufgestellt. Für den **Apostel Paulus**, der auf seinem Transport als Gefangener nach Rom bald darauf (60 n. Chr.) in Myra das Schiff wechseln musste, gab es zwar keine Ehrenstatue, dafür aber eine Erwähnung der Stadt in der Apostelgeschichte (27,5). Dass der Gefangene mit seiner Begleitung hier auf ein aus Alexandrien kommendes Schiff umstieg, ist ein klarer Hinweis auf die weitreichenden Seeverbindungen Myras.

Im Jahr 141 n. Chr. zerstörte ein schweres Erdbeben alle wichtigen Gebäude, die umfangreichen Restaurierungs- und Neubaumaßnahmen sind durch prahlerische Inschriften der Mäzene bekannt. Unter ihnen war der Lykiarch und Millionär **Opramoas** aus dem östlich gelegenen Rhodiapolis der spendabelste. Myra verdankte ihm u. a. Gelder zum Aufbau des »größten und schönsten Heiligtums« der Artemis Eleuthera sowie des Theaters und einer kostbar ausgestatteten Exedra am Gymnasium. Er verschaffte der Stadt auch den begehrten Titel ›Metropolis‹.

Das **Heiligtum der Artemis Eleuthera** scheint in dieser Zeit das wichtigste der Region gewesen zu sein, es war wahrscheinlich mit einem uralten Baumkult verbunden. Münzen des 3. Jh. n. Chr. zeigen jedenfalls das Kultbild der Artemis in einer Baumkrone.

Für das junge Christentum war das Wirken des **Nikolaus von Myra** von großer Tragweite. Zahlreiche Legenden und Wundergeschichten knüpften sich an den um 280 in Patara geborenen Kirchenmann, der als Bischof zum Helfer der Armen und in Not Geratenen wurde [s. S. 57] und Myra in einen viel besuchten christlichen Wallfahrtsort verwandelte. So verwundert es auch nicht, dass die Stadt unter Kaiser Theodosius II. (408–450 n. Chr.) zur Hauptstadt Lykiens erklärt wurde.

Obwohl der Ruhm Myras als Wallfahrtsort während des ganzen Byzantinischen Reichs nicht verblasste, konnten die Kaiser seit dem 7. Jh. die Stadt nicht mehr vor Überfällen und Plünderungen durch Seepiraten und muslimische Araber schützen. Zusätzlich sorgten zahlreiche Erdbeben, das Absinken der Küste und die Geröllmassen des Myrosflusses für die Abwanderung der Bevölkerung. Bis zum Ausbau der Küstenstraße blieb der nun Demre genannte Ort ein ärmliches Dorf.

Myra wurde bereits im 19. Jh. durch englische, französische und deutsche Reisende wieder ins Bewusstsein der westlichen Welt gerückt. Eine Ausgrabung der Wohnstadt Myra steht noch aus, die Nekropolen wurden von Jürgen Borchhardt (1975) und George E. Bean (1978) untersucht. Die Nikolauskirche wurde von türkischen und deutschen Archäologen ab 1962 freigelegt und restauriert, sie ist heute ein Museum.

Besichtigung Vom **antiken Ort** blieben nur das Theater und die Nekropolen. Beide liegen in so unmittelbarer Nachbarschaft, dass man auf den Gedanken kommt, die Menschen hätten für ihre Selbstdarstellung lediglich die Bühne gewechselt. Die Felsgräber beim Theater werden als ›Meernekropole‹ bezeichnet, obwohl das Meer in historischer Zeit nie bis hierher reichte. Weiter im Osten liegt über einem schmalen Flusstal die ebenfalls in eine steile Felswand geschlagene ›Flussnekropole‹.

Eine Nebenstraße (Hinweisschild an der Hauptstraße) führt durch Orangenplantagen direkt zum **archäologischen Gelände** mit dem Theater und der Meernekropole. Noch bevor man den leichten Aufstieg ins Theater unternimmt, hat man einen großartigen Blick auf die steil aufragende Felswand mit ihren bienenwabenartig dicht beieinander liegenden, unterschiedlichen Grabhäusern.

Theater

Auf dem Weg zur Nekropole, gleich links hinter dem Souvenirstand bei den Gewächshäusern, kommt man an einem Bruchstück vom Fries des römischen Bühnenhauses vorüber. Es zeigt drei Masken, welche verschiedene Charaktere des Theaters darstellen. Das **Bühnenhaus** steht teilweise noch bis zur Mitte des ersten Stockwerks und war mit Nischen, Skulpturen und Reliefs – wie dem eben erwähnten Maskenfries – geschmückt. Viele Blöcke des **Fassadenschmucks** sind in Sturzlage am Boden, am Mauerwerk kann man deutlich die nach dem Erdbeben von 141 n. Chr. durchgeführten Restaurierungsarbeiten, wie zusätzliche Entlastungsbögen, erkennen. Die Cavea besitzt einen Durchmesser von ca. 110 m und ist recht gut erhalten. Nach griechischer Art wurde der natürliche Hang für die Zuschauersitze genutzt, allerdings konnte nur der Mittelteil der Sitzreihen in die steile Felswand geschlagen werden, die seitlichen Ränge wurden über Gewölbesubstruktionen hochgezogen. Zu den oberen Sitzreihen führen in der Mitte des Umgangs Treppenstufen, hier verweist eine Inschrift auf die Büste der Tyche, der Stadtgöttin mit der Mauerkrone. Überall sind Einlasslöcher für Holzpfosten erhalten, denn die Sitzplätze des nach Süden gerichteten Theaters konnten durch Sonnensegel geschützt werden.

Oberhalb der Sitzreihen befinden sich in der aufragenden Felswand zahlreiche **Hausgräber**, die überwiegend den Typ des flach gedeckten lykischen Hauses vertreten.

Meernekropole

Nun verlässt man das Theater wieder auf der Westseite und besucht die Nekropole. Zuerst trifft man auf ein **Grabhaus** am Fuß der Steilwand, dessen Sockel heute im Erdreich steckt. Sein Giebel zeigt ein Relief von zwei mit Rundschilden bewaffneten Kriegern. Wer nicht schwindelfrei ist, sollte sich hier mit dem Blick auf die höher liegenden Felsgräber begnügen, denn alle wichtigen Grabanlagen sind gut zu sehen, vor allem das frei stehende Hausgrab und das bekannte reliefgeschmückte Felsgrab.

Die imponierende Meernekropole von Myra – links ein frei stehendes Hausgrab, in der Mitte liegt oben das reliefgeschmückte Höhlengrab

Der Zugang zu den höher gelegenen Grabhäusern bleibt aus Sicherheitsgründen gesperrt. Isoliert steht links (westlich vom Theater) auf einem Felsvorsprung das schönste, vollplastisch ausgearbeitete **Hausgrab** Lykiens: An der Stirnseite besitzt es die typische zweistöckige Fassade in Kassettenbauweise, an den Langseiten ragen ›Holzbalken‹ aus der Wand. Das Dach ist als Satteldach gearbeitet, jede Einzelheit kopiert das lykische Holzwohnhaus.

Etwas höher am Hang liegt das berühmteste und interessanteste **Felsgrab** der Meernekropole, dessen Räume nun nicht mehr zugänglich sind. Hier wird der Vorteil eines Höhlengrabs im Vergleich zum frei stehenden Einzelgrab deutlich, denn der aus der Felswand geschlagene **Grabraum** lässt sich noch nachträglich beliebig erweitern. So kann man zwei parallel liegende Räume verbinden, wie es hier erst vor kurzem durch ein in die Wand geschlagenes Loch geschah, oder die Höhle konnte tiefer in den Felsen getrieben werden, z. B. für die Beisetzung weiterer Familienmitglieder oder für spätere Opferhandlungen.

Berühmt ist das Grab wegen der außen über dem Grabraum angebrachten **Reliefs**, die nicht vollends gedeutet sind. Am linken Felsvorsprung steht der verklärte Tote in Frontalansicht, mit kurzem Lederpanzer bekleidet, den Kurzmantel über der Schulter. In der Linken hält er einen Speer, die Rechte greift nach Helm und Rundschild, welche ihm sein Knappe reicht. Körperbau und das bärtige Gesicht zeigen einen *lykischen Krieger* im besten Mannesalter; Rüstung, Barttracht (für die zeitweilig eine Bartsteuer erhoben wurde), Diener und Ausstattung des Grabs verraten, dass er zur lykischen Oberschicht gehörte. Der wesentlich kleiner dargestellte Knappe muss nicht unbedingt ein Junge gewesen sein, hier wird auf das schon im alten Ägypten angewandte ›Bedeutungsschema‹ zurückgegriffen, das Untergebenen kleinere Körpermaße zuweist.

Der Bildhauer hat geschickt den unregelmäßigen Fels für die Einteilung in einzelne Szenen genutzt. So sind auf dem im rechten Winkel anschließenden Abschnitt zwei *nackte Krieger* dargestellt, malerisch umweht vom Kurzmantel, der rechte Soldat stützt sich auf seine Lanze, der Rundschild ist kaum erkennbar. Vermutlich handelt es sich bei diesen beiden um Heroen, die dem Toten im Jenseits

Geschickt hat der Bildhauer die unregelmäßige Felswand fürs Bildprogramm genutzt, dessen Hauptthema das Totenmahl ist. Der Tote wird mit Speise, Getränk und Musik versorgt

beistehen, vielleicht sogar Ahnen seines Geschlechts sind. Die östlich angrenzende Szene gehört – als *Totenmahldarstellung* – zu den häufigsten im griechischen und römischen Totenkult, ist aber durch ihre Monumentalität doch etwas Besonderes. Der *Tote* liegt auf seinem Ruhebett, der Kline, beim Mahl. Die erhobene Rechte hielt das trichterförmige Trinkgefäß (Rhyton). Am Kopfende des Betts sitzt auf einem Hocker die *Ehefrau* des Grabherrn, sie ist in ein faltenreiches Gewand mit Mantel gehüllt; zwischen Mann und Frau steht eine weitere Gestalt im Hintergrund, wohl eine Familienangehörige. Am Fußende befinden sich die Diener: eine die Doppelflöte haltende Musikantin und ein Knabe, der eine Schale reicht, auf der Speisen lagen. Die Totenmahldarstellungen zeigen den Verstorbenen inmitten seiner häuslichen Umgebung in der immerwährenden Gemeinschaft mit der Familie – ein Gedanke, der auch den real veranstalteten Mahlzeiten zugrunde lag, zu denen sich die Angehörigen am Grab zu bestimmten Zeiten einfanden.

Die übrigen in Hausform gebildeten Felsgräber der Meernekropole sind weniger reich ausgestattet. Sie besitzen im Innern meist schlichte Wandbänke, nur wenige sind als Klinen (mit erhöhtem Kopfteil und Löwenfüßen) ausgearbeitet. Bean beschreibt 1978 noch farbig gefassten Reliefschmuck, der so heute nicht mehr erkennbar ist.

Flussnekropole

Gleiches gilt für die Farben des ›Bemalten Grabes‹ in der Flussnekropole. Um diese zu erreichen, geht man von der Meernekropole ostwärts (der Wärter zeigt gern den Weg oder begleitet die Besucher); für den Abstecher muss man mindestens eine Stunde veranschlagen. Man sollte hier früh am Morgen (vor 10 Uhr) sein, um die Felswand in guter Beleuchtung zu sehen.

Die in die Steilwand geschlagenen Höhlengräber täuschen mit ihren Fassaden wieder vorwiegend flach gedeckte Häuser vor. Die Ausnahme ist das am oberen südlichen Rand der Gruppe gelegene **Tempel- oder Löwengrab**, zu dem Treppenstufen hinaufführen. Hier wird, wie in Fethiye [Nr. 1] und Kaunos, die Front eines ionischen Tempels mit Faszienarchitrav, Zahnschnitt und Giebel gezeigt. Das Thema des Giebelreliefs, ›Löwe schlägt Stier‹, ist ein altes Symbol für Kraft und Überlegenheit; es steht hier für die Tapferkeit und Stärke des Grabinhabers. Auch die Pilaster der *Vorhalle* tragen Kapitelle in Löwenkopfform. Sie werden von seltsamen Fabelwesen flankiert, langhaarigen weiblichen Gestalten, deren Rock aus Rankenwerk besteht. Ob sie Tänzerinnen oder Göttinnen sind, ist nicht entschieden.

Über dem Türsturz zeigt ein Totenmahlrelief wieder den Grabherrn mit seiner Familie. Von der einst reichen Ausmalung des Vorraums sind nur noch einige blaue Farbspuren übrig geblieben.

Wendet man sich nach dem Abstieg nach links und folgt dem Pfad nach Norden, muss man nochmals Felsstufen emporsteigen, um zum berühmten **Bemalten Grab** zu kommen. Es handelt sich um ein besonders reich geschmücktes Grab, das wahrscheinlich aus dem 4. Jh. v. Chr. stammt. Charles Fellows sah vor 150 Jahren noch Reste der Bemalung in Rot, Blau, Gelb und Purpur, so erhielt das Felsgrab seinen Namen. Leider sind von den Farben kaum noch Spuren zu erkennen. An der Fassade ist das lebensgroße Relief des auf einen Wanderstab gestützten, bärtigen Toten ausgemeißelt, auf unre-

gelmäßigen Felspartien weiter rechts sind seine Frau mit Tochter sowie weitere Angehörige und Diener zu erkennen. In der *Vorhalle* schließlich zeigt ein Relief den Toten mit einem Trinkgefäß in der Rechten auf dem Ruhebett, eine andere Darstellung präsentiert seine Gattin zusammen mit den Kindern.

TOP TIPP Nikolauskirche

Die Kirche wurde über dem Grab des später heilig gesprochenen Bischofs **Nikolaus von Myra** (griechisch: Nikólaos) erbaut, der bis heute weit über die christliche Welt hinaus bekannt ist. Spätestens seit dem 11. Jh., als seine Gebeine nach Bari verschleppt wurden, gehörte Nikolaus zu den wenigen in der Ost- und Westkirche gleichermaßen hochverehrten Heiligen. *Geschichtlich* ist seine Erscheinung kaum belegt, er soll um 280 in Patara geboren sein, in der ersten Hälfte des 4. Jh. in Myra als Bischof gewirkt und als solcher am Konzil in Nicäa 325 teilgenommen haben.

Schon früh rankten sich um den Bischof von Myra *Legenden*, von denen manche ursprünglich mit einem anderen Nikolaus verknüpft waren, der als frommer Eremit in der Nähe der Stadt lebte. Eine dieser Geschichten bezieht sich auf das Fällen des heiligen Baums der Artemis Eleuthera von Myra, also dem sichtbaren und endgültigen Auslöschen des heidnischen Kults. Dieses denkwürdige Ereignis ist auf Münzen dargestellt. Bischof Nikolaus von Myra galt zunächst als *Beschützer der Armen und Kranken*. So symbolisieren in der darstellenden Kunst seine Attribute, drei Goldkugeln, sein tatkräftiges Eingreifen zugunsten der Armen: Als er beim Vorübergehen an einem Haus drei Schwestern klagen hörte, dass sie wegen ihrer Armut keine Ehemänner bekämen, warf er ihnen drei Bälle ins Zimmer. Die Bälle verwandelten sich in Goldkugeln und sicherten den Mädchen die Mitgift. Aus dieser Legende entwickelte sich die Sitte, am Nikolaustag, dem 6. Dezember, Kinder und Bedürftige im Namen des Heiligen zu beschenken.

Nach seinem Tod ereigneten sich *Wunder* an seinem Grab, vor allem kam es zu *Krankenheilungen*. Dass dem Wunderglauben ein wenig durch den Verkauf eines speziellen Öls, das an seinem Sarkophag gewonnen wurde, nachgeholfen wurde, ist nach dem neuen Grabungsbefund nicht mehr nur reine Spekulation [s. S. 58]. Im 10. Jh. schrieb Kaiser Konstantin Porphyrogennetos über die Stadt Myra: »Dreifach gesegnete, myrrhenduftende Stadt der Lykier, wo der mächtige Nikolaus, Diener Gottes, dem Stadtnamen gemäß Myrrhe ausströmt.« Da der Stadtname Myra viel älter ist, scheint der »Myr-

Leider verhindert das heutige Schutzdach den hier noch möglichen Blick auf den mittelbyzantinischen Bau im Hintergrund. Im Vordergrund die ältesten Teile der Nikolauskirche

rhen-ausströmende Nikolaus« zu den publikumswirksamen Legenden und Erscheinungen des Wallfahrtsorts gehört zu haben.

Bald galt Nikolaus auch als Beschützer und Helfer der *Seeleute*, für den Heiligen eines großen Hafenorts nichts Ungewöhnliches, denn er übernahm damit voll die Funktion antiker Gottheiten. Als Schutzpatron der Seeleute gewann er eine so außerordentliche Bedeutung, dass noch heute in jedem christlichen Hafenort des Mittelmeers eine Nikolauskirche oder -kapelle steht.

Baugeschichte Die Ruine liegt in einer bis zu 7 m tiefen Bodensenke. Obwohl bereits im 5. Jh. die Wallfahrten einsetzten, stammen die ältesten Bauteile aus der Zeit nach dem verheerenden Erdbeben von 529, das im gesamten Mittelmeerraum schwerste Schäden anrichtete. Es handelt sich um zwei kleinere Apsiden und auch Teile des Nordgangs, die im 8. Jh. in einen repräsentativen Neubau einbezogen wurden.

Die **Hauptkirche** ist eine stark restaurierte ehem. *Kuppelkirche* des 8. Jh. mit einem auf dem Gebiet der heutigen Türkei seltenen Synthronon im Bema (halbrunde Priesterbank im Allerheiligsten) sowie Emporen und Exonarthex (äußere Vorhalle). Diese Kirche öffnet sich zu den nördlichen und südlichen Seitenschiffen mit je drei Arkaden, im Süden grenzt ein weiteres Nebenschiff an, das in einer Nische wahrscheinlich das *Grab des Heiligen* barg. Jedenfalls dürfte hier bis zum Raub der Reliquien ein Sarkophag gestanden haben, dessen in Bruchstücken erhaltener dachförmiger Deckel Einarbeitungen für Ölspenden zeigt. Das Öl konnte durch ein Loch im Sarkophagsockel wieder aufgefangen werden und galt durch die Berührung mit den Gebeinen als heilkräftig.

Bei einem arabischen Überfall erlitt die Kirche 1034 schwere Zerstörungen, der byzantinische Kaiser Konstantin IX. Monomachos (1042–1055) ließ sie wieder aufbauen und um einen **Klosterkomplex** erweitern. Bald darauf hatte Myra erneut unter Überfällen von See zu leiden, am schlimmsten traf jedoch die Pilgerstätte 1087 der Raub der Gebeine des Heiligen durch christliche Seefahrer. Nur unter höchst ärmlichen äußeren Bedingungen blieb nach der Machtübernahme durch die islamischen Turkstämme im 13. Jh. die örtliche Tradition bestehen: Man zeigte restliche Gebeine des Heiligen in einem anderen Sarkophag. 1853 engagierte sich der russische Zar Nikolaus I. für die Kirche seines Namenspatrons, u.a. ließ er die eingestürzte Kuppel durch ein Kreuzgratgewölbe ersetzen. 1962/63 wurde die vom Schwemmsand fast zugedeckte Kirche freigelegt, 1989 übernahm die Universität Ankara in Zusammenarbeit mit der Museumsverwaltung Antalya Ausgrabung und Restauration der Anlage.

Besichtigung Die Kirche liegt heute im Stadtgebiet und ist gut ausgeschildert, Parkmöglichkeit an der Ausfallstraße nach Kaş. Durch das neue Schutzdach wird der Überblick sehr beeinträchtigt. Man betritt das Gelände von Süden und hat einen Blick auf die Ostpartie der Bauten mit ihren vier Apsiden: Die Hauptapsis der einstigen Kuppelkirche besitzt einen Polygonalabschluss, die südlichen Apsiden sind rund.

Zunächst gelangt man von Süden her in eine korridorartige, nach Norden führende **Eingangshalle**. Sie öffnet sich mit dreiteiligen Säulenarkaden nach Osten und Westen, die Säulen tragen spätantike Kompositkapitelle. Der Gang trifft auf eine kleine kreuzförmige **Kapelle**, deren halbrunde Apsis durch ein Arkadenfenster belichtet wird. Deutlich sind Freskenreste zu erkennen. Nach Westen schließt ein lang gestreckter **Grabraum** an. Hier steht in einer Nische ein schöner attischer *Rankensarkophag* mit eingearbeitetem Kreuz, der einige Jahrhunderte als Sarkophag des hl. Nikolaus galt; auch hier sind an den Wänden *Freskenfragmente* erkennbar. Diese wie ein drittes südliches Nebenschiff der Hauptkirche wirkende Anlage dürfte um 1118 entstanden sein.

Über schönen *Marmorboden* (Opus-sectile-Arbeit = farbige, in Mustern verlegte Marmorplatten) geht man weiter nach Norden und gelangt in den kapellenartigen Abschluss des **zweiten südlichen Nebenschiffs** der Hauptkirche. Unter dem schlichten Fenster befindet sich in der Apsis ein Arkosolgrab, das Zar Nikolaus I. restaurieren ließ, da es im 19. Jh. als Nikolaus-Grab galt. Ursprünglich dürfte sich das Grab des Heiligen im westlich angrenzenden vierjochigen Schiff befunden haben; wahrscheinlich wurde deshalb dieser Bereich im 8. Jh. als zusätzliches Nebenschiff in die Hauptkirche integriert. Heute steht in der ersten Südnische ein stark beschädigter *Säulensarko-*

Der attische Rankensarkophag galt einige Zeit als Grab des hl. Nikolaus. Das Kreuz wurde erst nachträglich eingearbeitet

Die im 8. Jh. erbaute Hauptkirche ist mehrfach verändert worden. In die Apsis schmiegt sich eine mehrstufige Priesterbank, vier antike Säulen trugen das Zeltdach über dem Altar

phag aus dem 2. Jh. n. Chr. mit Deckel in Form einer Kline.

Nach Norden weitergehend, gelangt man in das eigentliche **Südschiff** der Hauptkirche, dessen Apsis wie die vorhergehende aus dem 6. Jh. stammt. Der wie ein quadratischer Teppich wirkende Marmorboden besitzt im Zentrum eine runde rot-braune Marmorplatte, die von Opus-sectile-Bordüren gerahmt ist.

Sehr eindrucksvoll ist das Zentrum der **Hauptkirche**. Die innen runde *Apsis* wird durch drei große Fenster erhellt, hier findet sich auch das über einem Rundgang aufgemauerte *Synthronon* mit dem Bischofssitz. Der Altar war von einem Ciborium überspannt, dessen vier antike Säulen wieder aufgestellt wurden. Im Norden und Süden gewähren Arkaden Zugang zu den Nebenschiffen. Der quadratische Mittelraum der Kirche war ursprünglich von einer belichteten Kuppel überwölbt, vielleicht entstanden die plump wirkenden Arkadenpfeiler erst nach dem Einsturz einer ersten Kuppel. Deutlich erkennt man überall die Spuren von Restaurierungen aus verschiedenen Jahrhunderten, u. a. stammt das gesamte Mauerwerk über dem durchlaufenden Gesims aus dem 19. Jh.

An das nördliche Seitenschiff grenzt ein **mittelbyzantinischer Anbau**, in dem die Treppe zu den *Emporen* untergebracht ist (nicht immer zugänglich). Hier oben bietet sich ein ausgezeichneter Blick auf den Kirchenraum.

Nun kann man durch die beiden Vorhallen den **Vorplatz** im Westen der Kirche erreichen, in dem ein doppeltes Arkosolgrab an der südlichen Begrenzungsmauer auffällt. **Äußere und innere Vorhalle** (Exo- und Esonarthex) wurden im 19. Jh. stark ergänzt. Dadurch wurden aber auch die originalen Reste geschützt. So fand man bei neueren Untersuchungen *Wandinschriften*, die über Schiffsrouten- und Zollbestimmungen der Häfen von Myra und Phaselis berichten. Auch die Freskenfragmente blieben vor weiterer Zerstörung bewahrt.

Zweifellos besaß die Kirche früher ausgedehnten **Fresken- und Marmorschmuck**. Die interessantesten Freskenreste befinden sich im *Esonarthex*. Man erkennt mehrere Gruppen von Bischöfen, die sich um einen Altar mit Kreuz scharen, in der Gruppe im Südjoch steht rechts vom Altar der Kaiser mit einer perlenbesetzten Krone. Die Bilder werden als Konzilsdarstellungen gedeutet.

Seit Myra 1923 von den Christen verlassen wurde, residiert der Titularbischof von Myra in Istanbul; 1992 wurde am 6. Dezember ein feierlicher Gottesdienst in der Kirche von Myra gehalten, bei dem Mönche aus der russischen Kirche von Niederaltaich/Bayern dem orthodoxen Bischof eine Nikolaus-Ikone überreichten. Derartige Gottesdienste bedürfen einer Sondergenehmigung durch die türkische Regierung. Im Übrigen versucht das Tourismusministerium die Lokaltradition durch ein ›Santa-Klas-Fest‹ zu bewahren.

i Praktische Hinweise

Hotels

(nur für Übernachtungen geeignet, besitzen aber Zimmer mit Dusche u. WC)

***Kıyak Oteli**, Merkez Ilkolulu Arkası (an der Abzweigung von der Straße 400 zum Stadtzentrum, ›Şehir Merkesi‹), Kale, Tel. 02 42/871 20 92, Fax 02 42/871 20 93. Im Hotel kann man die Bootsfahrt nach Kekova buchen, am besten am Tag vor der Ankunft in Andriake.

***Topçu Oteli**, Merkez Ilkolulu Arkası, Kale, Tel. 02 42/248 51 42, Fax 02 42/241 06 04. Gegenüber Kıyak Ot., etwas moderner.

Restaurants

Güneyhan Restaurant, Müze Cad., Noel Baba Kilisesi Yanı (neben Nikolauskirche), Kale, Tel. 02 42/871 50 19. Großes, leistungsfähiges Lokal.

Tadım Restaurant, Müze Cad., an der Straße zur Nikolauskirche, Kale.

13 Andriake

Der einstige Hafenort von Myra mit sehenswerter Ruine eines römischen Getreidespeichers. Hübscher Strand zum Faulenzen, Sonnen, Baden und Essen.

5 km südwestlich von Kale, nahe der vierspurigen Küstenstraße.

Geschichte Der teils versumpfte, teils versandete Hafenort lag an der Mündung des Flusses Andrakos, der heute nur noch ein schmales Rinnsal bildet. Wann Andriake gegründet wurde, ist nicht bekannt, doch wird berichtet, dass es bereits im 3. Jh. v. Chr. in das Verteidigungssystem von Myra einbezogen war.

In der römischen Kaiserzeit gehörte Andriake zu den wichtigsten Häfen an

Myra: Das Kompositkapitell des Säulengangs gehörte zu einem römischen Bau. Es zeigt deutliche Spuren des Steinbohrers der Steinmetzen

Andriake gehörte zu den wichtigsten Getreideumschlagplätzen des Römischen Reiches: Der Getreidespeicher war Kaiser Hadrian gewidmet

der Route von Rom nach Osten; u. a. machte Kaiser Trajan auf seinem Partherfeldzug 114 n. Chr. hier Station. Nur kurze Zeit später (129 oder 131 n. Chr.) kam **Hadrian** nach Andriake. Zu seinen Ehren wurden am großen Getreidespeicher (Granarium) Büsten von ihm und seiner Frau Sabina angebracht. Noch am Ende des 4. Jh. war der **Hafen** ein wichtiger Umschlagplatz für das Getreide aus Ägypten. Durch Versumpfung verlor er jedoch schon in mittelbyzantinischer Zeit seine Bedeutung.

Die meisten im sandigen, teils sumpfigen Gelände verstreut liegenden Ruinen sind nur für Fachleute interessant. Wirklich empfehlenswert ist dagegen der Weg zum Granarium, einem der zwei relativ gut erhaltenen Getreidespeicher Kleinasiens (der zweite in Patara [Nr. 6]).

Besichtigung Nördlich der von Kale kommenden Straße befinden sich die Ruinen eines **Nymphäums** (mit schönem Keilsteinbogen), einer Wassermühle und einer byzantinischen Kirche. Etwas weiter oberhalb der Kirche liegt am Hang des schmalen Tals eine **Nekropole**. Die im Talboden verlaufende Straße durchquert das einstige Hafenbecken, das sich heute als Sumpfgelände abzeichnet. Man fährt bis an den Strand und kann über eine kleine Brücke ein recht gutes, wenn auch einfaches **Restaurant** erreichen. Hinter dem Restaurantgelände liegen die Ruinen der schachbrettartig angelegten *Nordstadt* mit Resten einer Kirche.

Um zur **Speicherstadt** zu gelangen, geht man ungefähr in Höhe der Brücke durch das leicht hügelige Gelände nach Südosten. Im Altertum durchspülte der Andrakos-Fluss das Hafenbecken und sorgte für Frischwasserzufuhr. Am einstigen Kai ist die ehem. südliche *Uferstraße* gut auszumachen, sie war 7 m breit und überdacht. Hier standen mit der Stirnseite zum Hafen dicht an dicht zahlreiche *Speicherhäuser*, deren Fundamente erhalten sind.

Eindrucksvollste Ruine ist das **Granarium**, das etwas weiter im Süden durch seine beachtlichen Maße auffällt: Es ist 65 m lang, zweistöckig und besitzt noch den Ansatz des Giebeldachs. Über den acht großen Eingängen verlief in voller Breite eine lateinische *Inschrift*, die den Speicher als ›Horrea‹ (griech. = Vorrat) bezeichnet und auf Kaiser Hadrian, den Großneffen Kaiser Trajans, hinweist. Die Inschrift wird über dem linken Mitteleingang durch Büsten Kaiser Hadrians und seiner Frau Sabina unterbrochen; zwischen den Fenstern über der rechten Mitteltür erkennt man *Reliefs* von zwei Lanzen und einem Schild, ein Hinweis, dass der Speicher unter militärischem Schutz, d.h. staatlicher Verwaltung, stand. Dass der Getreidespeicher noch in frühbyzantinischer Zeit in gleicher Funktion genutzt wurde, zeigt eine weitere, weniger repräsentative Inschrift vom Ende des 4. Jh. neben dem rechten Mitteltor. Interessant ist auch ein *Votivrelief* neben der zweiten Tür von rechts, das die ptolemäischen Gottheiten Sarapis und Isis mit Greif und Schlange zeigt. Die Fassade wird im Übrigen durch Doppelfenster über den acht Eingangstüren gegliedert. Im Innern waren die durch die Außentüren erreichbaren Räume durch kleine Nebentüren miteinander verbunden. Wie die Lagerung genau funktionierte, kann man nur vermuten.

Im Osten des Granariums liegt der einst von Geschäften umgebene **Marktplatz**, der nach seinem Plattenbelag ›Plakoma‹ genannt wurde. Unter dem Marktplatz befindet sich eine *Zisterne*, weiter im Osten liegen im sandigen Gelände die Fundamente von zwei *Kirchen*. Vom Wohnbezirk, der sich südlich der Agora am Hügel entlangzog, ist kaum etwas zu erkennen, etwas besser ist ein Beobachtungsturm im Westen erhalten, der lange für einen Tempel gehalten wurde.

i Praktische Hinweise

Restaurant

Strandlokal **Çalpan Restoran**, Andriake Çayağı. Am Westende des archäologischen Grabungsgeländes (s. o.).

Der feine **Sandstrand** von Andriake ist ungewöhnlich flach und daher für Kinder sehr gut geeignet. Die neue Trasse der Küstenstraße führt dankenswerterweise auch nicht mehr durch Andriake. Die Zufahrt durch das teilweise sumpfige Ruinengelände ist sehr gut ausgeschildert. Mittlerweile haben sich mehrere kleine Bootsbauer in Strandnähe angesiedelt.

Wichtig: Wer von hier aus mit dem Boot nach Simena/Kekova [Nr. 11] fahren möchte, sollte sich einen Tag vorher anmelden bei: **Bot Tur Adakı** (Bootsverleih) der Brüder Ali und Halil Ibrahim Yörükkoğlu, Kale/Demre. Am einfachsten zu erreichen ist es über das Kıyak Oteli in Demre [s. S. 61]. Es empfiehlt sich, vorab den Preis auszuhandeln!

14 Limyra

Plan Seite 66

Lykisch-römische Ruinenstätte, die 1966 durch die Entdeckung des Grabmonuments des lykischen Dynasten Perikles (Anfang 4. Jh. v. Chr.) berühmt wurde.

Nördlich der Küstenstraße 400 gelegen. Von Kaş kommend fährt man bei Finike 5km in Richtung Elmalı nach Norden, dann in Turunçova (nach rechts abbiegen) auf der Nebenstraße in Richtung Kumluca, braunes Schild. Die Straße durchquert das Ausgrabungsgelände.

Von Antalya kommend erreicht man die Ruinenstätte ebenfalls am unkompliziertesten über die Straße Finike-Elmalı. Man kann aber auch bei Kumluca von der Küstenstraße abbiegen und über eine Nebenstraße ins Ruinengelände gelangen (bei der Überquerung eines Nebenarms des Alakır Çayı kurz vor Limyra rechts eine alte Bogenbrücke).

Über die Besiedlung in der Frühzeit liegen bislang keine Erkenntnisse vor, die Lykier nannten den Ort Zemuri. Im Vergleich mit den bekannten lykischen Metropolen Xanthos und Myra galt Limyra eher als unbedeutend, erst die Entdeckung des **Grabmonuments** wies dem Ort einen neuen Rang in der lykischen Geschichte zu. Aus griechischen Quellen ist ein König oder Fürst **Perikles** überliefert, heute bestehen keine Zweifel mehr, dass dieser lykische Fürst in Limyra residierte.

Sechs Grabinschriften in lykischer Sprache enden mit dem Satz: »unter der Herrschaft des Perikles«. Vier dieser Gräber stehen in Limyra, zwei davon besitzen Reliefs, die in das zweite Viertel des 4. Jh. v. Chr. datiert werden. Da Perikles – griechischen Quellen zufolge – sowohl Telmessos (Fethiye) wie auch das auf der Ostseite der lykischen Halbinsel gelegene Phaselis belagerte, scheint er in der ersten Hälfte des 4. Jh. v. Chr. ein mächtiger Lokalherrscher gewesen zu sein, obwohl Lykien nominell dem persischen Satrapen in Sardes unterstand. Offenbar beteiligte sich Perikles im Jahr 366 v. Chr. am schließlich niedergeschlagenen Satrapenaufstand gegen den persischen Großkönig. Das Grabmal auf der Akropolis von Limyra zeigt, dass Perikles vor dem **Satrapenaufstand** in puncto Machtanspruch und Kunstförderung in direkter Konkurrenz zu den Hekatomniden von

Halikarnassos stand. Dafür sprechen auch die großartigen **Porträtmünzen**, die Perikles mit dem typischen Bart der lykischen Adeligen zeigen; sie gehören zu den seltenen frühgriechischen Porträtmünzen.

Nach dem Eroberungsfeldzug Alexanders d. Gr. geriet Limyra unter wechselnde Herrschaften der Diadochenfürsten, bis es 188 v. Chr. von den Römern im Vertrag von Apameia mit ganz Lykien den **Rhodiern** zugesprochen wurde. Der Lykische Bund wehrte sich in mehreren Aufständen gegen das verhasste Rhodos und konnte von den Römern 167 v. Chr. die Lösung vom rhodischen Inselstaat und eine begrenzte Autonomie innerhalb der römischen Verwaltung erreichen. Im **Lykischen Bund** besaß Limyra drei Stimmen, was für die Bedeutung der Polis spricht.

Im Jahr 4 n. Chr. starb in Limyra der auf einem Armenienfeldzug schwer verwundete Enkel und Adoptivsohn des Augustus, **Gaius Caesar**. Ihm wurde ein großes Kenotaph errichtet, dessen Kernbau noch heute aus dem Sumpfgelände der Unterstadt ragt. Nach dem schweren Erdbeben von 141 n. Chr. unterstützte der Mäzen **Opramoas** großzügig den Wiederaufbau des Theaters. In byzantinischer Zeit überschwemmte der Fluss Limyros mehr und mehr den römischen Stadtbereich und die Menschen siedelten sich im ehem. Hafengebiet der Stadt, Phoinikos, dem heutigen Finike, an. Unter Sultan Beyazıt I. Yıldırım (1389–1403) wurde das Gebiet ins Osmanische Reich eingegliedert.

Schon Evliya Çelebi beschrieb Mitte des 17. Jh. in einem seiner Reiseberichte die »paradiesischen Zitronen-, Orangen- und Granatapfelhaine« bei Limyra, heute ist zu den Agrumenpflanzungen der Tomatenanbau in Gewächshäusern gekommen: Tomaten braucht jede türkische Hausfrau zur Herstellung ihrer speziellen Würzpaste. Im Vergleich zur **Landwirtschaft** spielt der Tourismus in der Gegend von Finike-Limyra nur eine untergeordnete Rolle.

Die Ruinen von Limyra wurden im 19. Jh. zuerst von Charles Robert Cockerell besucht. Spratt und Forbes beschrieben bereits 1847 die Akropolis der lykischen Stadt, doch machte erst die Entdeckung der Ruinen des Perikles-Grabmals am Akropolishang durch Jürgen Borchhardt Limyra über die Fachwelt hinaus bekannt. Ab 1969 wurden die Ausgrabungen durchgeführt und veröffentlicht, Teile des Fries- und Skulpturenschmucks blieben am Ort, andere kamen ins Archäologische Museum von Antalya.

Die Ruinen von Limyra liegen an einem karstigen Ausläufer des Toçag Dağı. Sie lassen sich in drei Bereiche einteilen:

Die Felsnekropolen mit dem römischen Theater. Für den nicht speziell archäologisch interessierten Besucher ist dies das lohnendste Gebiet.

Die römisch-byzantinische Unterstadt, deren Ruinen im sumpfigen Gelände am Fuß von Akropolishang und Nekropole verstreut sind.

Der Akropolishügel mit Prunktreppe und Basis des Perikles-Grabmals und Resten der Unter- und Oberburg.

Felsnekropolen

Die Felsnekropolen von Limyra spannen sich um den ganzen Ausläufer des Toçag Dağı, auf dem einst auch die lykische Akropolis und die lykische Wohnstadt lagen. Leider kann man als Tourist die malerischste Gräbergruppe nur von der Ferne (und mittels eines Umwegs) anschauen: Es handelt sich um sehr hoch im fast senkrechten Felsen ausgemeißelte **Hausgräber** über der Straße nach Elmalı. (Man fährt ca. 1 km über Turunçova hinaus nach Norden in Richtung Elmalı. Um die mit sehr schönen Fassaden geschmückten Gräber auf der Ostseite der Straße würdigen und auch fotografieren zu können, benötigt man unbedingt ein Fernglas bzw. Teleobjektiv.)

In Limyra gruppieren sich die interessantesten Gräberfelder um das **Römische Theater** [1], das direkt nördlich der Straße liegt (Hinweisschild). Es ist, wie in Myra, zum Teil an den Fuß der Felswand gelehnt, allerdings entschieden kleiner. Sicher besaß es einen hellenistischen Vorgänger, doch ist davon nichts mehr zu sehen; die vorhandene Bausubstanz stammt vorwiegend aus dem 2. Jh. n. Chr. Nach dem mehrfach erwähnten Erdbeben von 141 unterstützte Opramoas aus dem benachbarten Rhodiapolis den Wiederaufbau mit 20 000 Denaren. Während vom Bühnenhaus nur wenige Quaderschichten erhalten blieben, beeindruckt die Stützmauer des Zuschauerraums durch sauber gebosstes Mauerwerk. Der gedeckte Umgang, der den Zuschauerraum umgibt und Zugang zum Diazoma gewährt, ist heute Grabungsdepot; leider sind die Sitzreihen ihrer Steinbänke beraubt, sodass der Eindruck nicht gerade

Limyra, Westnekropole: Nur der Nachruhm machte Helden unsterblich. So zeigt sich der lykische Adlige Trbbenimi noch im Tod als siegreicher Kämpfer

überwältigend ist. Von den oberen Rängen überblickt man gut die verhältnismäßig große Orchestra des Theaters und die über ein weites Gelände verteilten Ruinen der römischen Unterstadt.

Das Theater liegt ungefähr in der Mitte der nach Süden orientierten, weitläufigen Felsnekropole und teilt diese in eine Ost- und Westgruppe.

Die bemerkenswerteste Anlage der Ostnekropole ist kein Felsgrab, sondern ein isoliert auf hohem Unterbau östlich vom Theater stehendes **Sarkophaggrab** [**2**]; um das auffallende Monument zu erreichen, muss man im Uhrzeigersinn das Theater umrunden. Ursprünglich befand sich die Grabanlage – was nur in Ausnahmefällen vorkam – innerhalb des lykischen Stadtgebiets, sie muss deshalb einer bedeutenden Persönlichkeit gehört haben. Eine Inschrift bezeichnet als Grabherrn *Chñtabura*, der vielleicht nicht nur ein besonders verdienstvoller Adeliger, sondern womöglich ein Verwandter (jüngerer Bruder?) des Perikles war. Der gut erhaltene Spitzbogendeckel des lykischen Sarkophags trug wahrscheinlich eine Statue, seine Giebelseiten sind mit antithetischen Greifenreliefs geschmückt. Vertiefungen auf dem vorkragenden Gebälk des Unterbaus lassen auf weiteren plastischen Schmuck schließen.

Fellows veröffentlichte bereits Mitte des 19. Jh. Zeichnungen von den heute stark verwitterten **Reliefs**, welche die Basis des Grabmals schmücken. Sie haben durch J. Borchhardt eine interessante Deutung erfahren. Während die Motive an Nord- und Südseite (Pferdegespann; Totenmahl und Opfer) der lykischen Tradition entsprechen, zeigt die Westseite den stehenden, jugendlich-athletischen Chñtabura zwischen zwei sitzenden alten Männern. Borchhardt erklärt die Szene als *Totengericht*, bei dem sich der seines Gewandes – und seiner Ämter – entledigte Verstorbene vor den Totenrichtern Aiakos und Rhadamanthys verantworten muss.

Die weiter östlich liegenden Felsgräber der umfangreichen **Ostnekropole** [3] sind weniger interessant; sie zeigen durchweg die charakteristischen, dem Holzhausbau entlehnten Fassaden vor relativ kleinen Grabräumen. Leider wurden viele davon, insbesondere in Straßennähe, von Bauern als Bienenstöcke zweckentfremdet. Erst neuerdings haben sich Ausgräber intensiv dieses Bezirks angenommen und durch die Freilegung mehrerer Gräber weitere Zerstörungen verhindert.

Wer die schönsten Gräber der **Westnekropole** sehen möchte, muss am steinigen, z.T. macchiabedeckten Hang herumklettern, am sichersten findet man sie in Begleitung des Wärters. Der Weg hinauf, hinter den Gewächshäusern, ca. 300 m westlich vom Theater, ist nicht leicht zu finden, aber sehr lohnend. Man entdeckt hier alle Varianten der lykischen Hausfassade, die meisten Grabhäuser sind flach gedeckt, einige besitzen Giebeldächer. Andere zeigen mit Reliefs von ionischen Säulen und Firstakroteren Anklänge an Tempelfassaden. Relativ häufig findet man *figürlichen Reliefschmuck*. Von diesen reliefverzierten Gräbern sind das Grab des Trbbenimi und das des Tebursseli am bedeutendsten.

Das **Trbbenimi-Felsgrab** [4] liegt relativ weit oben am Hang und zeigt den Toten als siegreichen Kämpfer; er ist mit einem Lederpanzer über kurzem Chiton bekleidet, sein von einer Rundfibel gehaltener Kurzmantel flattert im Wind. Mit der linken Hand packt er den auf der Flucht zu Boden gegangenen Gegner am Haarschopf, während er das Kurzschwert stoßbereit in der rechten hält. Durch die Inschrift ›unter der Herrschaft des Perikles‹ wird das Grab in die erste Hälfte des 4. Jh. v. Chr. datiert.

Ganz ähnlich verhält es sich mit dem am unteren Hang gelegenen und leichter erreichbaren **Tebursseli-Grab** [5], das mit der Inschrift ›als Perikles den Arrtum̃para besiegte‹ und den dargestellten

Limyra

1 Römisches Theater
2 Sarkophaggrab
3 Ostnekropole
4 Trbbenimi-Felsgrab
5 Tebursseli-Grab
6 Lykischer Torbau
7 Kenotaph für Gaius Caesar
8 Podiumtempel
9 Bischofskirche/-residenz
10 Kloster des Bektaschi-Ordens
11 Perikles-Grabmal
12 Unterburg
13 Oberburg

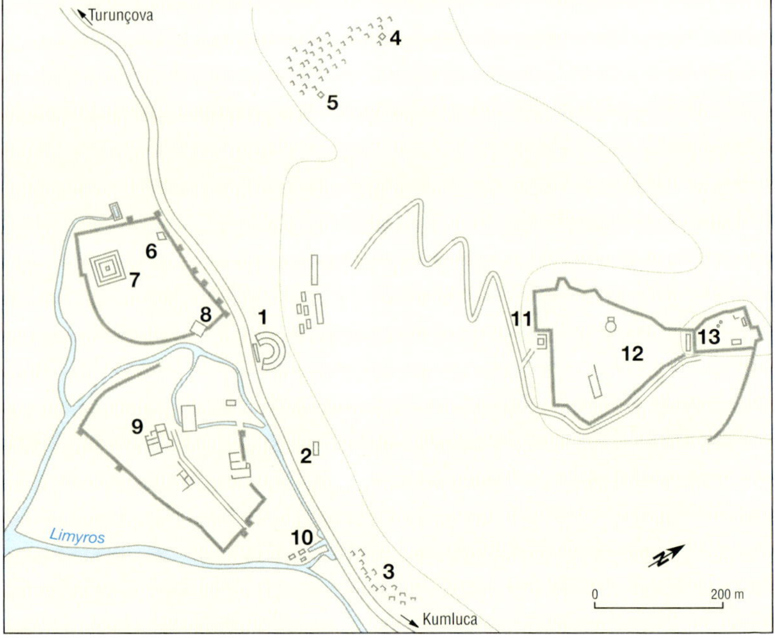

Karyatiden trugen den Giebel des Heroons von Limyra. Der Aufriss lässt sich nur annäherungsweise rekonstruieren

Kampfszenen sogar direkten Bezug auf die Kämpfe um die Vorherrschaft in Lykien in dieser Zeit nimmt. Der limyrische Herrscher Perikles besiegt hier mit seinen Gefolgsleuten Arrtum̃para, den Herrscher über Telmessos und das Xanthostal. Sicher waren Feinheiten der sehr schönen Flachreliefs zusätzlich aufgemalt.

Römische Unterstadt

Bereits in hellenistischer Zeit griff die ursprünglich am Hang gelegene Wohnstadt auf die Ebene über. Im 2. Jh., dem ›Goldenen Jahrhundert‹, dürfte sie ihre größte Ausdehnung gehabt haben, während sie in den folgenden unruhigen Zeiten in eine **Ost- und Weststadt** aufgeteilt und separat durch Mauern geschützt wurde. Südwestlich vom Theater wird die Straße von einem gut erhaltenen Stück der byzantinischen westlichen **Stadtmauer** begleitet, die im 5. und 6. Jh. z. T. aus älterem Material entstand und an diesem Abschnitt zehn vorspringende Türme aufweist.

Nahe der Nordwestecke der Mauer befand sich ursprünglich ein **Lykischer Torbau** [**6**], der den Zugang zur lykischen Wohnstadt am Hang bildete. Etwas weiter südlich liegt im sumpfigen Gelände der noch deutlich aufragende Kern des einst wohl 18 m hohen **Kenotaphs für Gaius Caesar** [**7**], den in Limyra verstorbenen Adoptivsohn von Kaiser Augustus. Es scheint sich um einen quadratischen Grabturm mit Pyramidenspitze gehandelt zu haben, der mit Reliefs und Inschriften repräsentativ die Taten des 24-Jährigen im Partherfeldzug rühmte.

Die seit 1984 laufenden Grabungen haben ferner in der Nähe des Theaters einen **Podiumtempel** [**8**] nachgewiesen, der zu Ehren der ptolemäischen Herrscher erbaut wurde (Lykien unterstand ab 309 v. Chr. fast 100 Jahre den in Alexandrien residierenden Ptolemäern). Spätestens in byzantinischer Zeit war er zerstört, sodass seine Fundamente von der Stadtmauer überdeckt wurden. Wie die Forscher aus Bruchteilen rekonstruieren konnten, handelte es sich um einen von 18 ionischen Säulen umgebenen *Rundtempel*, der einen Relieffries an der Cella besaß. An der Ostseite des Tempels wurde 2001 eine frühbyzantinische Kirche ausgegraben, die im Wasser als Ruine zu erkennen ist.

In der **Oststadt** – hier fanden zuletzt von 1995–99 Ausgrabungen statt, die allerdings nur als verwachsene Sondagen zu erkennen sind – finden sich Ruinen der byzantinischen **Bischofskirche** und **-residenz** [**9**], Thermen und – außerhalb des einst monumentalen Osttors – ein **Kloster** (Tekke) **des Bektaschı-Ordens** [**10**] mit Grabbau (Türbe).

Perikles-Grabmal und Akropolis

Der zu den wenigen Überresten des Perikles-Monuments führende Saumpfad beginnt hinter der Nordwestecke des Theaters und ist markiert. Man sollte für ihn genügend Zeit, Kondition und Sinn für Landschaft und Geschichte mitbringen. Der Pfad führt in Spitzkehren steil bergan und ist der Sonnenhitze ausgesetzt. Bis zum Fundament des in 218 m Höhe liegenden Grabmals braucht man 40 Minuten, von hier hat man einen weiten Blick auf die Ebene bis zum Meer und spürt, dass der lykische Dynast noch im Tod sein Land beherrschen wollte.

Der **Platz** für das **Perikles-Grabmal** [**11**] war in zweifacher Hinsicht glänzend gewählt: Es lag am Fuß (und Zugang) der lykischen Unter- und Oberburg und bildete gleichzeitig einen weithin sichtbaren Blickfang, so konnten sogar Seefahrer auf der viel befahrenen Strecke den Bau sehen. Vor dem Mausoleum fällt der Hang steil nach Süden ab, eine breite, in den Felsen geschlagene Freitreppe erhöhte optisch das Monument zusätzlich. Um den Bau an dieser Stelle errichten zu können, musste eine künstliche, 19 x 17,5 m große Plattform aus dem Felshang geschlagen werden; für die Errichtung des Heroons wurde der örtlich anstehende Kalkstein verwendet, lediglich die Giebelakrotere waren in Marmor ausgeführt.

Zweifellos war für die Baukonzeption das Nereïden-Monument von Xanthos ein Vorbild, wie dort erhob sich auch in Limyra über einem hohen Podium ein ionischer Tempel mit Giebel und Firstschmuck. Der sockelartige **Unterbau**, der die Grabkammer umschloss, war ein typisch lykisches Element, das in abgewandelter Form auch die Hyposorion- und Pfeilergräber zeigen. Dagegen übernahm man im **Oberbau** griechische Bauformen, die nun in den Grabkult integriert wurden. Hier wählte der Bauherr eine Tempelform, die nur an der Front- und Rückseite je eine Säulenreihe besitzt (sog. Amphiprostylos). Der Vorteil: die Cella erstreckt sich über die volle Breite des Baus, ist also geräumiger. Und: wenn die Langseiten der Cella – wie hier in Limyra – mit einem Figurenfries geschmückt waren, blieb die Sicht auf ihn unverstellt.

Mit enormem Einsatz gelang es den Archäologen, Aufbau und Bildschmuck des Grabmals im Wesentlichen zu klären. Auffallendstes Baumerkmal ist, dass das Gebälk des Tempels nicht von vier Säulen, sondern von (etwas plump wirkenden) **Karyatiden** (weiblichen Gewandstatuen) getragen wurde, die hier, wie beim Erechtheion in Athen, im Dienst des Totenkults stehen. Die beiden Eckkaryatiden trugen Gefäße, die im Totenkult verwendet wurden (Stierkopfrhyton und Schale).

Die jeweils 6 m langen **Friese** der Cella-Langwände konnten teils aufgefunden, teils ergänzt werden, wobei der Westfries mit elf Fragmenten besser erhalten ist. Das Bildprogramm beider Friese ist gleich: der Herrscher vor der Ausfahrt im Streitwagen, begleitet von seiner Gefolgschaft. Besonders interessant ist die deutlich betonte ethnische Vielfalt, die zweifellos das Bild am Hof des lykischen Dynasten bestimmte.

Kopfzerbrechen machte den Ausgräbern die Deutung der **Giebelakrotere**. Wie bei einem Puzzlespiel fügten sich dann die Bruchstücke zu einer sinnvollen Gruppe. Auf dem First stand *Perseus*, der mythische Ahnherr der Perser, in der Hand das abgeschlagene Haupt der Medusa, zu seinen Füßen der Rumpf der Getöteten; die Seitenakrotere zeigen ihre entsetzt fliehenden Schwestern (heute Museum Antalya).

Der mühevolle Auf- und Abstieg zum Heroon lohnt sich, auch wenn man sich am Ort selbst mit Fragmenten und der Beschreibung des einstigen Monuments zufriedengeben muss. Man kann von hier aus weiter bergan wandern und über die mit Türmen befestigte **Unterburg** [12] zur nahezu trapezförmigen **Oberburg** [13] gelangen. Für diesen Weg braucht man zusätzlich eine Stunde, insgesamt ist der Ausblick eindrucksvoller als die Ruinen.

Wichtig: Nicht in den heißen Mittagsstunden zur Ruine des Perikles-Grabmals aufsteigen, Sonnenschutz und Getränke mitnehmen. In Limyra den Wagen nicht unbeaufsichtigt stehen lassen. Leider schützen die beauftragten Dorfjungen nicht immer zuverlässig vor Aufbrechen des Wagens und Diebstahl.

i Praktische Hinweise

Hotels

Zum Übernachten bietet sich Finike an, das sich mit neuem Jachthafen zum Touristenort mausern möchte.

****Finike Motel**, Sahilkent Mevkii, 3 km östlich von Finike, Tel. 02 42/855 15 69. An der Küstenstraße 400 und am Kiesstrand. Zimmer mit Blick aufs Meer.

Hotel Sedir, Cumhuriyet Cad. 37, Finike. Sauber, einfach, mit Dusche.

Restaurants

Emek Restaurant und **Çaybaşı Lokantası**, im Hafennähe, Finike. Gutes Essen, sommers im Garten serviert.

Deniz Lokantası, Finike. Preiswerte, gute einheimische Küche im Ortszentrum.

Petek Restaurant, in Hafennähe, Finike. Lokal mit Garten, feine Fischgerichte.

15 Arykanda

Unberührte Ruinenstadt auf Bergterrassen, die wegen ihrer einsamen Lage als das ›Delphi Lykiens‹ gilt.

31 km nördlich von Finike, östlich der Straße 635.

Die Straße nach Arykanda steigt nördlich von Turunçova im z. T. schluchtartigen Tal des antiken Arykandos stetig an (rechts Felsgräber, s. S. 64) und überwindet auf der kurzen Entfernung von der Küste den 1290 m hohen Karamanbeyli-Pass, durchquert ein schmales Tal mit dem Dorf Çatallar und erreicht beim erneuten Anstieg das Dorf Arif. Kurz vor dem Dorfende rechts abbiegen (braunes Hinweisschild), nach 1 km erreicht man auf der steil ansteigenden Schotterstraße das Ruinengelände.

Geschichte Münzen aus dem 5. Jh. v. Chr. beweisen eine lange Stadtgeschichte, doch in antiken Quellen taucht Arykanda erst im 2. Jh. v. Chr. als **Mitglied des Lykischen Bundes** auf. Ab 43 n. Chr. gehörte die Stadt zur Doppelprovinz Lycia et Pamphylia. Damals besaßen die Bürger von Arykanda einen schlechten Ruf, sie galten als verschwendungs- und vergnügungssüchtig und waren hoch verschuldet. Im 3. Jh. tragen Münzen noch den alten Namen, der durch die Endung ›anda‹ auf eine lange einheimische Tradition hinweist. Das **Christentum** fand schon früh eifrige Anhänger, so stellte die Provinzverwaltung – nach kurzer Duldung der Christen unter Kaiser Severus – im 3. Jh. den Antrag an den Christenverfolger Kaiser Maximus, »die illegalen und widerwärtigen Praktiken der Gottlosen abzustellen«. Unter Byzanz wurde Arykanda schließlich **Bischofssitz** und blieb bis ins 11. Jh. besiedelt, dann zogen die Bewohner in das Gelände südlich der Landstraße um.

Wie überall in Lykien bestimmen Ruinen aus der hellenistischen und römischen Zeit das Bild. Besonders schön ist

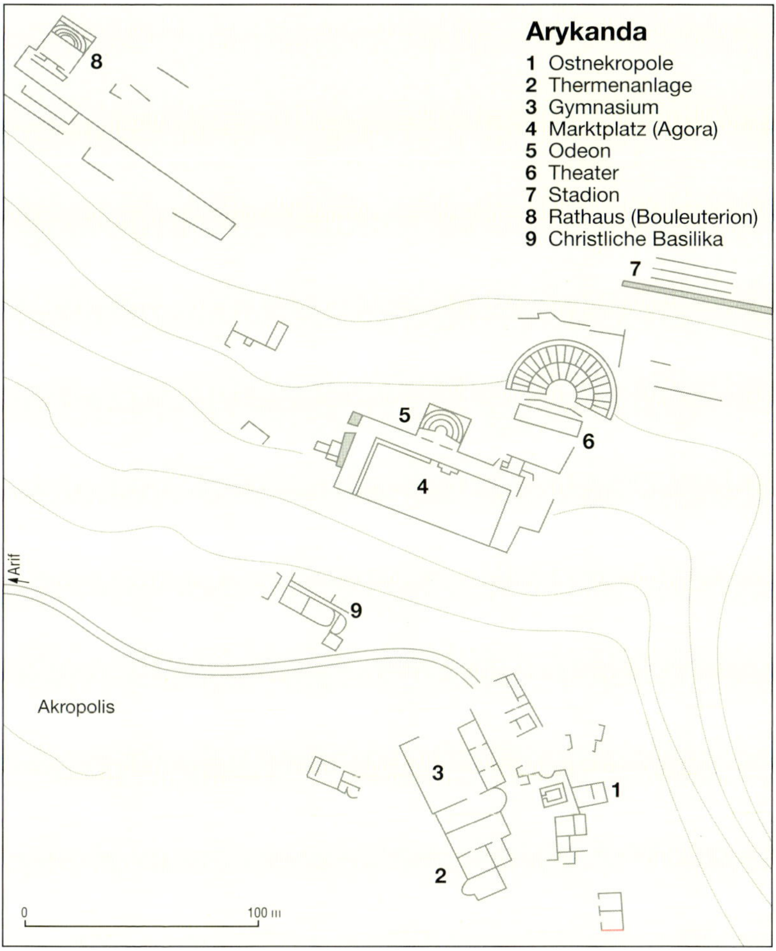

die von Pinien beschattete Lage auf Terrassen, durch die, wie in Delphi, im Hanggelände Platz für repräsentative Stadtbauten geschaffen wurde. Charles Fellows, der im 19. Jh. Arykanda besuchte, prägte den eigentlich für ganz Lykien geltenden Satz: »Alles ist gewaltig und doch lieblich.«

Arykanda wurde im 19. und 20. Jh. viel besucht und beschrieben, doch noch nicht vollständig freigelegt. Die bisher umfassendste Ausgrabung nahmen Archäologen der Universität Ankara unter Leitung von Cevdet Bayburtluoğlu in den Jahren 1977 und 1978 vor.

Besichtigung Schon bei der Anfahrt auf der Nebenstraße erkennt man die Ruinen antiker Wohnhäuser. Das eigentliche Stadtgebiet erstreckte sich von der leichten Senke, in der heute der Parkplatz liegt, bis unter die Felskuppe des Şahinkaya im Norden über ein Hanggelände von 700–820m Höhe. Man nähert sich dem *Parkplatz* von Südwesten, der während der Saison immer anwesende und an den Ausgrabungen interessierte Wärter freut sich über Besucher. Am besten geht man in seiner Begleitung zunächst nach Südosten in die weitläufige römische **Ostnekropole** [1], unter deren zahlreichen Grabdenkmälern vor allem mehrere *Tempelgräber* auffallen.

Unterhalb der Nekropole liegen die Ruinen einer großen **Thermenanlage** [2], deren Mauern noch bis zum zweiten Stockwerk stehen und schon bei der Anfahrt zu erkennen sind. Der östliche Ruheraum besitzt eine nach Westen orientierte Apsis mit Aussichtsfenster, die an Tlos [Nr. 4] erinnert, wenn sie auch nicht ganz so kühn wie dort gebaut ist; überhaupt fallen hier die zahlreichen, rechteckigen Fensteröffnungen mit mächtigen monolithischen Fensterstürzen auf.

An die Thermen schloss sich im Westen ein **Gymnasium** [3] an. Vom nahezu quadratischen Übungsplatz des Gymnasiums kann man die verschiedenen, höher liegenden Terrassen gut übersehen und steigt nun zum freigelegten, rechteckigen **Marktplatz (Agora)** [4] empor, der an drei Seiten von Säulenhallen umgeben war. Vielleicht erhob sich einst über den Stufen in der Platzmitte, wo heute ein Baum grünt, ein kleiner Tyche-Tempel.

An der Nordseite haben die Ausgräber das **Odeon** [5] freigelegt, die davor liegende Stoa weist Bodenmosaike auf, während der Boden des Odeons aus quadratischen Platten besteht. Von Süden führten drei Eingänge ins Odeon, über ihnen verläuft ein Kassettenfries mit Masken oder Götterbildern.

Über einen Treppenweg auf der Ostseite kommt man nun zum ausgezeichnet erhaltenen **Theater** [6]. Es besitzt eine Orchestra, die mehr als einen Halbkreis umfasst, und ist an den Hang gelehnt; trotz dieser rein griechisch wirkenden Züge scheint es erst im 2. Jh. n. Chr. entstanden zu sein. Jedenfalls stammen die Fragmente des schmalen *Bühnenhauses* aus der ersten Hälfte des 2. Jh. Die beiden obersten der insgesamt 20 Sitzreihen weisen griechische Inschriften auf. Von hier oben, besser noch von der nächsthöheren Terrasse mit dem **Stadion** [7], hat man einen herrlichen Überblick auf das pinienbegrünte Ruinengelände.

Nun geht man nach Westen und erreicht über die lang gestreckte sog. obere Stoa das mit halbrunden Sitzreihen an den Hang gebaute **Rathaus (Bouleuterion)** [8] der Stadt. Man muss die Ratsherren bewundern, die hier nach einem Anstieg von knapp 100 m zur Beratung zusammenkamen, zweifellos waren sie im Treppensteigen seit ihrer Kindheit geübt und dadurch trainiert.

Oberhalb davon steigt das Gelände stark zur überhängenden Felswand des ›Falkenfelsen‹ (Şahinkaya) an. Weiter westlich beginnt die Schlucht, die sich bis zum Ort Arif hinabzieht. Hier liegen die wenig interessanten Gräber der *Westnekropole*.

Vom Bouleuterion gelangt man auf direktem Pfad wieder zum Parkplatz hinunter, vorbei an den spärlichen Überresten der so genannten kleinen Thermen und einer **Christlichen Basilika** [9]. Mit diesem Bau, von dem das Synthronon in der Apsis und geometrischer Mosaikschmuck erhalten blieben, okkupierte das siegreiche Christentum einen vormals den antiken Göttern geweihten Platz.

i Praktische Hinweise

Einfache Lokantas und Bars gibt es im Dorf Çatallar, unweit südlich der Ruinen.

Oberhalb von Arykanda liegt in 1000 m Höhe die von kahlen Taurusbergen umrahmte, fruchtbare Elmalı-Hochebene. Hierher kommen kaum Touristen ▷

Schaf- und Ziegenherden queren im Sommer die Straße. Die Hirtenfamilien sind Halbnomaden und beziehen im Winter Häuser an der Küste

16 Hochebene von Elmalı

Landwirtschaftliches Zentrum des Lykischen Taurus mit noch nicht ganz geklärter Geschichte.

70 km nördlich von Finike.

Für diejenigen, die einen Teil der lykischen Küste bereits kennen, ist die Fahrt auf der Straße 635 von Finike nach Elmalı empfehlenswert, die über Korkuteli Anschluss zur Staatsstraße 350 hat. Die Route führt durch eine grandiose, unverfälschte alpine **Landschaft** und bietet die Möglichkeit, den vom Tourismus noch wenig berührten Menschen im Hochland zu begegnen. In der einsamen Region um Korkuteli entdeckt man die schwarzen **Zelte** der **Halbnomaden**, die hier im Sommer ihre Schaf- und Ziegenherden weiden.

Nördlich von Arykanda und Arif steigt die Straße 635 weiter an, überwindet den Avlanbeli-Pass (1090 m ü. M.) und führt am trockengelegten Avlan-See vorbei. Bald darauf weitet sich das Gebirgstal und erreicht die zentrale Hochebene des **Lykischen Taurus**. Der rund 20 km lange und 4–5 km breite Talboden am Fuß des 2505 m hohen Elmalı Dağ erinnert an die große, 1000 m hohe Hochebene Zentralanatoliens, auch hier rahmen kahle Bergrücken grüne Matten und dunkle Ackerflächen, manchmal setzen Pappelwäldchen Akzente.

Mittelpunkt der Ebene ist das Landstädtchen **Elmalı** (türkisch: elma = Apfel), das neben einigen alten Fachwerkhäusern zwei ältere Moscheen aufweist, die *Ömer Paşa Camii* (15. Jh.) und die *Yeş il Cami* (17. Jh.). Elmalı wurde 1963 durch die in der Nähe ausgegrabenen beiden **Tumulusgräber** (6. und 5. Jh. v. Chr.) bekannt. Die Besonderheit der Tumuli sind *Fresken* von erstaunlicher Themenvielfalt, die an etruskische Gräber erinnern und diese, jedenfalls im Grabhügel von Kızılbel (um 525 v. Chr.), noch übertreffen. Derartige mit Fresken verzierte Grabhügel sind bisher weder im Ägäisraum noch in Anatolien gefunden worden. Die durch Feuchtigkeit sehr beschädigten Wandbilder wurden mustergültig restauriert und konserviert. Leider können die Tumulusgräber nicht besichtigt werden (Ausnahme: bei Anwesenheit der Archäologen in Elmalı, am ehesten im September).

Andere Grabungen haben neues Licht in die bronzezeitliche Geschichte des Hochlands gebracht. So stellten die amerikanischen Archäologen östlich der Straße Elmalı-Korkuteli bei **Karataş-Semayük** eine *bronzezeitliche Siedlung* fest (zahlreiche Funde im Museum Antalya).

Besonders beeindruckend waren die *Urnengräber* der umfangreichen Nekropole, Grabbeigaben wie Gefäße und Idole geben Hinweise auf Leben, Totenkult und Glauben der Zeit zwischen 3200 und 1800 v. Chr.

Machen solche Funde und Erkenntnisse nur selten Schlagzeilen in der Presse, so kann man das von dem sensationellen Münzfund, der 1984 ganz in der Nähe, nördlich von Elmalı (westlich der Straße 635) glückte, wahrhaftig nicht sagen: Er ist als **Dekadrachmenhort** oder **Jahrhunderthort** weltberühmt geworden. An Wert übertrifft er den ›Schatz von Kumluca‹ [s. S. 75] noch bei weitem. Er wurde allerdings nicht durch Zufall (und eine Ziege) entdeckt, sondern war das Ergebnis einer systematischen Suche, die zwei Männer in Begleitung eines Dorfältesten mit einem selbstgebastelten Metalldetektor unternommen hatten. Sie fanden nur 15 Zentimeter unter der Erdoberfläche in einer zerbrochenen Amphore einen 26 Kilogramm schweren Schatz von fast 2000 griechischen und lykischen Münzen aus dem ersten Drittel des 5. Jh. v. Chr., das jüngste Prägedatum stammte von 465 v. Chr. Über Hehler kam der Schatz ins Ausland. Unter den vielen frühen griechischen Prägungen befinden sich 15 silberne *Dekadrachmen*, von deren Wert man eine Vorstellung bekommt, wenn man weiß, dass ein nicht besonders gut erhaltenes Stück 1974 auf einer Auktion in Zürich rund 300 000 Dollar kostete. Der in Europa unverkäufliche Hort verschwand zum großen Teil im internationalen Kunsthandel. Als in Kalifornien zehn ›Münzen aus Südanatolien‹ zur Versteigerung ausgeschrieben wurden, konnte die türkische Regierung ihre Ansprüche geltend machen. 1999 gelang es schließlich, 1800 weitere Münzen von amerikanischen Münzsammlern zurückzuerhalten. Wer vor 2500 Jahren diesen Schatz, der z. T. kaum im Umlauf gewesene Münzen enthielt, vergrub, gehört einstweilen zu den großen Rätseln der Archäologie und Geschichte.

Die in Athen geprägte Dekadrachme aus dem Münzfund von Elmalı war nur wenige Jahre im Umlauf

Empfehlenswert ist ein Ausflug zur **Ömer Paşa Külliyesi** beim Dorf **Tekkeköy**. Im 14. Jh. gründete der Derwisch Abdal Musa südlich von Elmalı ein Bektaschı-Kloster, das bald zu großem Grundbesitz und Reichtum kam. Das nach dem Kloster benannte Dorf **Tekkeköy** (tekke = Kloster, köy = Dorf) liegt ca. 15 km südlich von Elmalı.

In Tekkeköy befinden sich die **Türbe** (Grabbau) von Abdal Musa, die Gräber seiner Angehörigen (Derwische sind häufig verheiratet) und seines Anhängers Kaygusuz Abdal Sultan, der im 15. Jh. in Kairo ein Bektaschı-Kloster gegründet haben soll.

Der **Bektaschı-Orden** gehörte zu den einflussreichsten Derwisch-Orden im Osmanischen Reich, die relative Freizügigkeit seiner Mitglieder brachte ihm häufig Kritik ein. Die enge Verbindung des Ordens mit der Elitetruppe der Janitscharen, die seit 1591 belegt ist, führte 1826 (bei der Auflösung des Janitscharenkorps) zum Verbot des Bektaschı-Ordens und zur Auflösung der Klöster, wovon auch jenes von Elmalı betroffen war. Inzwischen haben die Orden wieder viel Zulauf.

i Praktische Hinweise

In Elmalı findet man einfache Unterkünfte für eine Übernachtung.
Lokantas gibt es an der Hauptstraße.

17 Kumluca

Landstädtchen ohne Tourismus.

Kumluca liegt 90 km südlich von Antalya und 18 km östlich von Finike; an der Staatsstraße 400.

In Kumluca läuft das Leben noch seinen gewohnten Gang. Die Bereiche von Mann und Frau sind streng geschieden: Die Frauen versorgen den Haushalt und schaffen sich in der häuslichen Sphäre mit ihren Nachbarinnen ihre eigene Welt,

Traditionelle Familien

»**Mädchen** sind die Blumen Allahs« heißt es im Koran, aber **Söhne** sind der Stolz der Familie. Früh lernen sie, dass sie mehr dürfen (und wert sind) als Mädchen, Jungen können unbekümmert im Freien herumtollen, während Mädchen daheim der Mutter zur Hand gehen und nie allein außer Haus sind.

Auch wenn die zusammen wohnende Großfamilie nur noch in ländlichen Bezirken existiert, bleibt ihr Zusammenhalt ungebrochen. Eine wichtige Rolle spielt das **Ağabey-Prinzip:** Der ältere Bruder (Ağabey) wird von den jüngeren Geschwistern respektiert und fühlt sich lebenslang für sie verantwortlich. Ganz besonders aber gilt dies von Kindheit an für die Schwestern, auch wenn sie älter als der ›große Bruder‹ sind.

die Männer haben am Tag praktisch zu Hause nichts zu suchen, gehen der Arbeit nach und treffen sich im Teehaus, das Zentrum für Kommunikation und geschäftliche Absprachen ist. Viele Häuser in Kumluca sind mit Steinen aus dem antiken Korydalla erbaut, das wenige Kilometer nördlich lag und noch im 19. Jh. beachtliche Ruinen aufwies. George E. Bean fand in einem neuen Haus in Kumluca einen Inschriftenstein mit einer Bilingue in lykischer und griechischer Sprache.

Der Ort erfuhr internationale Beachtung, als im außertürkischen Kunsthandel liturgische Silber- und Goldgeräte aus dem 6. Jh. auftauchten, deren Herkunft schließlich auf Kumluca/Korydalla festgelegt werden konnte. Es handelte sich um Gold- und Silbergefäße von außerordentlicher Qualität, die von der Ziege einer alten Frau aufgestöbert und durch clevere Händler und Hehler ins Ausland, vorwiegend nach USA, geschmuggelt worden waren. Einige Teile des als **Schatz von Kumluca** bekannt gewordenen Kirchenschatzes konnte die türkische Regierung zurückerwerben und im Ikonensaal des Museums Antalya der Öffentlichkeit zugänglich machen. Diese Stücke geben ein Beispiel für die große Kunstfertigkeit der frühchristlichen Silber- und Goldschmiede in dieser Region.

◁ *Seit Fertigstellung der Küstenstraße (1972) gibt es für die Menschen zwischen Kale und Kumluca Arbeit und Absatzchancen: Orangen, Tomaten und Blumen werden in Gewächshäusern kultiviert*

i Praktische Hinweise

Einfache **Teehäuser** und **Lokantas** findet man an der Hauptstraße von Kumluca. Übernachtungsmöglichkeit in der freundlichen **Kumluca Pansiyon**, Tel. 03 66/871 81 14.

18 Rhodiapolis

In der römischen Kaiserzeit bekannt durch seinen reichen Bürger Opramoas, der ganz Lykien mit Geldspenden bedachte. Schöner Wanderausflug.

5 km nordwestlich von Kumluca. In der Ortsmitte von Kumluca nach Norden abbiegen bis Hacıveliler, am Dorfende Feldweg nehmen. Das Ruinengebiet liegt in dichtem Pinienwald.

Der Name Rhodiapolis (griech. = Stadt der Rhodier) weist auf eine Gründung durch Rhodos hin, einige antike Autoren (wie Theopompos) ziehen aber auch Rhode, die Tochter des Mopsos [s. S. 108], für die Gründungslegende heran.

Rhodiapolis wurde in der Mitte des 19. Jh. wieder entdeckt und beschrieben; Ende des 19. Jh. wurde ein Großteil der Inschriftenblöcke von österreichischen Ausgräbern nach Wien gebracht und veröffentlicht.

Der bedeutendste Bau der Stadt dürfte das von **Opramoas** in der Mitte des 2. Jh. n. Chr. errichtete Monument gewesen sein, das an den Außenwänden völlig mit **Inschriften** bedeckt war. Die von den Epigraphikern weitgehend rekonstruierten Texte geben Aufschluss über die Leistungen des Millionärs und die ihm zuteil gewordenen Ehrungen; darüber hinaus enthalten sie Hinweise auf Beschlüsse des Lykischen Bundes, 12 Kaiserbriefe und 19 Briefe der Statthalter der Provinz Lycia et Pamphylia.

Für eine Besichtigung sollte man einen Führer aus Kumluca (Teehaus) oder Hacıveliler mitnehmen, denn schon die Zufahrt ist nicht leicht zu finden. Vom Parkgelände halbstündiger, etwas bergan führender Fußweg. Die Ruinen lie-

Der lange Kieselstrand von Olympos gehört zum Nationalpark

gen im Pinienwald verstreut und sind z. T. vom Erdreich und Buschwerk verdeckt.

Mittelpunkt der Ruinen ist das nach Süden geöffnete **Theater**, von dem 16 Sitzreihen einigermaßen erhalten sind. Es liegt im Schatten von Bäumen, die anstelle der Zuschauer die Sitzreihen besetzen. Der Bau ist an einen Hang gelehnt, vom Bühnenhaus blieb wenig, ebenso dürftig sind die Reste des **Opramoas-Monuments** auf seiner Südseite. Der 7x7,5 m messende Bau war aus sauber gefügten Quadern errichtet und besaß ein schönes Portal, von dem einige Ornamentsteine am Boden liegen, auch mehrere Fragmente von Inschriftenblöcken kann man entdecken.

Die gegenüber liegende Stützmauer mag zu einer Stoa oder einem Stadion gehört haben, sicherer ist die Bestimmung des nördlich vom Theater stehenden Mauerrests: Hier, am höchsten Punkt der Stadt, stand ein hellenistischer **Turm**, der erst in den 60er-Jahren des 20. Jh. völlig zerstört wurde. Beim Rundgang kann man noch im Süden des Theaters eine große **Thermenanlage** und Zisternen erkennen.

Olympos – das Tempeltor im Gestrüpp der unausgegrabenen Stadt

19 Olympos

Stark überwachsene Ruinenstätte in einem (manchmal sehr sumpfigen) Bachtal.

Östlich der Panoramastraße 400. Etwa 3 km vor Ulupınar (aus Richtung Finike kommend) zweigt eine kurvenreiche Nebenstraße zur Küste ab. Braunes Hinweisschild, 11 km. Bei Abzweigung links halten.

Der Besuch von Olympos gehört – wie die Wanderung zur ›Chimäre‹ [s. S. 78 f.] – zu den Ausflügen, bei denen der Weg wichtiger ist als das Ziel: Man sollte vorwiegend den Aufenthalt in der unberührten Natur genießen.

Geschichte Die Ostküste des Lykischen Taurus besaß im Altertum nur die beiden Hafenstädte Olympos und Phaselis. Beide verödeten im Mittelalter, die wenig günstige Lage ohne anbaufähiges Hinterland am Rand und im Windschatten der hohen Bergkette mag hierfür ausschlaggebend gewesen sein. Erst in unserer Zeit bekam die Ostküste mit dem Ausbau von Kemer wieder einen größeren Jachthafen.

Über die frühe Geschichte ist nichts bekannt, im 2. Jh. v. Chr. gehörte Olympos

zum **Lykischen Bund** und besaß darin sogar drei Stimmen. Im 1. Jh. v. Chr. okkupierten Seeräuber unter ihrem Anführer Zeniketes die Stadt und machten von hier aus kurze Zeit das östliche Mittelmeer unsicher. Angeblich sollen die Seeräuber hier erstmals den Geheimkult des persischen Lichtgotts **Mithras** in den Mittelmeerraum gebracht haben, der in kürzester Zeit Anhänger bis zum Rhein gewann und beinahe in der frühen Kaiserzeit das Christentum überflügelt hätte.

Um die Zeitenwende nannte Strabo Olympos »eine große Stadt«. Im 3. Jh. n. Chr. besaß das Christentum hier Anhänger, die durch Bischof Methodius, einen Bürger der Stadt, repräsentiert wurden. Mit dem Aufstieg Antalyas verlor Olympos an Bedeutung, seit dem 15. Jh. wird es nicht mehr erwähnt.

Besichtigung Die asphaltierte, aber nicht besonders gute Piste führt durch abwechslungsreiches Gelände bis zu den einfachen Lokantas beim Parkplatz. Gleich nach der Tickethütte beginnt das Ruinengebiet. Der Pfad führt an bis zu 4 m hoch anstehenden Mauern vorbei in 350 m zum Strand, ist aber besonders im Frühjahr an zwei Stellen vom Bach überflutet (runde Holzstämme und Gehsteine erleichtern die Überquerung, erfordern jedoch etwas Geschicklichkeit).

Die **antike Stadt** lag im Mündungsgebiet des von Westen kommenden Flusses, der im Stadtgebiet kanalisiert war. Wahrscheinlich konnte man in der Antike ein Stück in die mit Kaimauern gesicherte Flussmündung hineinsegeln. George E. Bean vermutet, dass der Meeresspiegel in der Antike höher war. Heute liegen eine Sandbank vor der einstigen Flussmündung und ein breiter Kiesstreifen vor der ganzen Küste.

Die Ruinen befinden sich in hügeligem und unübersichtlichem Gelände, das mit dichtem Buschwald aus Macchia, Lorbeer- und Feigenbäumen bedeckt ist, im **Sumpfgebiet** des Flussbetts wachsen Oleander, Schilf und Keuschlamm. Doch führen Trampelpfade zu den wichtigsten Plätzen, sodass man ohne Führer auskommt. Am sehenswertesten ist das schöne ionische **Tempeltor**, zu dem ein Pfad links vom Hauptpfad etwas bergan führt; der Tempel lag auf der Nordseite des Flusses, der heute Sumpfgebiet ist. Das 5 m hohe Tor blieb mit einem Teil der aus Quadern gefügten Cellawand stehen, es besitzt Türwände mit drei leicht vorkragenden Bändern (Faszien) und einen besonders prächtigen Türsturz. Überraschend ist, dass sich die sorgfältige Ausführung auf der Innenseite des Portals befindet, während die Außenseite recht schlicht gestaltet ist. Der Tempel wird wegen einer Weihinschrift für Kaiser Marc Aurel ins 2. Jh. n. Chr. datiert. Im Rücken der Tempelruine erhebt sich ein steiler, dicht bewachsener Hügel, der geringe Reste der einstigen antiken Akropolis trägt. Östlich vom Tempeltor entdeckt man im Gebüsch Mauerreste und auch einige Sarkophage.

Vom zum Strand führenden Pfad hat man sehr schöne Blicke auf das jenseits des Flusses liegende südliche Gelände, in dem sich – von Macchia, Pinien, Lorbeer- und Feigenbäumen stark überwachsen – die Ruinen der **Agora**, einer christlichen **Basilika** und des **Theaters** verbergen. Auch hier wurden bisher keine Grabungen, nur Sondierungen vorgenommen. Vom kleinen Theater sind nur ein Eingangsbogen und wenige Sitzreihen erhalten, insgesamt wirkt die Lage im hügeligen Buschwald sehr romantisch und erinnert an den dionysischen Ursprung des Theaters.

Bereits in der Antike bestand die Stadt aus zwei, durch den Fluss getrennten Bereichen, die in Strandnähe durch eine Brücke miteinander verbunden waren. Hier waren die Ufer durch **Kaimauern** befestigt, von denen noch Reste erkennbar sind. Folgt man im nördlichen Gebiet dem zum Strand führenden Pfad, so kommt man nach der Überquerung eines Baches zu zwei hohen, ungedeckten **Grabkammern** mit insgesamt drei Sarkophagen.

Der breite, sich nach Norden kilometerweit erstreckende Kiesstrand zieht täglich viele Touristen an, die in den einfachen Pensionen vor dem Ruinengelände wohnen (und täglich eine Eintrittskarte lösen müssen). Vom Kiesstrand aus sind auf dem südlich die Bucht begrenzenden Steilfelsen noch gut die Überreste einer mittelalterlichen **Burganlage** zu erkennen.

i Praktische Hinweise

Am Kiesstrand von Olympos kann man im wunderbar klaren Wasser baden (Badeschuhe sind absolut empfehlenswert). Am Strand existiert bislang noch kein Kiosk, aber an mehreren Lokantas beim Parkplatz bekommt man während der Hauptsaison Getränke und auch eine Kleinigkeit zu essen.

20 Chimaira/Chimäre

Legendenumwobener Platz am Berghang, wo ausströmendes Erdgas eine (heute sehr schwach brennende) Flamme unterhält.

Östlich der Küstenstraße 400, Zufahrt an Küstenstraße ausgeschildert. Man fährt über den Weiler Çıralı weiter nach Nordosten und biegt hinter den letzten Bauernhäusern links ab, nach 1km kleiner Parkplatz am Waldrand.

Unter den viel besungenen Taten des lykischen Helden **Bellerophon** [s. S. 20] war die Tötung der ›Chimaira‹ sicher die unheimlichste und geheimnisvollste, denn wer kann sich unter einem feuerspeienden **Ungeheuer**, das »vorne ein Löwe, in der Mitte eine Ziege und hinten eine Schlange« ist, etwas vorstellen? So verwundert es nicht, dass schon antike Autoren die **Chimäre** mit dem Naturphänomen in Verbindung brachten, das oberhalb von Olympos am gleichnamigen Berghang beobachtet wurde: eine ständig brennende, angeblich unlöschbare Flamme, die weithin vom Meer aus zu sehen war.

Zweifellos wurde wegen dieses Phänomens auch in der Stadt Olympos **Hephaistos** als Hauptgott verehrt, der hinkende und hässliche, aber wunderbar begabte Kunstschmied, der im vulkanischen Feuer schönen Goldschmuck für die Götter und Waffen für die homerischen Helden schuf. Als Erfinder, Künstler, Feuergott (in Rom ›Vulkanus‹ genannt) und Gemahl der schönen Aphrodite war er eine der schillerndsten Gestalten des Götterhimmels.

Die Einheimischen nennen den Ort der Chimäre **Yanartaş** (brennender Stein). Eine türkische Kommission analysierte 1967 auf der Suche nach Erdöl das ausströmende Gas und fand geringe Anteile von Methan. Die genaue Zusammensetzung wurde nicht bekannt und hat wohl auch im Lauf der Jahrhunderte ebenso gewechselt wie Austrittsort und Stärke der Flamme.

TOP TIPP Teilweise noch auf dem alten Pflasterweg führt die **Wanderung zur Chimäre**, vom Parkplatz eine halbe Stunde durch schönen, lichten Wald bergan. Der Weg ist zwar durchgehend mit roten Punkten und Pfeilen markiert, man muss aber sehr aufmerksam auf sie achten. Das ›ewige Feuer‹ in 250 m Höhe ist am Tag schwer auszumachen, es ent-

Sicher brannte das hier ausströmende Erdgas früher stärker. Das Phänomen des unlöschbaren Feuers wurde als »alles vernichtende Chimaira« gefürchtet

zündet sich angeblich immer aufs Neue, sicherer ist es jedoch, Streichhölzer mitzubringen und einen Fidibus (gefalteten Papierstreifen) zu benutzen. Hauptaustrittszone ist die schmale, aber tiefe Erdhöhle, doch kann man auch in der Umgebung schwache Feuer entflammen. Nachts soll die Flamme noch heute vom Meer aus zu sehen sein, was leider nicht überprüft werden konnte.

Etwas unterhalb liegen wenige Ruinen, hier soll ursprünglich das *Hephaistos-Heiligtum* und später eine christliche Kirche gestanden haben.

i Praktische Hinweise

Manche Klubs und Tourismusveranstalter in Kemer bieten Abendausflüge zur Chimäre an (Boots- und Busfahrten kombiniert mit Baden und Picknick). Dazu sollte man eine Taschenlampe mitnehmen.

21 Phaselis

Plan Seite 82

TOP TIPP *Intim wirkende, bezaubernde Ruinenstadt, in der man auf den Spuren des großen Alexander wandelt.*

52 km südlich von Antalya, 3 km unterhalb der Küstenstraße 400 am Meer. Braunes Hinweisschild.

Phaselis liegt auf einer schmalen **Halbinsel** und ist die einzige antike Stadt Kleinasiens, die drei Häfen besaß. Die malerische Lage in einem Pinienwäldchen am Meer würde allein schon genügen, um den Ort zu einem der anmutigsten der türkischen Südküste zu machen. Hinzu kommt, dass sich hier für einen kurzen Moment der Bühnenvorhang im Theater der Geschichte hebt und aus dem Grau der Helden, Statisten und Jahreszahlen zwei berühmte Männer ins Rampenlicht treten: Theodektes und Alexander d. Gr.

Theodektes war der bekannteste Sohn der Stadt. Er wurde um 400 v. Chr. geboren und avancierte in Athen zu einem gesuchten *Redenschreiber* (da man sich vor Gericht selbst verteidigen musste, ließ man die Rede meist durch einen

›Fachmann‹ ausarbeiten). Bei den Leichenfeiern für Mausolos von Halikarnassos maß er sich 353 v. Chr. mit den berühmtesten Rednern seiner Zeit im Redewettkampf, bekannt war Theodektes auch als Verfasser von *Theaterstücken* für dionysische Wettkämpfe (etwa 50 Stücke werden ihm zugeschrieben) und für sein phänomenales Gedächtnis. Er überlebte seinen gleichnamigen Sohn, der ebenfalls ein bekannter Rhetor war. Die Stadt Phaselis ehrte ihren berühmten Bürger durch ein Standbild auf der Agora.

In Athen hatte Theodektes den jungen Aristoteles kennen gelernt, den späteren Lehrer Alexanders. Als **Alexander** nach Phaselis kam, lebte Theodektes nicht mehr, doch für den jungen König war er ein Begriff. Aber natürlich kam Alexander nicht seinetwegen dorthin. Laut Pausanias befand sich im Hauptheiligtum der Stadt, dem Athena-Tempel, der *Speer Achills*. Das mag der Grund gewesen sein, warum Alexander, der sich als ›neuer Achill‹ empfand, die Einladung der Gesandten von Phaselis annahm und hier 334/333 v. Chr. einige erholsame Winterwochen verbrachte. Jedenfalls berichtet Plutarch, wie der vom Wein berauschte Alexander auf dem Heimweg von einem Trinkgelage seinen Gefährten die Kränze von den Häuptern nahm und in heiterer Stimmung damit das Denkmal des Theodektes bekränzte.

Geschichte Phaselis wurde in der Antike als rhodische Gründung bezeichnet und scheint eine bedeutende **Seehandelsstadt** gewesen zu sein. Dafür spricht, dass Phaselis laut Herodot unter den Städten war, die von König Amasis (569–526 v. Chr.) die Erlaubnis zur Besiedlung von Naukratis im Nil-Delta bekamen, Phaselis wird hierbei zusammen mit den dorischen Städten Rhodos, Knidos und Halikarnassos genannt.

Dass Phaselis als rhodische Gründung zunächst nicht zu Lykien gehörte, würde erklären, warum man hier weder typisch lykische Grabmonumente noch lykische Inschriften vorfindet. Im 6. Jh. v. Chr. war Phaselis dann eine **persische Flottenbasis**. Vor dem Sieg über die Perser am Eurymedon 469 v. Chr. ›befreite‹ Kimon von Athen die Stadt mit sanfter Gewalt von der Perserherrschaft und erzwang ihren Eintritt in den **Attisch-Delischen Seebund**. Trotz der unfreiwilligen Mitgliedschaft hatte dies einen lebhaften **Handelsverkehr** mit Athen zur Folge, bis die Perser im 4. Jh. v. Chr. Phaselis zurückgewannen. Doch scheint die Stadt eine gewisse Unabhängigkeit bewahrt zu haben, jedenfalls enthält ein 1971 in Antalya gefundener Inschriftenstein einen Vertrag zwischen dem persischen Satrapen Mausolos und Phaselis, der beide als gleichberechtigte Partner im Kampf gegen Perikles von Limyra [Nr. 14] ausweist.

Phaselis geriet nach Alexanders Tod in die Wirren der Diadochenkriege, unterstand den Ptolemäern, dann kurze Zeit den Seleukiden, kam von 189–167 v. Chr. mit ganz Lykien unter rhodische Herrschaft und erhielt nach der Entmachtung von Rhodos durch Rom mit den übrigen lykischen Städten die Freiheit. In der nach 167 v. Chr. einsetzenden Friedenszeit formierte sich der Lykische Bund neu und Phaselis prägte wie alle lykischen Städte **Münzen** mit dem Apollonkopf. Allerdings verlor der Hafen durch den Ausbau von Antalya ständig an Bedeutung. Zu Beginn des 1. Jh. v. Chr. wurde Phaselis wie Olympos kurze Zeit von Seeräubern okkupiert. Der Besuch Kaiser Hadrians 129 oder 131 n. Chr. brachte noch einmal etwas Glanz in die Stadt, dann begann der Niedergang, obwohl hier seit der Mitte des 5. Jh. ein Bischof residierte. Ab dem 10. Jh. fungierte Phaselis als Steinbruch für Antalya, viele der dort in die Stadtmauern verbauten Steine weisen auf Phaselis bezogene Inschriften auf. Im 12. Jh. wurde der Ort verlassen und nie wieder besiedelt.

Phaselis wurde zuerst durch seine **Inschriften** bekannt, 1883 erfassten österreichische Epigraphiker das recht umfangreiche Material. Der Ort blieb jedoch lange unausgegraben. 1971 und 1981 veröffentlichten deutsche Archäologen eine topographische Bestandsaufnahme. Ab 1982 unternahm ein Archäologenteam der Universität Ankara mehrere Grabungskampagnen.

Besichtigung Zuerst erreicht man auf dem von der Küstenstraße abzweigenden Waldweg das **Museum** [**1**] von Phaselis. Leider ist das moderne und interessante Einraum-Museum nicht immer geöffnet. Es zeigt einen Überblick über die Geschichte der Stadt, Keramik und u. a. Abgüsse von hellenistischen Münzen mit dem Kopf der Stadtgöttin Athena auf der Vorderseite und einem Schiffsbug auf der Rückseite. Der Name der Stadt wird von manchen Forschern auf phase-

Ruinen, unberührte Natur und faszinierende Geschichte: der Aquädukt von Phaselis vor dem schneebedeckten Tahtalı Dağ

los (griech. = schlankes Schiff) zurückgeführt, was die große Bedeutung als Hafenstadt unterstreichen würde.

Der **Parkplatz** liegt am Rand eines nach Regenfällen leicht sumpfigen Gebiets, in dessen westlichem Teil die Frösche quaken. Zu Strabos Zeit war hier noch ein See, andere Autoren erwähnen das ungesunde Klima, das das flache Gewässer verursachte. Vom Parkplatz kann man den wenig eindrucksvollen **Nordhafen** [**2**] übersehen, dessen relativ weites Becken durch einen Wellenbrecher zwischen den beiden kleinen Inseln geschützt wurde, die antike 3,6 m breite Mauer ist noch unter dem Wasserspiegel zu erkennen. Im Süden wird der Hafen durch eine schmale Halbinsel begrenzt, auf der unter Pinien ein paar Hausruinen stehen. Blickfang ist der gut erhaltene Teil des kaiserzeitlichen **Aquädukts**, der die Stadt mit Wasser von einer Quelle am Nordberg versorgte.

Nun geht man wenige Schritte nach Südosten und sieht den ungewöhnlich klein wirkenden, fast kreisrunden **Stadthafen** [**3**]. Ein Teil der südlichen Kaimauer ist gut erhalten, hier wurden kleinere Schiffe be- und entladen. Die 18 m breite Hafeneinfahrt war durch zwei Türme gesichert und ließ sich durch eine Kette sperren. Am flachen Nordufer konnten die Schiffe mit Seilwinden auf den Sandstrand gezogen werden (übliche Praxis zur Zeit der Winterstürme; die Römer sprachen dann vom ›mare claustrum‹, dem geschlossenen Meer).

Auf dem Weg nach Süden betritt man danach die 20–24 m breite und ca. 150 m lange, gepflasterte **Hauptstraße** [**4**] mit höher liegenden Fußwegen, die über Stufen erreicht werden. Diese Straße war sicher zu allen Zeiten die Lebensader der Stadt, sie verbindet Nord- und Stadthafen mit dem Südhafen, in dem die größeren Schiffe ankerten. Die Hauptstraße steigt leicht an, verbreitert sich nach einigen Stufen zu einem zentral gelegenen, unregelmäßigen *Platz* und biegt dann im stumpfen Winkel nach Süden ab.

Die *Gebäude* an der Hauptstraße sind bis heute nicht vollständig identifiziert, was mit ihrer mehrfachen Überbauung und geänderten Verwendung zusammenhängt. So begrenzten im nordwestlichen Abschnitt Läden die Straße, hinter denen ein großer, später eingefügter Baukomplex liegt. In Höhe des kleinen Platzes folgt die inschriftlich als ›tetragonos agora‹ bezeichnete Freifläche, was nichts anderes bedeutet als **Viereckiger Marktplatz** [**5**]. An ihn wurde im 5. oder

6. Jh. eine Basilika angebaut. Auf der nordöstlichen Seite erkennt man vor dem zentralen Platz deutlich eine **Thermenanlage** [6], deren Hypokausten (antikes Bodenheizsystem) recht gut erhalten sind.

Beim zentralen Platz finden sich einige **Statuenbasen** – vielleicht bekränzte hier Alexander die Statue des Theodektes. Vom Platz steigt man auf Felsstufen über einen schmalen Weg zum **Theater** [7] empor, das an den Hang der Akropolis gelehnt ist und durch seinen Erhaltungszustand, aber auch den Ausblick bezaubert. Im Schatten von Bäumen auf den Steinsitzen ruhend, kann man über das 7 m hoch anstehende Bühnengebäude hinweg den Blick auf den weißen Gipfel des **Tahtalı Dağ** genießen, der über dem Grün des Pinienwaldes besonders prächtig wirkt. Das Theater dürfte im 2. Jh. n. Chr. über älterem Grundriss erbaut worden sein und fasste ungefähr 1500 Zuschauer.

Hinter dem Theater steigt die **Akropolis** [8] auf, die so dicht mit Buschwald, u. a. vielen Erdbeerbäumen, bewachsen ist, dass die Begehung äußerst mühsam wird. Wahrscheinlich stand hier der erwähnte Tempel der Stadtgöttin Athena; die Archäologen haben aber auch Spuren einer Wohnbebauung und Zisternen (Vorsicht!) festgestellt.

Im südwestlichen Teil der Prachtstraße liegen im Anschluss an den ›Viereckigen Marktplatz‹ zwei weitere Marktplätze, die sog. **Agora des Domitian** [9] und eine **Spätantike Agora** [10]. Den prunkvollen Abschluss der Straße bildete das zu Ehren von **Kaiser Hadrian** errichtete **Prunktor**

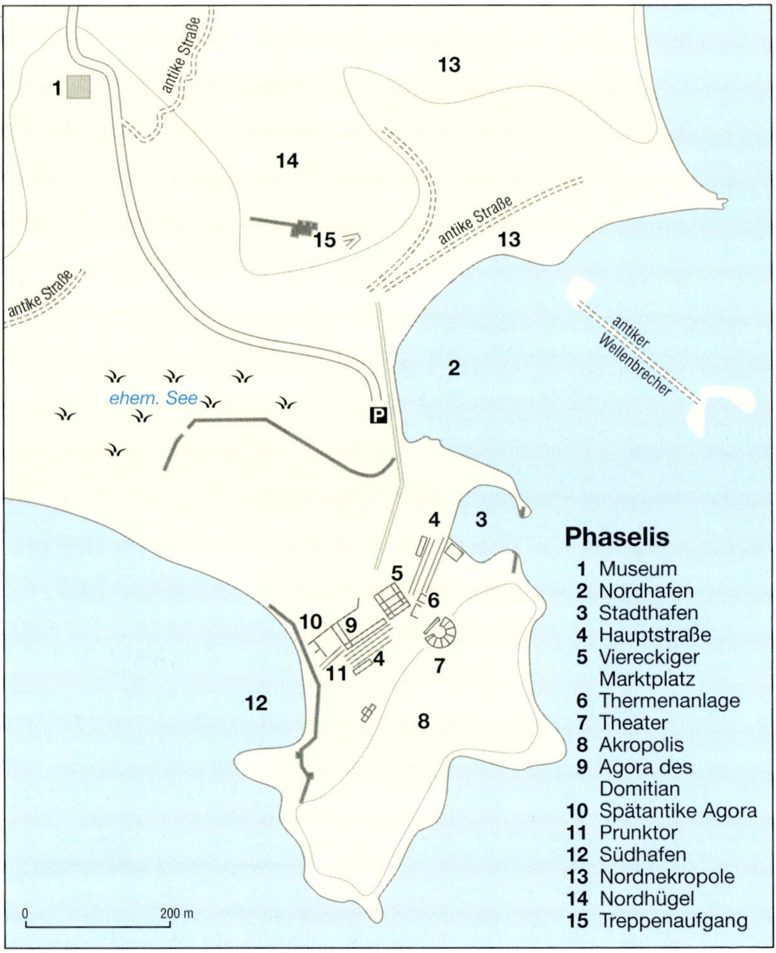

Pinien beschatten die antike Hauptstraße, auf der schon Alexander d. Gr. und später der römische Kaiser Hadrian wandelten

[11], von dem mehrere Teile des Architravs mit Inschrift erhalten sind.

Der **Südhafen** [12] besitzt einen breiten, flachen Kieselstrand, der zum Baden verlockt, er war früher in Verlängerung der Landspitze durch eine 100 m lange Mauer geschützt. Dieser Hafen konnte auch große Fracht- und Kriegsschiffe aufnehmen und diente als Haupthafen. Heute dümpeln Motor- und Segeljachten in ihm, die den großen Vorteil bieten, zum Schwimmen über Strickleitern ins Wasser gehen zu können.

Schließlich sollte man noch die **Nordnekropole** [13] besuchen und evtl. den etwas anstrengenden Aufweg zum Nordhügel unternehmen. Man geht bis zum Nordhafen zurück, hier steht direkt am Ufer eine größere *Grabanlage*, vielleicht ein Heroon. Durch den Pinienwald wandert man weiter nach Norden, einige Sarkophage säumen den kaum wahrzunehmenden Pfad, auch *Familiengräber* finden sich, die wie alte Dorfbacköfen aussehen. Es sind über rechteckigem Grundriss aufgemauerte, frei stehende Grabhäuser mit Tonnengewölben.

Der Aufstieg zum **Nordhügel** [14] beginnt bei einem Sarkophag mit gebogenem Deckel, hier zweigt ein schmaler, schwer auszumachender Pfad nach links ab und führt bald steil bergan. An den Steinstufen muss man sich entscheiden: Der etwas längere, bequemere Weg führt geradeaus und erreicht das Plateau auf der Ostseite in Höhe der heutigen Straße 400, die links abzweigende Route umrundet den Hügel auf der Süd- und Westseite und ist als Pfad kaum wahrzunehmen, aber lohnend. Bei einem riesigen Johannisbrotbaum an der Westseite beginnt etwas versteckt der hellenistische **Treppenaufgang** [15], der durch eine *Toranlage* ebenfalls auf die Kuppe führt. Diese sehr interessante Anlage gehörte zu einer Befestigung auf dem Nordhügel, in der eine ständige Wachtruppe untergebracht war. Später entstand hier auch eine Wohnsiedlung mit einer Kirche.

Wo der Pinienwald freie Ausblicke gewährt, kann man die ganze Halbinsel von Phaselis überblicken und an den Abschied **Alexanders** von Phaselis denken: Der König wollte ohne größeren Umweg nach Antalya/Attaleia kommen und ritt mit seinen Leuten am Küstensaum entlang, wobei er streckenweise bis zur Hüfte im Meer versank. Wie gefährlich dies Unterfangen – noch dazu im Winter – war, geht schon daraus hervor, dass bis

Im Südhafen von Phaselis ankerten einst große Fracht- und Kriegsschiffe, im 1. Jh. v. Chr. okkupierten Piraten die Bucht. Heute macht hier jede Jacht auf der Route Antalya – Fethiye Station

heute niemand diesen Ritt nachmachte, obwohl sich die Küste inzwischen etwas gehoben, zumindest breitere Kiesstrände bekommen hat. So steht dem Besucher von Phaselis noch einmal der Makedonenkönig, der die Welt veränderte, vor Augen: als 23-jähriger Draufgänger, der viel riskierte, aber genaue Pläne verfolgte. Er wollte schnell die Südküste in seine Gewalt bringen und im Mai 333 in Gordion ankommen. Dort erwartete ihn sein Feldherr Parmenion mit dem Gros der Truppe. Die Eroberung Persiens konnte beginnen.

i Praktische Hinweise

Besuchen Sie den Südhafen von Phaselis, der zu den besonders beliebten Anker- und Badebuchten der Jachten zählt. Beim Museum ist manchmal ein kleiner **Kiosk** geöffnet, dann gibt es dort wie am Parkplatz Getränke.

22 Kemer

Zentrum eines Feriengebiets in herrlicher Lage.

An der Küstenstraße 400.

Noch vor vier Jahrzehnten war Kemer ein völlig unbekanntes Dorf mit 1500 Einwohnern, immerhin der größte Ort in der fast unbesiedelten Uferzone am Ostrand des Lykischen Taurus. Seit sie touristisches Entwicklungsgebiet der höchsten Stufe wurde, boomt diese Gegend wie keine andere der Türkei. Zurzeit gibt es etwa 70 000 Gästebetten. Es gibt viele schöne Buchten mit **Stränden** an der bisher so stillen Küste bei **Kemer**, die Hügel sind von Kiefernwäldern bedeckt, die Ebene zwischen Meer und Bergen wird von Orangen- und Zitronenhainen ausgefüllt. Das Türkisgrün und Blau des sauberen Meerwassers, die Weiträumigkeit der Bucht und

TOP TIPP

die mächtige, schützende Gebirgsbarriere verleihen den Ferienplätzen von Kemer ein unverwechselbares Flair. Vom alten Dorfkern blieben nur wenige Häuser erhalten, der Hafen wurde zu einer 1986 eröffneten, supermodernen Marina ausgebaut, die den Skippern jeglichen Service anbietet, u. a. auch Winterlagerung.

Die für den Tourismus erschlossene Zone erstreckt sich von Beldibi im Norden von Kemer bis zur Tekirova-Bucht im Süden. Das atemberaubende Tempo, in dem über hundert Hotels, Klubanlagen, Feriendörfer und Pensionen entstanden sind, macht eine Auswahl fast unmöglich, zumal Jahr für Jahr weitere Anlagen hinzukommen.

Jeder deutsche Ferienveranstalter hat heute Kemer im Programm. Internationale Hotelketten und alle namhaften Ferienklubs sind durch eigene Hotels und Klubdörfer vertreten. Ein großer Vorteil von Kemer sind außer kilometerlangen Kiesel- oder Sandstränden die Großzügigkeit des durch bewaldete Hügelzüge und Landzungen gegliederten Küstengebiets und die infrastrukturelle Gesamtplanung.

Wer sich für einen Urlaub in und um Kemer entscheidet, darf dort kein ›typisch türkisches‹ Ambiente erwarten, findet aber dafür – neben Sonne und Strand – alle modernen Ferienangebote wie Wassersport, Animation, Klubleben und eine Vielzahl interessanter Ausflugsprogramme. Für Surfer sind die Windverhältnisse wegen der Tauruskette allerdings nicht immer ideal. Ein sehr romantisches und besonderes Erlebnis ist ein Törn **mit der Motorjacht von Bucht zu Bucht** auf der Route Kemer – Kaş – Kemer. (TOP TIPP)

Hinweis: Die Bergregion im Hinterland (Göynük-Schlucht, Almen) mit Führer erkunden, da die Wege nicht markiert sind.

i Praktische Hinweise

Information

Belediye Binası, Kemer, Tel. 02 42/ 814 11 12, www.kemerhotels.com

Hotels

Die Strände sind vorwiegend kieselig, nach Süden (Tekirova) feinsandiger.

********Phaselis Princess Hotel**, Tekirova (etwa 18 km südlich von Kemer), Tel. 02 42/821 40 70, Fax 02 42/821 40 69. Haupt- und Nebenhaus, über Stufen zum Strand, Pool.

(TOP TIPP) *******Rixos Tekirova Beach Hotel**, 20 km südlich von Kemer, 3 km vom Dorf Tekirova. Tel. 02 42/ 821 40 32, Fax 02 42/821 40 46, www.rixos.com. Zwei Gebäude, ca. 1000 Betten, am

Im schmalen, vom Taurus begrenzten Hinterland der lykischen Ostküste reifen besonders köstliche, kernlose Orangen

Oben: *Der neue Jachthafen von Kemer ist mit 180 Plätzen der größte Lykiens*
Links: *Küste bei Beldibi. Noch gibt es im touristischen Entwicklungsgebiet um Kemer Platz für Individualisten*

langen, naturbelassenen Sand- bzw. Kieselstrand.

*****Paloma Beach Hotel**, Beldibi 1, Tel. 02 42/824 81 89, Fax 02 42/824 83 44. Nördlich von Kemer in Beldibi gelegenes 170-Betten-Hotel mit zwei Pools und eigenem Kiesstrand.

23 Grotte von Beldibi

Gefährdete Felszeichnungen aus dem 7. Jahrtausend v. Chr.

Direkt unterhalb der Küstenstraße 400, 1 km nördlich von Beldibi.

Obwohl die Grotte von Beldibi heute nicht mehr zu besichtigen ist, soll sie hier erwähnt werden, weil sie zu den ehrwürdigsten Kulturdenkmälern dieser Region gehört. In ihr haben nomadisierende Jäger im 7. Jahrtausend v. Chr. wahrscheinlich die Wintermonate am Meer verbracht und mit inzwischen sehr verblassten Naturfarben Tiere und Strichmännchen auf die ungeglätteten Felswände gezeichnet. Gut zu erkennen war auch eine Jurte, ein Rundzelt, – wie es bis heute noch von vielen Nomaden in Zentralasien benutzt wird. Bei der Entdeckung der Höhle wurde **Keramik** aus dem 7. Jahrtausend gefunden. Diese wertvollen Fundstücke können heute im Archäologischen Museum von Antalya besichtigt werden.

Leider ist die unmittelbar am Meer liegende Höhle bereits im Jahr 1972 bei der Anlage der Küstenstraße schwer beschädigt worden, als die schützende Ostwand wegbrach; endgültig unzugänglich wurde sie 2004 durch den vierspurigen Ausbau der Straße.

Die ›Türkische Riviera‹ – blühende Landschaft mit lebendiger Geschichte

Keine andere Landschaft der Türkei hat im Hinblick auf den Tourismus eine derartig rasante Entwicklung erlebt wie die Region zwischen Antalya und Alanya, die in der Antike Pamphylien hieß und von den Tourismusmanagern unserer Tage den werbewirksamen und zutreffenden Beinamen ›Türkische Riviera‹ erhielt. **Landschaftlich** ist die ›Türkische Riviera‹ relativ einheitlich gegliedert: Im Norden bildet die Bergkette des **Westlichen Taurus** eine Art Schutzwall, welcher die Küstenzone vor den kalten Nordwinden bewahrt. Der im Wesentlichen aus Kalken aufgebaute Taurus wurde zu Beginn des Tertiärs aus dem Meer gehoben und aufgefaltet und ist im Lauf von Jahrmillionen durch die leichte Löslichkeit seines Gesteins zu einem gewaltigen **Karstgebiet** mit interessanten Schluchten, Karstseen, Dolinen und mächtigen Terrassen geworden. Das auffallendste Karstphänomen ist die 30–70 m hohe Travertinterrasse an der Mittelmeerküste, der die Stadt Antalya ihre einzigartige Atmosphäre verdankt. Auf den küstenferneren, hohen Bergterrassen befinden sich antike Städte wie Termessos und Selge, die heute durch ihre fantastische Lage und ihre Denkmäler begeistern. Die eigentliche ›Riviera‹ ist der in Nord-Süd-Richtung nirgends mehr als 20 km breite Küstenstreifen am Südrand des Taurus. Er wird von drei Flüssen bewässert, die wegen des starken Gefälles imponierende Katarakte und Wasserfälle aufweisen.

Die Schutzfunktion der Tauruskette, das temperaturausgleichende Mittelmeer, die gute Bewässerung und südliche Lage bewirken ein **Klima**, das fast subtropische **Vegetation** gedeihen lässt. Hier wachsen Palmen, Zypressen, Mimosen-, Limonen-, Oliven-, Feigen- und Maulbeerbäume, reifen Bananen und Aprikosen, blühen Bougainvilleen, Oleander, Hibiskus und exotische Blumen in verschwenderischer Fülle. Dies allein würde die Küste als Ferienoase empfehlen, doch kommen noch **feinsandige Strände** hinzu, die sonst vielen türkischen Küsten fehlen.

Trotz der Verwandlung in eine viel besuchte Ferienregion konnten sich zahlreiche kleine Orte an und abseits der Küstenstraße ihren typisch *türkischen Charakter* bewahren. Zu den Hauptanziehungspunkten der Region gehören aber nach wie vor die *zahlreichen antiken Städte* wie Perge oder Side, die hier nur wenige Meter unter der Erdoberfläche verborgen lagen und heute einen wirklichen Eindruck von antiker Zivilisation vermitteln. Prunkstück ist das ›besterhaltene Theater der Antike‹ in Aspendos.

Blütenumrankte Antike, Meer und Taurusberge – den Reiz der ›türkischen Riviera‹ muss man nicht erklären!

Antalya liegt auf einer 30 m hohen Travertinterrasse, die einen herrlichen Blick auf den Lykischen Taurus ermöglicht

Geschichte Die lange vernachlässigte Region zwischen Antalya und Alanya hieß in der Antike **Pamphylien**, was im Griechischen ›alle Stämme‹ bedeutet. Gemeint war damit wohl, dass sich hier nach der großen Völkerwanderung am Ende des 2. Jt. v. Chr. griechischsprachige Stämme verschiedenster Provenienz angesiedelt hatten. Dass sie auf ältere anatolische Einwohner stießen, geht aus der in Pamphylien verbreiteten Mischsprache von Griechisch mit anatolischen Idiomen hervor, die noch Alexander d. Gr. als ›barbarisch‹ bemängelte. Auch in der im Norden angrenzenden Region Pisidien vermischte sich das Griechische mit älteren Lokalsprachen.

Einstweilen verraten nur Funde und Sagen etwas über die frühe Geschichte, so die Siedlungsspuren in der Höhle von Karain (Paläolithikum), ein in Side gefundenes syro-hethitisches Steinsiegel (2. Jt. v. Chr.) und ein nordsyrisch-hethitischer Basaltkessel. Die Mythen vieler Städte nennen Mopsos [s. S. 108] als Gründer. Die Perser bauten im 6. Jh. v. Chr. den Hafen von Side zur Flottenbasis aus und stationierten in Aspendos eine starke Garnison. Nach den Niederlagen bei Salamis 480 v. Chr. und Aspendos 469 v. Chr. verloren sie die Kontrolle über Pamphylien, konnten sie aber ab 386 v. Chr. nochmals für kurze Zeit zurückgewinnen. Erst der Alexanderzug veränderte die politische Landschaft endgültig.

Von da an blieb Griechisch die Umgangssprache, ganz gleich, ob die Ptolemäer, Seleukiden oder Attaliden von Pergamon ›das Sagen‹ hatten, und auch während der Zugehörigkeit zum Römischen Reich sprach die Bevölkerung griechisch, nur die Verwaltungssprache war Latein. Während der Zugehörigkeit zum Pergamenischen Reich hatte König Attalos II. Attaleia/Antalya (159–138 v. Chr.) gegründet, das als Hafenstadt bald Side überflügelte. Nach dem Tod des letzten Attaliden (133 v. Chr.) engagierten sich die Römer zunächst kaum in Pamphylien, erst die zunehmende Beeinträchtigung des Seeverkehrs zwischen Syrien und Rom durch Seeräuber veranlasste sie, aktiv zu werden und die Provinz Pamphylien, später die Doppelprovinz Lycia et Pamphylia, einzurichten. Wie überall im nicht grenzlandnahen Kleinasien, kam nun die Bevölkerung in den Genuss der Pax Romana, vor allem im 2. Jh. n. Chr. blühten die pamphylischen Küstenstädte auf wie nie zuvor. Aus dieser Zeit stammt der größte Teil des faszinierend umfangreichen Denkmälerbestands der heutigen Provinz Antalya. Vor allem Side fungierte während der Partherkriege Kaiser Trajans (114–117 n. Chr.) als wichtiger Flottenstützpunkt, ebenso bekannt war Sides Sklavenmarkt.

In byzantinischer Zeit verlor Pamphylien an Bedeutung, erst die Eroberung durch die Seldschuken wertete die Küste wieder auf. Sie bauten Antalya und Alanya als Hafenstädte weiter aus. Die Osmanen übernahmen ab 1391 mit der Eroberung der blühenden Handelsstadt Antalya die Kontrolle über diesen Teil der Südküste.

Türken und Kurden

»Ich bin ein Türke«, beginnt der Eid, den alle Schüler jeden Morgen aufsagen. **Atatürks** Wunsch war es, sein Land zu einem modernen, einheitlichen Nationalstaat zu formen, weder der Glaube noch die ethnische Zugehörigkeit sollten im Vordergrund stehen. So wurden die **Kurden** zu Bergtürken, sie absolvieren ihren Dienst im Militär (der ›Schule der Nation‹), werden ins Parlament gewählt. Doch die Kurden forderten mehr Rechte, so z. B. Anerkennung ihrer Sprache vor Gericht. Ab 1984 eskalierten die Autonomieforderungen zum blutig ausgetragenen Konflikt, der viele Tausend Tote forderte. 1999 konnte das Militär den Sieg im Kurdenkrieg verkünden. Gleichzeitig rief der inhaftierte Führer der kommunistischen Kurdischen Arbeiterpartei (PKK), Abdullah Öcalan, zur Kampfeinstellung auf. 2001 erklärte die PKK, sie wolle ihre Aktionen beenden. Die Forderung der EU nach Liberalisierung vor einem EU-Beitritt der Türkei führte 2002 zu Parlamentsbeschlüssen, nach denen die Todesstrafe abgeschafft und das Kurdische als Gerichtssprache zugelassen wurde.

24 Antalya

Plan Seite 92

Blühende Metropole in großartiger Lage am Meer.

Hauptstadt der gleichnamigen Provinz.

Die Entwicklung Antalyas seit 1970 ist atemberaubend. Rund um das Zentrum schießen Wohnsilos in die Höhe und die Zahl der ›Nüfus‹, der **Einwohner**, stieg von 51 000 im Jahr 1968 auf geschätzte 1,7 Millionen 2004, darunter 6000 Deutsche. Und der Zustrom der Bevölkerung hält an. Das fast subtropische **Klima** sprach schon immer für die Stadt, die Sommer sind lang, trocken, heiß und dank der Lage am Meer erträglich (Mittelwert im Juli 30 Grad), die Winter sind mild (Mittelwert im Januar 9 Grad). So ist es kein Wunder, dass heute in Antalya die Quadratmeterpreise für umbauten Wohnraum zu den höchsten der Türkei gehören. Das 2005 eröffnete, großartige Terminal 2 des Flughafens (AYT 2) trägt der Bedeutung Antalyas auch als Tourismuszentrum Rechnung: Der Flughafen kann problemlos die erwarteten 15 Millionen Fluggäste jährlich bewältigen (2004: 12,5 Millionen).

Antalya floriert nicht nur als Dienstleistungs- und Urlaubsstadt, sondern besitzt auch moderne **Industrien**. Zu ihnen gehören die in der Türkei bekannten Marmeladefabriken (Antalya gilt als ›Marmeladestadt‹) und Blumenfarmen, die in Konkurrenz zu Israel den europäischen Markt beliefern. Ferner bleibt Antalya ein wichtiger Umschlagplatz für Baumwolle und Standort der Lederindustrie. Die riesige, etwas unproportionierte (zu breite) Glaspyramide des neuen Sabanci Kongress- und Messezentrums Antalya verdeutlicht die Wirtschaftskraft der Stadt und ihren Anspruch mehr als nur das Tourismuszentrum der Region zu sein.

In das Steilufer ist der fast kreisrunde Hafen eingebettet, der heute für Jachten reserviert ist. Walmdächer und Gärten bestimmen das Bild der Altstadt im Südosten

Geschichte Antalya ist relativ jung: Erst König Attalos II. von Pergamon baute 158 v. Chr. den kleinen Naturhafen aus und gründete auf dem 30 m hohen Steilufer die nach ihm benannte Stadt Attaleia. 133 v. Chr. fiel sie mit dem Reich von Pergamon an Rom und wurde 25 v. Chr. Hauptstadt der römischen Provinz Pamphylia. In frühbyzantinischer Zeit war sie Residenz eines Bischofs, doch erst unter der Herrschaft der Seldschuken gewann sie wieder größere Bedeutung.

TOP TIPP ***Besichtigung*** Wer genügend Zeit besitzt, kann die **Altstadt von Antalya** am schönsten in zwei Rundgängen kennen lernen, die sich durch eine Mittagspause am Hafen angenehm unterbrechen lassen.

Südöstliche Altstadt

Der Rundgang durch die südöstliche Altstadt beginnt am **Hadrianstor** 1, das am prächtigen, palmenbestandenen Atatürk Caddesi liegt. Das dreibogige Ehrentor wurde 130 n. Chr. anlässlich des Besuchs von Kaiser Hadrian und seiner Frau Sabina in die ältere **Stadtmauer** 2 eingefügt und steht zwischen zwei Türmen. In diesem Bereich ist ein gutes Stück der hellenistischen Stadtmauer, welche die ganze Stadt umgab, erhalten, sie wurde in römischer Zeit und später im 13. Jh. durch die Seldschuken restauriert (schöne seldschukische Stadtmauer-Inschrift im Museum Antalya).

Das Hadrianstor wurde von türkischen Archäologen vorbildlich restauriert (vorbildlich im archäologischen Sinn heißt: Notwendige moderne Ergänzungen müssen klar erkennbar sein). Ein deutlicher Hinweis auf das Alter des Tors ist die im Vergleich zum heutigen Straßenniveau tiefe Lage; man muss mehrere Stufen hinabgehen, um auf das gut erhaltene antike Straßenpflaster zu gelangen. Dass es ein reines Schmuck- und Ehrentor war – ungeeignet für Verteidigungszwecke – beweisen u. a. die vier grazilen korinthischen Säulen, die den vier Torpfeilern auf der Ost- und Westseite vorgestellt sind. Ihr Gebälk ist mit dem des Tors verkröpft und reich mit einem Rankenfries verziert, die schlanken Säulen stehen auf hohen

Postamenten. Die Gewölbe der Tordurchgänge besitzen Kassetten mit Rosettenmustern. Von der Weihinschrift für Hadrian sind leider nur Fragmente erhalten.

Auf der Westseite des Tors steigt man wieder einige Stufen hinauf und kommt in ein pittoreskes **Stadtviertel**, das 1988 vor der drohenden Zerstörung bewahrt werden konnte. Typisch sind die schmalen Gassen, welche durch die vorspringenden Erker der Häuser beschattet und zusätzlich verschmälert werden; selbstverständlich finden sich heute in den restaurierten Gassen zahlreiche auf Touristen bezogene kleine Läden, Familienpensionen und Restaurants.

Nach Durchschreiten des Hadrianstors lässt sich bei vielen Häusern des Viertels trotz Modernisierung noch die typische Anordnung des **türkischen Wohnhauses** erkennen: Im Erdgeschoss liegen Vorratsräume und Stallungen an einem kleinen Hof, während sich das Wohngeschoss im ersten Stockwerk befindet. Die weiter nach Südwesten verlaufende Gasse (Kebabci Sokak) führt an besonders hübschen und charakteristischen Häusern vorbei, hier kann man als Fremder durchaus an ein Hoftor klopfen und freundlich um Einlass und Besichtigung bitten. Im Hof wächst häufig ein Feigen- oder Maulbeerbaum, an lose gespannten Leinen rankt Wein; über eine Holztreppe gelangt man ins Wohngeschoss. Typisch sind teppichbedeckte Holzpodeste in den Zimmern, die man nicht mit Schuhen betreten darf. Im Wohnzimmer stehen entlang den Wänden üppig gepolsterte Holzsofas, Tische gibt es nur in Form von tragbaren Tabletts auf Holzgestellen. Die Schlafräume besitzen Wandschränke, immer auch mit Nischen für den Koran.

Auf der linken Straßenseite folgt dann ein umzäuntes Ruinengelände, dessen Wahrzeichen das **Kesik Minare** 3, das ›abgebrochene Minarett‹, ist. Manchmal steht die Eisentür des Torbaus offen und man kann in den Ruinen der Geschichte

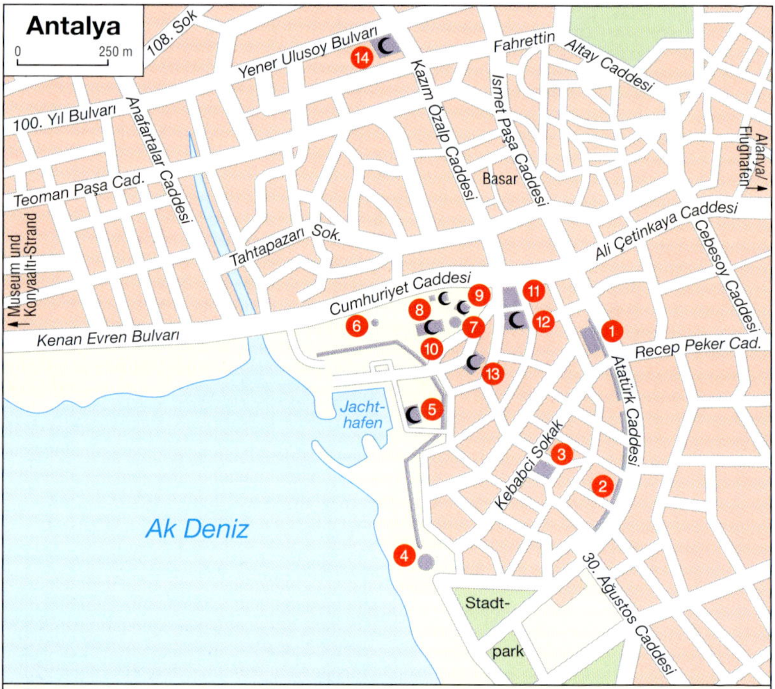

1 Hadrianstor
2 Stadtmauer
3 Kesik Minare
4 Turm von Hıdırlık
5 Iskele Camii
6 Atatürk-Denkmal
7 Yivli Minare
8 Türben
9 Ehem. Konvent der Mevlani-Derwische
10 Alaeddin Camii
11 Konakturm
12 Tekeli Mehmet Paşa Camii
13 Karatay Medrese
14 Murat Paşa Camii

Blick vom Atatürk Caddesi durchs Hadrians-Tor in die Altstadt. Deutlich sind die alten Fahrrinnen zu erkennen

nachspüren: Zunächst stand hier ein dem ptolemäischen Gott Sarapis geweihter, im 2. Jh. erbauter Rundtempel, dessen marmorne Portalwände den späteren Bauten integriert wurden. Eine im 5. Jh. unter Verwendung zahlreicher Spolien errichtete, der Panagia geweihte Kirche wurde schließlich von den Seldschuken in eine Moschee mit Minarett umgewandelt. Ein Großbrand im Jahr 1851 zerstörte die Moschee und hinterließ das gestutzte Minarett.

Am Ende der Gasse hält man sich nun links und gelangt zum **Stadtpark**, der einen gesonderten Rundgang verdient. Denn nicht nur die reiche Flora mit blühenden Büschen und einer Palmenallee machen ihn sehenswert und den Aufenthalt hier so wohltuend: Von einer über dem Steilufer liegenden Bastion hat man bei klarem Wetter auch einen fantastischen Blick über die ganze Bucht von Antalya und die Kette des Lykischen Taurus im Westen.

Auf jeden Fall sollte man im Teehaus neben dem **Turm von Hıdırlık** 4 (Hıdırlık Kulesi) rasten. Auch von hier ist der Blick über die Bucht grandios. Der Bau soll zunächst ein römisches Grabmal gewesen und dann durch den aufgesetzten

Rundturm zu einem imposanten Festungs- oder Leuchtturm ausgebaut worden sein.

Nun nimmt man die auf dem Hochufer nach Norden laufende Gasse, um später zum Hafen hinabzusteigen. Hier am Rand des Steilufers entstanden die ersten, sehr aufwendig restaurierten Häuser, u. a. sind in schönen alten Gebäuden auch Büros untergebracht. Gelegentlich kann man über Gärten auf den fast kreisrunden Hafen blicken, zu dem ein Stufenweg hinabführt.

Die den **Hafen** umgreifende Stadtmauer wurde in den 1980er-Jahren systematisch von allen provisorischen Anbauten befreit und restauriert; das relativ kleine Hafenbecken wurde zu einer modernen Marina (Yat limani) ausgebaut. Hier beginnen oder enden die beliebten Jachtkreuzfahrten, die um die ›türkisblaue Küste‹ des Lykischen Taurus führen. Ein kleines Freilichttheater, hübsche Grünanlagen, die kleine, im 19. Jh. auf vier Säulen über einer Quelle errichtete **Iskele Camii** 5 und die hohe Felsenküste machen den Hafen zu einem der malerischsten der ganzen Türkei. Natürlich entstanden hier auch Restaurants, Bars und Cafés, in denen man sich vom Rundgang erholen kann. Und vielleicht schweifen die Gedanken während der Rast ins 1. Jh. zurück – denn in diesem Hafen beendete Paulus seine erste Missionsreise.

Nördliche Altstadt

Der Rundgang durch das nördliche Stadtviertel beginnt am **Atatürk-Denkmal** 6 am Rand der modernen Cumhuriyet Caddesi. Die erst nach dem Zweiten Weltkrieg entstandene große Bronzegruppe zeigt den vorwärts stürmenden ›Vater der Türken‹, begleitet von einem jungen Paar mit der Fahne der Republik. Wer hier die offiziellen Aktivitäten anlässlich der staatlichen Feiertage mit Aufmärschen und Kranzaufstellungen am Denkmal erlebt hat, kann sich schwer vorstellen, dass während der islamischen Fastenzeit (Ramadan) noch nach althergebrachter Sitte Trommler durch die Straßen laufen, um die Gläubigen vor Sonnenaufgang zu wecken, damit sie vor dem langen Fastentag noch einen Imbiss

zu sich nehmen können. Die Verbindung von Traditionellem und Modernem, die man in dieser rasch expandierenden Stadt so nicht vermutet, wird aber auch im sorgsam gepflegten Denkmälerbestand deutlich, der östlich an das Atatürk-Denkmal grenzt.

Hier liegt das ehem. **seldschukische Stadtzentrum**, das vom unverwechselbaren Wahrzeichen der Stadt, dem **Yivli Minare** 7 (Kanneliertes Minarett), überragt und geprägt wird. Es wurde durch den bedeutendsten Seldschukenherrscher, Alaeddin Kaykobad I., 1219 errichtet. Der Aufbau besitzt mit dem ornamentverzierten Oktogon einen eleganten Übergang zwischen dem würfelförmigen Sockel und dem kannelierten Schaft. Typisch seldschukisch sind die Ziegelsteinbauweise (in der späteren osmanischen Zeit wird Haustein verwendet) und die Inkrustation mit glasierten Fliesen. Die aus Ziegelsteinen geformten Halbsäulen tragen über einem Stalaktitenkranz einen Umgang, der aus 30 m Höhe einen hinreißenden Rundblick über die Bucht bis zum Taurus ermöglicht und sicher nicht nur für die Gebetsrufe des Muezzin bestimmt war, sondern gleichzeitig als Späh- und Signalposten diente.

In einer terrassenförmigen Grünanlage liegen zwischen dem Atatürk-Denkmal und dem Yivli Minare zwei **Türben** 8 (Grabbauten). Die ältere *Mehmet Bey Türbe* von 1377 besitzt einen oktogonalen Grundriss und ein zeltförmiges Dach (ursprünglich bahrten die nomadisierenden Turkvölker ihre Toten einige Tage in einem Zelt auf); die jüngere *Nigar Hatun Türbe* wurde 1502 vom osmanischen Sultan Beyazıt II. für seine Gattin z. T. aus Spolien errichtet. Zwischen den Grabbauten steht der ehem. **Konvent der Mevlani-Derwische** 9, der viele Jahre als Museum diente und nun für wechselnde Kunstausstellungen genutzt wird.

Nur wenig tiefer liegt die **Alaeddin** (oder Ulu) **Camii** 10. Sie entstand 1372/73 und besitzt im Innenraum zwölf vorwie-

Links: *Der seldschukische Stadtteil wird vom Yivli Minare, dem Minarett, beherrscht. Der Uhrturm (Konak) war ein Festungsturm*
Unten: *Malerische Altstadtgasse*

Im Basar blieb die traditionelle Einteilung in Handwerksgassen weitgehend erhalten

gend antike Säulen; außen besticht ihre schöne Dachlandschaft aus sechs ziegelgedeckten Kuppeln, welche an byzantinische Bauten erinnern und verraten, dass die Moschee zuvor eine Kirche war (die späteren osmanischen Moscheen besitzen bleigedeckte Kuppeln). Nordöstlich vom Yivli Minare sind Überreste einer Portalwand mit arabischen Inschriften erhalten, die zu einer zerstörten seldschukischen **Medrese** (Koranschule) gehörte.

Wenn das Yivli Minare als Wahrzeichen Antalyas gilt, so ist der jenseits der Straße liegende **Konakturm** ⓫ der ›meeting point‹: Hier trifft man sich zum Stadt- und Basarbummel und findet am benachbarten Platz die Haltestelle für die lokalen Busse. Ursprünglich gehörte der heute als Uhrturm dienende Konakturm zur Stadtbefestigung. Südlich von ihm liegt die über quadratischem Grundriss im 18. Jh. errichtete **Tekeli Mehmet Paşa Camii** ⓬. Sie ist ein wichtiges religiöses Zentrum der Stadt, in ihrem Vorhof stehen jeden Freitag zum Mittagsgebet zahlreiche grün gedeckte Holzbahren mit den kürzlich Verstorbenen zur Aussegnung. Folgt man der zum Hafen hinabführenden Gasse und hält sich bei der ersten Gabelung links, kommt man zum reich verzierten, aber wenig gepflegten Steinportal der einstigen **Karatay Medrese** ⓭, die vom Wesir Karatay 1250 gestiftet wurde.

Schließlich empfiehlt sich der Weg vom Uhrturm auf die Nordseite der Hauptstraße ins **Basarviertel**, wo noch teilweise die alte Gliederung in Gassen der Juweliere, Gemüse-, Gewürz- und Kleiderhändler besteht. Nach wie vor kaufen hier die Einheimischen. So kann man bei den Juwelieren das enorme Angebot an Goldschmuck bewundern (der Schmuck wird nach Gewicht verkauft, der Preis für eine Unze des Edelmetalls steht täglich in der Zeitung). Eine andere Gasse ist die ›Essgasse‹, in der man preiswerte Lokantas findet, die allerdings fast alle keine Genehmigung für Alkohol-Ausschank besitzen.

Vom Basar ist der Weg zur **Murat Paşa Camii** ⓮ nicht allzu weit. Diese ausgesprochen interessante Moschee stammt aus dem Jahr 1570 und besitzt auffallend schönen osmanischen Fayencenschmuck.

TOP TIPP Archäologisches Museum

Das Archäologische Museum von Antalya ist das bedeutendste der türkischen Mittelmeerküste (am Westrand der Stadt–Konyaaltı Caddesi; Di–So 9–17.30 Uhr, Saison bis 19 Uhr). Am schnellsten kommt man zum Museum mit der Straßenbahn, die Nürnberg ihrer Partnerstadt geliefert hat (einsteigen z. B. beim Konakturm oder Atatürk-Denkmal). Als Museum der Provinzhauptstadt zeigt es Funde aus ganz Lykien und Pamphylien und ist raummäßig und didaktisch ausgezeichnet aufgebaut. Die Sammlung wird durch eine byzantinische und ethnographische Abteilung ergänzt.

Saal 1 ist nach modernen museumspädagogischen Gesichtspunkten als ›Kinderraum‹ gestaltet. **Saal 2** stellt prähistorische Funde vor, vor allem aus der Karain-Höhle nördlich von Antalya, vom Hacılar-Tumulus bei Burdur und aus der Karataş-Semayük-Siedlung in der Nähe von Elmalı. Aus der zu dieser Siedlung gehörenden Nekropole werden originale Urnengräber gezeigt. **Saal 3** ist der Keramik vom 12. bis 3. Jh. v. Chr. gewidmet.

Im ›Kaisersaal‹ **(Saal 4)** begegnen uns die Herrscher, deren Namen wir auf den Streifzügen durch die Städte der türkischen Südküste immer wieder hören: Trajan ist als Sieger über Dakien dargestellt, Hadrian als nackter Heros und Feldherr, Hadrians Frau Sabina trägt die typische ›Wellenfrisur‹ ihrer Zeit. Schließlich Septimius Severus und seine aus syrischem Priestergeschlecht stammende Frau Julia Domna. Fast eine gute Bekannte ist nach der Besichtigung von Perge [Nr. 28] auch Plancia Magna, die große Wohltäterin der Stadt im 2. Jh. n. Chr. Das Zentrum des Saals nimmt eine aus verschiedenfarbigem Marmor in lebhafter Bewegung gearbeitete, sehr aparte *Tänzerin* ein und natürlich fehlt die so beliebte Gruppe der ›Drei Grazien‹ nicht, welche ›Glanz, Frohsinn und Jugend‹ symbolisiert.

Saal 5, der ›Saal der Götter‹, beeindruckt durch überlebensgroße Statuen aus Perge, die ausnahmslos Kopien (2. Jh. n. Chr.) griechischer Marmorgötter sind. Sie gruppieren sich um den Göttervater Zeus, interessant ist *Tyche*, die als Glücks- und Schicksalsgöttin Schutzpatronin der griechisch-römischen Städte war und als Kopfschmuck eine Krone in Form der Stadtmauer trägt.

Im angrenzenden ›Saal der Kleinfunde und Unterwasserfunde‹ **(Saal 6)** sind hervorragende Originale aus dem 4. Jh. v. Chr. bis 3. Jh. n. Chr. ausgestellt, hervorzuheben sind eine inschriftlich Königin Berenike von Ägypten gewidmete Fayencevase und ein Silberteller aus Side. An den Wänden zum ›Kaisersaal‹ stehen Kopien der griechischen Gruppe von Athena, Apollon und Marsyas, die den Wettkampf zwischen Apollon und Marsyas zum Inhalt haben: Marsyas versuchte auf der

Der Meister des Herakles-Sarkophags versuchte, auch das schwere Schicksal des Vielgeprüften zu zeigen: So wirkt der Held von Tat zu Tat älter (Museum Antalya)

Die Tänzerin aus verschiedenfarbigem Marmor unterbricht schwungvoll die lange Reihe antiker Kaiser (Museum Antalya)

von Athene verschmähten Panflöte Apollons Kitharaspiel zu übertrumpfen und wurde zur Strafe für die Herausforderung zu Tode geschunden (gehäutet). Ganz nach griechischer Art wird der undramatische Augenblick vor der Aktion dargestellt. Besonders interessant ist die im Theater von Perge gefundene *Stele* der ›Artemis Pergaia‹ (in der Saalecke), denn bis heute wurde weder ihr berühmter Tempel lokalisiert noch das Kultbild genauer beschrieben.

In **Saal 7** findet man Sarkophage aus der Kaiserzeit, von denen neben dem ›Sidamara-Sarkophag‹ und dem sog. Medaillon-Sarkophag (mit dem Medusenhaupt) vor allem die wunderbaren *›Herakles-Sarkophage‹* erwähnenswert sind. In Tempelform gearbeitet, stellen sie zwischen den Interkolumnien des Säulenkranzes Herakles bei seinen verschiedenen Taten vor. Der qualitätvollere kleinere Sarkophag wurde durch Kunsträuber schwer zerstört und kam fragmentarisch in den Kunsthandel der USA; durch Mäzene konnten geraubte Partien für die Türkei zurückgekauft und wieder integriert werden.

Saal 8 zeigt die wenigen Überreste der 1000 jährigen byzantinischen Geschichte, darunter Stücke aus dem ›Schatz von Kumluca‹ [Nr. 17]. In **Saal 9** beeindrucken das ›Philosophen-‹ und das ›Orpheus-Mosaik‹ aus Seleukeia [Nr. 33] und die nicht ganz so fein gearbeiteten Mosaike aus dem Apollon-Tempel von Xanthos [Nr. 2].

Vom Mosaikensaal hat man gelegentlich Zugang zur **Freilichtgalerie** mit weiteren Sarkophagen und Statuen, darunter eine typische Arbeit im Stil der Bildhauer von Aphrodisias mit schweren, von Eroten gehaltenen Girlanden (Fundort Side). Die *Münzabteilung* in **Saal 10** stellt Münzen der Region bis in die osmanische Zeit vor, unter ihnen Tetradrachmen von Side, die nicht nur in Kleinasien, sondern auch in Susa und Babylon verbreitet waren, und einige Münzen aus dem sog. Dekadrachmenhort [s. S. 73].

Die **Säle 11–13** sind der seldschukischen und osmanischen *Volkskunst* gewidmet, nach Gebrauchsgegenständen wie der einst so wichtigen Mokkamühle (heute wird Tee getrunken) und der immer noch hoch geschätzten Nargileh (Wasserpfeife) folgen Beispiele der prachtvollen Stickereien (Gewänder, Tücher). Schließlich Exponate der Nomadenkultur mit Ziegenhaarzelten (welche erst durch Ruß der Herdfeuer regendicht werden), von Nomaden hergestellten Webarbeiten (Decken, Satteltaschen, Kelims) und Knüpfteppiche.

Noch ehe das Museum für Besucher geöffnet wurde, war der **Garten** zugänglich; er war und ist ein bezaubernder Ort, nicht nur, weil man sich hier bei einem Tee oder Saft erfrischen kann. Zwischen blühendem Oleander, Bougainvilleen und Mittagsblumen, Agaven und Opuntien lädt eine antike Steinbank mit Delphin-Armlehnen zum Ausruhen ein und ein Artemis-Weihrelief aus Perge steht im strahlenden Sonnenlicht, so wie einst fast alle Museumsschätze. Unter den Bäumen (Palmen, Kiefern, Mimosen) fällt ein weißfruchtender Maulbeerbaum auf: Seidenraupenzucht und Seidenmanufaktur wurden an der Südküste jahrhundertelang gepflegt, Seide war ein wichtiger Exportartikel.

Ausflüge

Antalya bietet viele Ausflugsmöglichkeiten, die großenteils im Folgenden beschrieben sind. Ein weiteres Ziel ist **Saklıkent**, das 50 km westlich vom Stadtzentrum Antalyas in einer Höhe von 1750–1900 m an den Nordhängen des Bakırlı-Berges liegt. Das Bergdorf wurde zu einem Wintersport- und Ferienort ausgebaut. Nur selten herrschen hier gute Schneeverhältnisse, doch der rasche Wechsel von alpiner Landschaft zur grünen Riviera ist zu jeder Jahreszeit beeindruckend. Der 2450 m hohe **Bakırlı Dağ** und die Schluchten im Berggebiet gehören u. a. zu den Zielen organisierter Bergwandertouren (z. B. Alpinschule Innsbruck). Der Jachthafen ist Start und Ziel der beliebten Küstentörns.

i Praktische Hinweise

Information

Cumhuriyet Cad, Özel Idare Altı, 2, Antalya, Tel. 02 42/241 17 47, Fax 02 42/343 27 59, www.antalyaguide.org (weiteres Büro am Jachthafen)

Hotels

Zentral:

*******Talya Oteli**, Fevzi Çakmak Cad., Antalya, Tel. 02 42/248 68 00, Fax 02 42/241 54 00, www.talya.com.tr. 2 km südlich vom Jachthafen, nahe Stadtpark und Stadion, auf der Steilküste am Meer. Traditionsreichste Haus; ca. 400 Betten, Pool, Lift zum hoteleigenen kleinen Felsstrand, Spielkasino, Internet-Café.

*****Aspen Oteli**, Kılıc Arslan Mah., Antalya, Tel. 02 42/247 71 78, Fax 02 42/241 33 64, www.aspenhotel.org. Oberhalb vom Jachthafen in verkehrsberuhigter Altstadtgasse, 84 Betten, kleiner Pool.

*****Tütay Türk Evi Otelleri**, Mermeli Sok. 2, Antalya, Tel. 02 42/248 65 91, Fax 02 42/241 94 19. In der Altstadt, klein aber fein, in drei osmanischen Häusern, kleiner Pool.

Am östlichen Stadtrand, 11 km vom Zentrum:

TOP TIPP *******Club Sera Oteli**, Lara Mevkii, Antalya, Tel. 02 42/349 34 34, Fax 02 42/349 34 54, www.clubhotelsera.com.tr. Am Beginn vom schönsten Strand Antalyas, dem kilometerlangen feinen Lara-Sandstrand. Haupthaus mit schönem Blick aufs Meer, Pool, mit eigener kieseliger Badebucht.

Am westlichen Stadtrand:

*******Voyager Oteli (Sheraton)**, Yıl Bulv., Antalya, Tel. 02 42/238 55 55, Fax 02 42/238 55 70, www.sheraton.com/voyager. 800 m vom Meer, nördl. der Uferstraße auf Anhöhe über Konyaaltı-Bucht (Kieselstrand). Schöner Garten mit Pool, ca. 670 Betten. In ähnlicher Ausstattung das benachbarte **Falez Oteli.**

Restaurants

Wichtig: In zahlreichen Lokalen für Einheimische werden keine alkoholischen Getränke ausgeschenkt.

Im *Basarviertel* von Antalya sind die Lokale in der ›Essgasse‹ des Basars ähnlich im Angebot. Empfehlenswert ist das

Wichtigste Vorbedingung für jeden Teppichhandel: Zeit! Der Verkäufer hat sie, der Käufer oft nicht

Hamam Bistro am östlichen Basarende/Ecke Atatürk Caddesi, Antalya.

Im benachbarten Geschäftsviertel:

Bizim Restaurant, Atatürk Cad. 50, Antalya, Tel. 02 42/247 25 73. Nahe des Hadrians-Tors.

Lokale am Hafen:

Ekici Restaurant, am Kai, Antalya, Tel. 02 42/247 81 90. Gute Auswahl an Fisch.

Hisar, unterhalb Cumhuriyetplatz, Antalya, Tel. 02 42/241 52 81. Traditionsreiches Lokal in mittelalterlichen Mauern mit Blick auf den Hafen.

TOP TIPP **Mermeli Restaurant**, über dem Hafen (Ostseite), Antalya, Tel. 02 42/248 54 84. Gute Mischung aus türkischer und internationaler Küche in wunderschöner Aussichtslage, vom Lokal aus führen Stufen hinab zum kleinen Strand.

An der Straße zum Archäol. Museum:

Gaziantep Restaurant, Konyaalti Cad., Antalya, Tel. 02 42/241 71 50. Im Atatürk-Park mit freiem Blick aufs Meer.

Die Tavernen und Lokantas wechseln häufig die Besitzer.

10 km vom Stadtzentrum entfernt bietet das **Drehrestaurant Magic Point** auf dem Hügel Tünek Tepe einen recht hübschen Ausblick. Man erreicht das Restaurant, auf das die Einheimischen sehr stolz sind (Öffnungszeiten erfragen), über die neue Umgehungsstraße.

25 Termessos und Termessos-Nationalpark

Plan Seite 102

Grandiose Ruinenstadt in wildromantischer Berglage (1050 m).

30 km nordwestlich von Antalya. Zunächst Autobahn Richtung Burdur, dann SS 350 Richtung Korkuteli, von dort Abzweigung nach Süden, ausgeschildert ›Termessos/ Milli parkı‹. Vom Besucherzentrum des Nationalparks (braunes Schild ›Termessos‹) 9 km in großen Serpentinen steil bergan. Parkplatz auf der untersten Terrasse des antiken Stadtgebiets.

Vorsicht: Man sollte vor der Fahrt den Wetterbericht hören, um nicht in eins der im April und Anfang Mai unversehens aufziehenden Gewitter zu geraten; keine Unterstellmöglichkeiten im Ruinengelände. Geschlossenes Schuhwerk tragen, auf Schlangen achten.

Termessos ist zweifellos die großartigste antike Stätte in der Umgebung von Antalya und – da man vom Parkplatz etwa 20 Minuten ziemlich steil bergauf steigen muss – keineswegs überlaufen. Auch zieht sich das Ruinengebiet mit seiner riesigen **Nekropole** über ein weites, dicht bewachsenes und unübersichtliches Berggelände hin, sodass man eher Gefahr läuft, sich zu verirren als in Scharen zu wandeln (eventuell sollte man den örtlichen Wächter vom Parkplatz aus mitnehmen).

Geschichte Die Geschichte von Termessos reicht sicher ins 2. Jt. v. Chr. zurück, denn eine der von Bellerophon geforderten Taten war (laut Homer, Ilias VI, 159 ff.) der Kampf gegen die »kriegerischen Solymer«. Das waren die Bewohner von Termessos, denn der steil über dem Ort aufragende heutige **Güllük Dağı** ist der antike **Berg Solymos**. Er lag in der Landschaft Pisidien.

Eine gewisse Berühmtheit erlangte die Bergfestung, als **Alexander der Große** sie im Frühjahr 333 v. Chr. kurze Zeit erfolglos belagerte: Damit schien der althergebrachte Ruf von Termessos, unbezwingbar zu sein, bestätigt.

Nur vierzehn Jahre später ereignete sich ein Zwischenfall, der vom Geschichtsschreiber **Diodoros** (1. Jh. v. Chr.) ausführlich kolportiert wurde. Nach dem Tod von Alexander versuchte u. a. Alexanders makedonischer Feldherr **Alketas**, die Herrschaft über Asien zu gewinnen. Er befehligte ein Heer der Südregion und war mit den Termessiern befreundet. Als Alketas 319 v. Chr. von seinem makedonischen Konkurrenten Antigonos besiegt wurde, fand er Zuflucht bei den Termessiern. Der vor Termessos erschienene Antigonos verlangte die Herausgabe des Asylanten, die älteren Bürger waren dazu bereit, die jüngeren nicht. Durch eine geheim mit Antigonos abgesprochene List gelang es den älteren Bürgern, die kämpferische Jugend aus der Stadt zu entfernen; doch als der schutzlose Alketas den Verrat bemerkte, beging er Selbstmord. Antigonos ließ den ausgelieferten Leichnam in übelster Weise schänden und unbestattet liegen, schließlich barg die empörte Jugend von Termessos den Toten und bestattete ihn mit allen Ehren. Der Bericht ist deshalb von Interesse, weil

Manche Sarkophage sind umgestürzt, andere aufgebrochen oder deckellos – die Nekropole von Termessos sieht aus wie nach dem Jüngsten Tag

ein sehr schlecht erhaltenes Grab in der Felsnekropole von Termessos als Grab des Alketas gilt.

Später erwiesen sich die Termessier als treue Verbündete Roms. So schlossen sie im Jahr 70 v. Chr. einen Freundschaftsvertrag mit Rom, der ihnen auch nach der Eingliederung in die Provinz Pamphylia eine gewisse Autonomie garantierte. In der **Kaiserzeit** wurde Termessos mit vielen Bauten prächtig erweitert, doch wurde die Stadt – vielleicht wegen Wassermangels – bereits im 4. Jh. aufgegeben.

Besichtigung Zwei Wege führen vom Parkplatz zur Oberstadt, mit etwas Ortssinn (oder Hilfe des Wächters) lässt sich daher die Besichtigung als Rundgang absolvieren. Die Bergwände umgreifen hufeisenförmig das Gelände der ehem. Unterstadt, auf dem heute der Parkplatz liegt. Zunächst kann man das westlich vom Parkplatz hoch aus dem Gebüsch aufragende, schön gearbeitete **Marmortor** [1] betrachten, das zum Propylon (Torbau) eines Hadriantempels gehörte. Fragmente von Torbau und Tempel liegen am Boden verstreut. Überall hat sich der Wald aus Laubbäumen und Kiefern das Gelände zurückerobert. Eschen, Eiben, Lorbeer- und Erdbeerbäume, Eichen und Kiefern krallen sich in den karstigen Boden der Felswände und bilden ein Zeltdach für die Ruinen der Ober- und Unterstadt.

Nun folgt man dem sog. **Königsweg**, der in stetigem Anstieg in südwestlicher Richtung zur Oberstadt führt. Auf ihm ritt schon König Attalos II. von Pergamon (159–138 v. Chr.) zur Stadt empor, der bei der Eroberung der Südküste von den Termessiern unterstützt worden war und sich zum Dank als Mäzen von Termessos erwies. Man passiert den Tordurchgang der an manchen Stellen noch 6 m hohen Mauerreste, die zum **Unteren Verteidi-**

gungsring [2] gehörten. Hier sah noch George E. Bean ein in die Ostmauer des Torbaus geritztes *Würfelorakel*, mit dem Wachsoldaten und Ankömmlinge sich die Zeit vertrieben. Man würfelte und las den zur Zahlenkombination gehörenden, in den Wandpfeiler gravierten ›Orakelspruch‹ – ob man an ihn glaubte, steht dahin. Ein Stück weiter liegt links vom Weg die Ruine des 91 m langen **Gymnasiums** [3]. Die weitgehend überwachsene Anlage stammt aus der zweiten Hälfte des 2. Jh. v. Chr. und ist sorgfältig aus Hausteinen gefertigt. Die geringe Gebäudebreite (14,5 m) zeigt die Probleme, mit denen die Architekten an den Steilhängen und schmalen Terrassen der Bergstadt zu kämpfen hatten.

Zurück auf dem ›Königsweg‹ erkennt man bald darauf die Reste der **Oberen Stadtmauer** [4], hier hält man sich links und folgt dem Trampelpfad, der zum Theater führt. Im dichten Unterholz am rechten Wegrand sind ebenfalls noch Mauerreste erhalten, sie gehören zur **Stoa des Osbaras** [5] (1. Jh. n. Chr.), welche einst den Marktplatz (Agora) auf der Ostseite begrenzte.

Das **Theater** [6] ist wegen seiner Lage der eindrucksvollste Bau von Termessos – direkt vom schroff aufragenden *Solymos* überragt, hängt es zwischen den steil abfallenden grauen Kalkfelsen wie der vom Himmel gestürzte überdimensionale Korb eines Ballonfahrers. Mauern und Sitze sind aus dem anstehenden Stein gearbeitet. Der Ausblick von den Umfassungsmauern und oberen Rängen ist grandios: Man schaut hinab zur Küste und ahnt tief unten im Dunst das Meer; in der Nähe begeistert das Grün des dichten Laubwalds, in den weitere Ruinen eingebettet sind. Kein anderes antikes Theater besitzt eine derartig kühne Lage. Der **Zuschauerraum** umfasst mehr als einen Halbkreis und weist dadurch auf eine Entstehung in hellenistischer Zeit hin, doch wurden in römischer Zeit Umbauten vorgenommen, bei denen u. a. der offene Zugang zur Orchestra zwischen der südlichen Stützmauer und dem Bühnengebäude (der sog. Parodos) überbaut

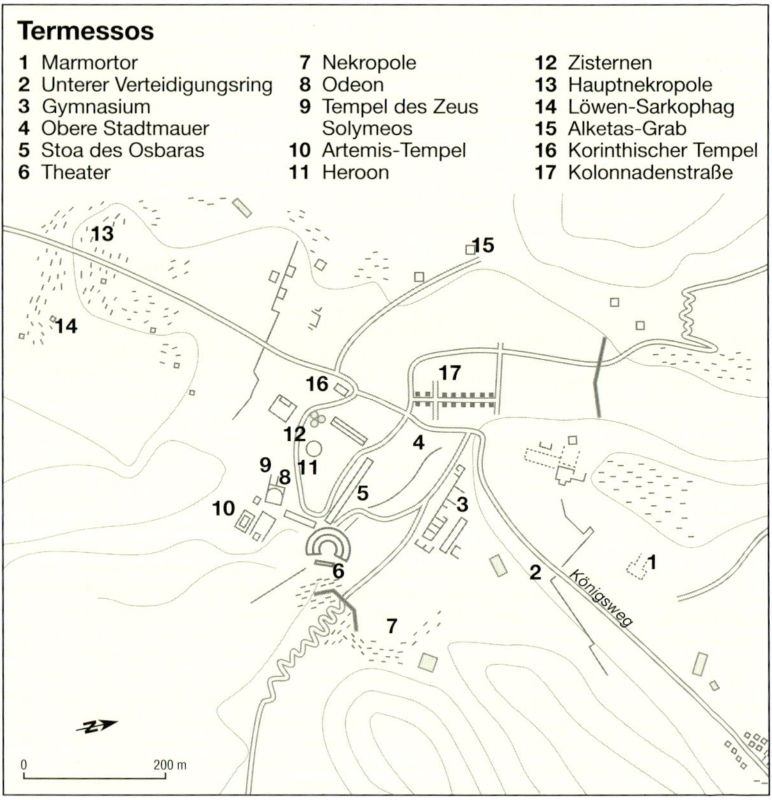

Der makedonische Lederpanzer des Reiters und andere Details sprechen dafür, dass im beschädigten Felsgrab Alketas beigesetzt war. Das Relief zeigt den im Leben Gescheiterten als Sieger

wurde. So wurden den bereits vorhandenen 4300 Sitzplätzen noch weitere 60–70 hinzugewonnen. Das **Bühnenhaus** ist wegen Platzmangels am Steilhang nur von geringer Tiefe. Die Rückwand des Bühnengebäudes war bereits Teil der Stadtmauer, nicht nur aus diesem Grund fanden sich hier als Schmuckelemente Waffenreliefs: Alle öffentlichen Gebäude und sogar viele Grabdenkmäler der Stadt zeigen Reliefschmuck in Form von Rundschilden, zweifellos ein Hinweis auf den kämpferischen Geist der Bewohner. In der Kaiserzeit wurde das Theater für Tierhetzen und Gladiatorenkämpfe eingerichtet, hierzu gehört der lange Raum unter dem Bühnenhaus, in dem die Tiere auf ›ihren Einsatz‹ warten mussten. Durch fünf 1 m hohe Luken wurden sie in die Orchestra gelassen: Diese Tierkämpfe, die teils zwischen Männern (den Venatores) und Tieren (Löwen, Bären), teils zwischen Tieren untereinander ausgetragen wurden, waren extrem kostspielig und blutig; das Volk wettete auf Sieg, der jedoch allenfalls nur ein Aufschub bis möglichen zum Tod im nächsten Kampf bedeutete.

Dass am Steilhang unterhalb der Theaterrückwand eine **Nekropole** [7] liegt, hat jedoch mit den tödlichen Spielen nichts zu tun: Nekropolen lagen meist an Wegen und Straßen vor den Mauern antiker Städte, um die Besucher an die Toten zu erinnern. Noch heute klettert hier ein steiler Wanderpfad empor, der beim Gymnasium das Stadtgebiet erreicht.

Wenn man sich vom einzigartigen Theater mit seinem atemberaubenden Ausblick getrennt hat, geht man zur westlich anschließenden Agora. Linker Hand ragt die Außenmauer des **Odeons** [8] auf, die im vorgetäuschten oberen Stockwerk mit gering vorspringenden Pilastern verziert ist; das ungemein exakte Haustein-Mauerwerk ist sehr beeindruckend (1. Jh. v. Chr.). Zwischen den Pilastern sind (kaum erkennbar) Namen von Athleten eingemeißelt, die im Wettkampf siegten. In der Antike waren die eingravierten Buchstaben rot markiert. Ins Innere des Odeons gelangt man über die Reste des kleinen **Tempels des Zeus Solymeos** [9], der im Westen ans Odeon grenzt. Das Odeon war vielleicht, wie so häufig, gleichzeitig Bouleuterion, d. h., hier tagten die Stadträte. Der mit Schutt bedeckte Innenraum war, dem Klima im Hochland entsprechend, wahrscheinlich überdacht, denn er besitzt in der Oberzone Fenster. Den Verlauf der im leichten Bogen angeordneten Sitzreihen kann man nur erahnen.

Wer sportlich ist, klettert nun im Odeon über den Schutt zur Stirnwand des 24,5 x 24,5 m großen Raums hinab, steigt durch deren leicht verschüttete Tür und hält sich rechts. Wenige Schritte neben dem Odeon stehen auf schmaler Terrasse die Reste eines kleinen **Artemis-Tempels** [**10**]. Seine hohen, vollständig erhaltenen Portalwände tragen eine Inschrift, in der eine Aurelia Armasta sich als Stifterin von Tempel und Kultstatue der Artemis rühmt. Auf den beiden Sockeln vor dem Portal standen Statuen ihrer Onkel; die Anlage wird ins 3. Jh. n. Chr. datiert.

Vom Tempel kann man noch weiter bergab steigen und eine Plattform mit geringen Tempelresten erreichen, aus Zeitgründen ist es jedoch zweckmäßiger, vom Artemis-Tempel auf dem gleichen Weg (durchs Odeon) zurückzugehen.

Man gelangt nun wieder auf die **Agora**, die einst von Säulenhallen und einem Gymnasium flankiert war, heute überwuchert Unterholz die Ruinen. An der vom Felsen überragten Agora stehen die Überreste eines **Heroons** [**11**], das vielleicht dem mythischen ›Stadtgründer‹ gewidmet war. In die geglättete Felswand des Sockels sind drei Nischen für Opfergaben gearbeitet. Weiter westwärts auf der Agora gilt: auf den Boden schauen, denn fünf riesige **Zisternen** [**12**] sind hier wie große Zylinder in den Felsboden geschlagen. Termessos war wegen seiner wenigen Quellen auf Zisternen angewiesen, vermutlich wurde wegen Wasserknappheit später die Siedlung aufgegeben.

Schnell passiert man links die vom Buschwerk verborgenen Ruinen eines römischen Privathauses, die gut sichtbaren Reste eines *korinthischen Tempels* und wandert weiter nach Südsüdwest, zunächst bergab, dann sanft bergauf zur großen **Hauptnekropole** [**13**]. Kein Sarkophag ist unversehrt, Deckel sind herabgestürzt, Löcher in die Seitenwände geschlagen; Säulentrommeln, Giebelteile von Tempelgräbern liegen im Gras und Buschwerk verborgen.

Hier macht es Freude, im lichten Buschwald Pfadfindergeist zu entwickeln und vom Trampelpfad abzuweichen. Erreicht man z. B. den rechts am Weg liegenden *Sarkophag mit zwei Rundschilden*, kann man links vom Weg über Steinblöcke zu einem schlichten *Tempelgrab* gelangen, dessen mit Inschriftentafel und Schilden geschmückter Sarkophag gut erhalten ist. Zurück auf dem Hauptpfad lässt sich (ebenfalls links vom Weg) der **Löwen-Sarkophag** [**14**] ausfindig machen oder andere mit Delphinen, Vasen, Rundschilden oder Ringkämpfern verzierte Sarkophage (letzterer rechts über dem ansteigenden Weg). Die an den Hang gebettete Nekropole wird heute von einem Turm überragt, der den Waldhütern als Wachturm dient. Wer Zeit hat und bis zum Turm aufsteigt, bekommt dort manchmal Getränke angeboten (nicht vergessen, diskret zu bezahlen!).

Selten vereinen sich die Symbole von Tod und Leben so harmonisch wie in diesem Bergtal. Wenn man die bezaubernde Landschaft genügend in sich aufgenommen hat, geht man den gleichen Pfad zurück und biegt kurz vor dem korinthischen Tempel nach Nordwest (links) ab. Manchmal ist der Pfad hier mit Zweigen versperrt, um Besucher vom **Alketas-Grab** [**15**] fernzuhalten. Wer sich nicht abschrecken lässt, gelangt an die Felswand, in die mehrere Gräber eingeschnitten sind. Das berühmteste, das erwähnte Grab des Alketas, ist ein Höhlengrab, dessen vorgeblendete Fassade weitgehend zerstört ist. Leider hat auch der Innenraum mit dem Totenbett unter Feuchtigkeit und Vandalismus gelitten. Seine sehr schlecht erhaltenen *Reliefs* (Reiter mit makedonischem Lederpanzer sowie ein Adler, der eine Schlange in seinen Fängen hält) könnten auf den verratenen General hinweisen. Das gleiche Schicksal wie Alketas erlitt auf heute türkischem Gebiet gut 100 Jahre später der berühmte Hannibal (247–182 v. Chr.), der nach dem Fall von Karthago einige Jahre die Seleukiden in Syrien beriet und nach deren Niederlage in Bithynien den Freitod einer Auslieferung an die Römer vorzog.

Vom Alketas-Grab kann man auf einem nahe der Felswand verlaufenden Pfad in steilen Serpentinen zum Parkplatz absteigen. Oder man geht zum **Korinthischen Tempel** [**16**] zurück und wandert an den Zisternen vorbei auf direktem Weg nach Nordosten. Links lassen sich hier, vom Gras überwuchert, die Ruinen einer **Kolonnadenstraße** [**17**] ausmachen, ehe man über den Königsweg wieder den Parkplatz erreicht.

Hinweis: Getränke gibt es beim Parkplatz nicht. Das 9 km unterhalb gelegene Besucherzentrum des Nationalparks ist an Werktagen und außerhalb der Saison geschlossen.

Termessos-Nationalpark

(Güllük Dağı Milli parkı)

Das Gebiet um den antiken Solymos, heute Güllük Dağı, wurde bereits 1970

›Adlernest‹ nannte Alexander der Große die 900 m hoch gelegene Stadt Termessos. Kaum eine Stadt ist kühner erbaut! Das Theater wird vom Güllük Dağı überragt

zum Nationalpark (Milli parkı) erklärt und umfasst ein bewaldetes **Berggebiet** von 6736 Hektar; die beiden höchsten Gipfel sind 1160 und 1020 m hoch. Da die antike Stadt im Nationalpark liegt, lernt man ganz nebenbei die prächtige **Vegetation** kennen: Die dichte Bewaldung erschwert einerseits das Auffinden der Ruinen, macht aber andererseits auch den besonderen Reiz dieser Stadt aus. Der lichte Buschwald besteht aus bis zu 8 m hohen Manna-Eschen, wilden Ölbäumen, Terebinthen, östlichen Erdbeerbäumen, Johannisbrot- und Styraxbäumen, Baumheide, buschförmigen Judasbäumen und der im ganzen Westlichen Taurus beheimateten Brutischen Kiefer.

Häufig kreisen Gänsegeier am Himmel, auch Steinadler brüten im Gebiet. Wer allein oder in kleiner Gruppe kommt, hört den Eichelhäher; Spechte und Meisen sind in mehreren Unterarten vertreten. Auf Schlangen, die früher in der Türkei sehr häufig waren, sollte man stets aufmerksam achten.

Dagegen muss, wer Termessos besucht, schon sehr viel Glück und ein Fernglas besitzen, um eine oder ein ganzes Rudel der hier wieder angesiedelten **Bezoarziegen** zu entdecken. Als Urform der Hausziege wird die Bezoarziege (Capra aegagrus) schon auf den Wandbildern von Beldibi [Nr. 23] und Çatal Hüyük abgebildet; die durch größere Hörner ausgezeichneten Böcke ähneln Steinböcken, deren nahe Verwandte sie sind. Die Bezoarziege, einst im gesamten Taurus heimisch, war so gut wie ausgerottet. Sie hat sich jedoch in diesem Rückzugsgebiet, in dem sie auf wenige Einzeltiere reduziert war, in den zwei vergangenen Jahrzehnten so vermehrt, dass sie heute

Dichte Vegetation zeichnet die schroffe Berglandschaft des Termessos- und des angrenzenden Düzlerçamı-Nationalparks aus

wieder (mit Genehmigung und gegen Devisen) bejagt werden darf.

Am Eingang zum Nationalpark befindet sich ein kleines **Museum** (nur während der Saison April–Okt. geöffnet), in dem u. a. ein ausgestopfter Steppenluchs gezeigt wird, der in diesem Gebiet erlegt wurde. Schautafeln vermitteln eine anschauliche Übersicht über die Pflanzen und Tiere des Parks; Lehrpfade sind nicht vorhanden.

Türken, die nur im Notfall zu Fuß gehen und deshalb keine Wanderungen unternehmen, betrachten den Park als Picknickgelände, an Feiertagen fahren sie dann mit der ganzen Großfamilie auf den Parkplatz beim Museum und belegen fröhlich und laut die Picknickplätze sowie die sie umgebenden Wiesen.

26 Düzlerçamı-Nationalpark
(Düzlerçamı Milli parkı)

Die in das Kalkgebirge 150–600 m tief eingeschnittene Güver-Schlucht gehört zu den eindrucksvollsten Karstformationen des Westlichen Taurus.

Ganz im Süden des Termessos-Nationalparks liegt die Güver-Schlucht. Man biegt etwa 7 km vor der Abzweigung nach Termessos (also ca. 22 km nordwestlich von Antalya) von der Hauptstraße ab.

In Düzlerçamı befindet sich ein beliebter Picknickplatz, von dem aus man zu den Zuchtgehegen für Bezoarziegen und Damwild kommt. 3 km südlich vom Park (Waldweg) liegt die **Güver-Schlucht**, auf deren westlicher oberer Kante man wandern und prächtige Einblicke in den Ca-

ñon genießen kann (zwei ausgebaute Aussichtsterrassen). Dem aufmerksamen Wanderer mag es auffallen, dass mehrere Büsche am Wegrand hier mit Stoffstreifen und kleinen Tüchern geschmückt sind: ein Brauch, den man in vielen Gegenden der Welt bei Wallfahrtsorten, Heiligengräbern oder geweihten Bäumen und Plätzen findet. Mit den an den Busch geknoteten Stofffetzen oder Bändern sind geheime Wünsche verbunden, die, an diesem Platz vorgebracht, in Erfüllung gehen sollen. – Der Weg biegt nach knapp 2 km nach Westen ab und beschreibt einen weiten Bogen nach Norden, sodass man auch eine Rundwanderung unternehmen kann und zum Schluchteingang zurückkommt (etwa 1½ Stunden).

Weiter westlich von Düzlerçamı liegt eine Forellenzuchtstation (rund 5 km, mit Taxi erreichbar). Von hier führt ein stark ansteigender **Wanderpfad** nach Norden zum antiken Stadtgebiet von Termessos (endet beim Gymnasium). Auf dieser ›Direttissima‹ kam man in der Antike von der Küste zur Stadt.

Der Weg ist in schlechtem Zustand. Nur mit Führung von Termessos (Gymnasium) aus in 4 bis 4½ Stunden bergab wandern, Bergerfahrung nötig (Bus zur Forellenzuchtstation bestellen). Der Weg verbindet den Termessos-Nationalpark mit dem Düzlerçamı-Nationalpark.

27 Karain

Museum und ausgedehnter Höhlenkomplex.

30 km nördlich von Antalya. Autobahn Richtung Burdur bis Abzweigung Yeniköy/Karain (ausgeschildert). Nach Ortsdurchfahrt Yeniköy links abbiegen bis zum Museum von Karain.

Die 150 m oberhalb vom Museum liegende, aus drei Kammern bestehende Höhle war mehr als 50 000 Jahre sporadisch bewohnt, älteste Funde sind 200 000 Jahre alt. Die Höhle liegt an einem steil abfallenden Hang und ist die größte einst bewohnte **Naturhöhle** der Türkei. Türkische Archäologen haben seit 1946 aus der 10,5 m hohe Füllschicht Werkzeuge, Gebrauchsgegenstände und Tierknochen aus dem Paläolithikum, Mesolithikum, Neolithikum, Chalkolithikum und der Bronzezeit zutage gefördert, ein Teil der Funde wird im **Museum** am Ort, ein anderer im Museum von Antalya [Nr. 24] dokumentiert. Zu den Exponaten zählen Werkzeuge aus Stein, Obsidian und Knochen, ferner Zähne und Skelett-Teile ausgestorbener Tierarten und Pflanzenreste. So erwiesen sich die Bewohner seit dem Neolithikum (7250–5500 v. Chr.) als Ackerbauern, sie benutzten Mahlsteine und Tongefäße und hielten Haustiere.

Hinter dem Museum steigt ein Pfad zur **Höhle** empor, die – nur in Begleitung des Wärters – besichtigt werden kann. Links vom Höhleneingang sind in der Felswand gearbeitete Nischen und griechische Inschriften zu erkennen. Sie sind Zeichen dafür, dass die Höhle noch in historischer Zeit als verehrungswürdiger Ort galt. An einem 12 m hohen, von den Ausgräbern bewusst stehen gelassenen so genannter Zeugenpfeiler lässt sich die Schichtabfolge ablesen. Im Übrigen weist die 50 m tiefe Höhle einige Tropfsteinformationen auf, die im Kalkgestein nicht auffallend sind.

28 Perge

Plan Seite 110

TOP TIPP *Die besterhaltene Stadt des antiken Pamphylien.*

18 km östlich von Antalya.
In Aksu die SS 400 verlassen, 3 km nach Norden (ausgeschildert).

Perge gehört zu den Glücksfällen der Archäologen. Denn wenn eine Stadt aufgegeben und später nie wieder besiedelt wurde, galt sie als idealer Steinbruch für eine nahe gelegene neue Stadt. In Perge legten Erdbeben die Bauten in Trümmer, von Flüssen und Hügeln angeschwemmtes Erdreich bedeckte die Ruinen in relativ kurzer Zeit. So wurden nur wenig Spolien in Antalya verbaut und wir können heute über die Prachtstraße der antiken Stadt schlendern, die Reliefs des Theaters bewundern und uns die vielen bestens erhaltenen Statuen, die ins Museum von Antalya kamen, am alten Ort vorstellen.

Nur der Standort des wichtigsten Heiligtums, des Tempels der Artemis Pergaia, ist bis heute nicht aufgefunden und gibt den Ausgräbern Rätsel auf. Denn das **Artemis-Heiligtum** war eine berühmte Wallfahrts- und Asylstätte und lag, wie antike Autoren berichten, auf einem Hügel außerhalb der Stadt in exponierter, »wunderbarer« Lage. In Rom wurde der Tempel 70 v. Chr. durch Ciceros flammende ›Reden gegen Verres‹ bekannt, der sich als Legat und Quaestor (Finanzbeamter) von Kilikien in schamloser Weise bereichert hatte, u. a. durch Raub von Statuen und Weihgeschenken aus Perge und Aspendos. Die befremdliche Erscheinung der Göttin *Artemis von Perge*, die wir bereits auf einer Marmorstele und einem Weihrelief im Museum Antalya sahen [Nr. 24], ist auch auf Münzen des 2. Jh. abgebildet: Auf einem verzierten Steinblock ruht über der Mondsichel lediglich die Büste mit hohem Kopfschmuck. Zweifellos verband sich hier – wie in Ephesos – der griechische Artemiskult mit dem einer sehr viel älteren Lokalgottheit.

Geschichte Perge befand sich in sicherer, 10 km von der Küste entfernter Hügellage in der Nähe des einst schiffbaren Kestros-Flusses (heute Akşu Çayı) und gehörte zu den fünf großen Städten Pamphyliens (neben Attaleia, Sillyon, Aspendos und Side). Als legendäre Gründer galten die Seher **Kalchas** und **Mopsos**, die nach der Zerstörung Trojas (Anfang des 12. Jh. v. Chr.) »eine gemischte Bevölkerung« an die Mittelmeerküste geführt haben sollen und von mehreren Städten als Gründer in Anspruch genommen wurden. Kalchas, der berühmte Seher Trojas, ist auch eng mit der Geschichte von Klaros (an der Westküste) verbunden, Mopsos wird bereits in hethitischen Inschriften erwähnt. Beide sagenhaften Gründer wurden noch im 2. Jh. mit Statuen im Hof des Stadttors geehrt. In die Geschichtsschreibung tritt Perge erst mit dem **Alexanderfeldzug** ein, Arrian erwähnt, dass die vorher persisch dominierte Stadt sich freiwillig dem Makedonenkönig unterwarf.

In der Diadochenzeit gehörte Perge mehr als ein Jahrhundert (312–188 v. Chr.) zum **Seleukidenreich**. Damals schützte man Perge durch die überraschend gut erhaltene Stadtmauer, die in Zweischalen-Technik erbaut ist, von Wehrtürmen verstärkt wird und der ›verbesserten‹ Belagerungstechnik Paroli bot. Die Stadt scheint unter den Seleukiden eine Blütezeit erlebt zu haben, von der allerdings kaum weitere Ruinen zeugen. Nach Zugehörigkeit zum Pergamenischen Reich, Piratenüberfällen und den Wirren des römischen Bürgerkriegs lassen sich erst in der Kaiserzeit wieder Wohlstand und rege Bautätigkeit nachweisen.

Im Neuen Testament wird Perge im Rahmen der Missionsreisen von **Paulus** erwähnt. Paulus kam von Zypern nach Perge und zog von dort nach Konya/Ikonion weiter. Demnach scheint Perge Mitte des 1. Jh. noch leicht per Schiff erreichbar gewesen zu sein.

Mehrere Kirchen bezeugen den Sieg des Christentums, auch die totale Zerstörung des zweifellos großen ionischen Artemis-Tempels dürfte auf das Konto der frühen Christen gehen. Normalerweise triumphiert die neue Religion an den Kultplätzen der alten, hier wurde auf den umliegenden Hügeln bisher nichts gefunden. Im 7. Jh. litt Perge, wie alle Städte der Süd- und Westküste, unter den Überfällen muslimischer Piraten, danach scheint der Fortzug der Bevölkerung ins besser geschützte Antalya unaufhaltsam gewesen zu sein. Zur Seldschukenzeit war Perge verlassen. 1835/36 fand der französische Reisende Texier das Theater von Perge noch unversehrt, und auch das Stadion war noch gut erhalten.

Ausgrabungen wurden erst ab 1946 durch Arif Müfid Mansel initiiert und von seinen Archäologen-Kollegen sehr erfolg-

Sicherlich eine der reizvollsten und anrührendsten Szenen vom Dionysosfries im Theater von Perge: das Bad des göttlichen Kindes

reich weitergeführt, allein im Gebiet der Süd-Thermen kamen mehr als 30 Statuen ans Licht! Nacheinander wurden die Hauptstraße mit dem hellenistischen Stadttor, das Theater und die Thermen freigelegt. Mittlerweile werden die Wohngebiete von Wissenschaftlern der Universität Gießen untersucht.

Besichtigung Das Gelände von Perge ist übersichtlich und leicht zu begehen (im Sommer tgl. 8–19 Uhr, im Winter bis 17.30 Uhr). Man sollte nicht gleich bis zum Parkplatz am Stadttor vorfahren, sondern kurz beim **Theater** [**1**] halten, das leider z. Zt. nicht zugänglich ist. Es schmiegt sich an den Fuß des Hügels *Koca Belen*, auf dessen Gipfel man vergeblich nach Spuren des Artemis-Tempels suchte. Zunächst stößt man auf die nach Osten gerichtete Rückseite des ehemals dreistöckigen römischen Bühnenhauses (erste Hälfte 2. Jh.), dem in der zweiten Hälfte des 2. Jh. ein *Nymphäum* mit fünf Wasserbecken vorgeblendet wurde (spärliche Reste). Das war, vom praktischen Nutzen der Schöpfbecken abgesehen, bestimmt rein optisch ein Gewinn, denn die gut erhaltene hohe Außenwand des Theaters von Aspendos [s. S. 117 ff.] wirkt ausgesprochen trist.

Das Theater ist an den Hang gebaut und wurde in der Kaiserzeit ›aufgestockt‹, sodass die Sitzreihen über dem Diazoma auf Gewölbekonstruktionen ruhen. Ungefähr 14 000 Zuschauer konnten durch fünf Eingänge schnell das Theater betreten und wieder verlassen. Der mehr als halbrunde Zuschauerraum wirkt griechisch; typisch römisch sind dagegen *Arkadenwände* als oberer Abschluss der Cavea, *Brüstungsmauern* an der Orchestra und das *Bühnengebäude*, dessen prächtige Schaufassade wir uns nach Auffindung des Marmorschmucks wieder vorstellen können.

Teile der Sockelreliefs der *Scenae frons* wurden am ursprünglichen Ort montiert. Sie zeigen, wie immer in Kleinasien, Szenen aus dem Leben von *Dionysos*: Der Gott des schöpferischen Rausches und Theaters entspringt in kindlicher Schönheit dem Oberschenkel des Zeus, in den er nach seiner vorzeitigen Geburt eingebettet war, dann wird das göttliche Kind von Hermes zur Erziehung den Nymphen übergeben und (trotz Beschädigung besonders hübsch) gebadet, schließlich sieht man den weinlaubbekränzten Gott mit dem Thyrsosstab auf dem von Panthern gezogenen Triumphwagen, begleitet von Silenos und einer Mänade.

Auch der Flussgott der Stadt (hier Kestros) ruht nach üblichem Schema, ein Schilfbündel im Arm, auf einer Amphore, aus der das Flusswasser entspringt. Aus dem Theater stammt auch die Stele mit Artemis Pergaia (Museum Antalya).

Von den oberen Sitzreihen ist nicht nur der *Tafelberg von Sillyon* [Nr. 29] zu sehen, man überblickt auch den weiteren Weg bis hin zur niedrigen *Akropolis* von Perge; wie auf dem Reißbrett zeichnet sich vor allem im benachbarten Gebiet der Grundriss des Stadions ab, das in der Ebene vor dem Theater liegt.

Zu den bewundernswerten Bauleistungen römischer Architekten gehört die perfekte Beherrschung von **Gewölbekonstruktionen**. Durch sie ließen sich nicht nur große Innenräume überwölben, sondern auch Theater und Stadien für Tausende von Zuschauern ›auf der flachen Wiese‹ hochziehen. Genau dies demonstriert das östlich vom Theater erbaute **Stadion** [2], das neben jenem von Aphrodisias (im Mäandertal) das besterhaltene Kleinasiens ist. Wie ursprünglich alle antiken Stadien war es nur an einer Seite (hier der Nordseite) gerundet. Der Haupteingang lag im Süden, Seiteneingänge sorgten für raschen Zu- und Abgang der Besucher. Etwa 12 000 Zuschauer fanden im Stadion Platz, das in der späten Kaiserzeit auch Schauplatz von Tierhetzen etc. war. Man geht ungefähr bis zur Mitte und kann eventuell durch einen der Eingänge auf der Ostseite das Stadion verlassen (da das Stadion zur Zeit als Lapidarium dient, nicht immer möglich). In den Gewölbesubstruktionen der Sitzreihen befanden sich Geschäfte und Eingänge.

Wenn der Weg durch das Stadion nicht offen ist, folgt man dem Fahrweg und gelangt zum Parkplatz und zum **Spätrömischen Stadttor** [3]. Östlich vor dem Tor befand sich das **Grabmal der Plancia Magna** [4], der bedeutendsten Mäzenin von Perge.

Das äußere Stadttor war zunächst ein in severischer Zeit erbautes Ehrentor mit

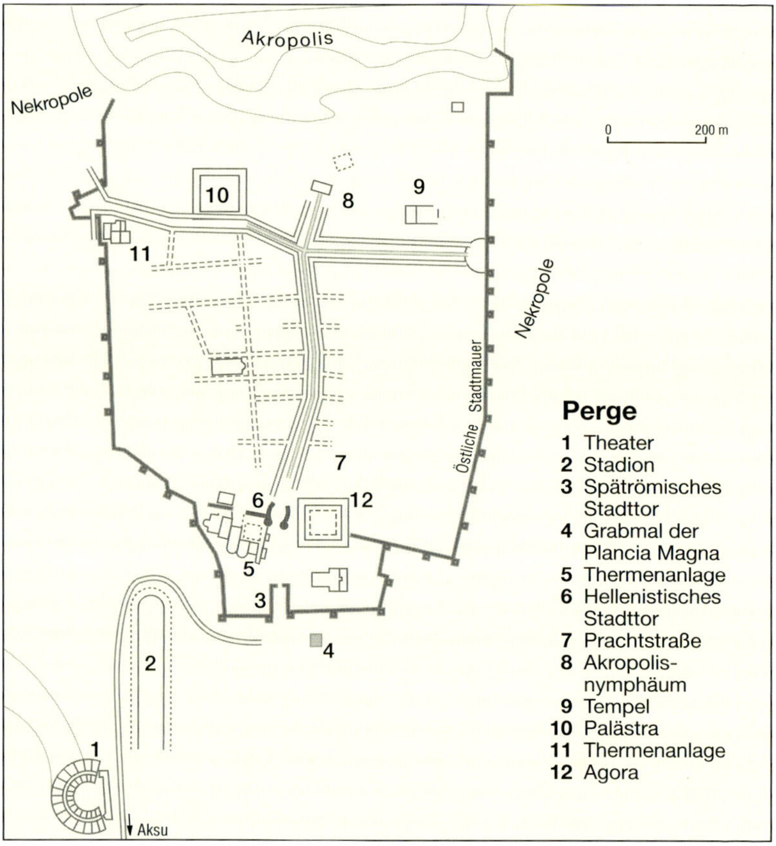

Die einsturzgefährdeten Rundtürme der Toranlage von Perge beherrschen seit dem 3. Jh. v. Chr. den Zugang zur hellenistischen Stadt

vorgestellten Marmorsäulen, im 4. Jh. wurde es in die nach Süden erweiterte Stadtmauer einbezogen. Man kommt auf einen 90 m langen *Platz* vor der hellenistischen, von zwei Rundtürmen flankierten Toranlage und sollte sich zunächst nach Westen (links) wenden. Hier liegt die ursprünglich monumental gestaltete Außenfront einer Thermenanlage.

Im südlichen Bereich war ihr ein **Nymphäum** mit Nischenfassade vorgeblendet, in der Statuen von Septimius Severus (193–211 n. Chr.), seiner Frau und den Söhnen Caracalla und Geta standen und in der Bauinschrift erwähnt waren. Als nur ein Jahr nach der gemeinsamen Regentschaft beider Söhne Caracalla seinen Bruder ermorden ließ (212 n. Chr.), wurde Getas Statue entfernt und die Inschrift getilgt.

Nördlich vom Nymphäum lag der repräsentative Eingangsbau (Propylon) zur oben erwähnten **Thermenanlage** [**5**]. Über Stufen gelangt man auf den Hof einer angeschlossenen Palästra und in die verschiedenen Baderäume. Große Fensternischen ließen die Südsonne in die parallel angeordneten Säle; Wände und Becken waren marmorverkleidet, das große Kaltwasser-Schwimmbecken wirkt ganz modern. Mosaike und Inschriften belegen, dass hier vom 2. bis 5. Jh. gebaut und erweitert wurde. Der im Norden angrenzende Raum fungierte als Vortragssaal – Thermen und Gymnasien waren ja auch Kommunikations- und Bildungszentren.

Das **Hellenistische Stadttor** [**6**] gehört zu den wenigen erhaltenen, wirklich eindrucksvollen Toranlagen vorrömischer

Die von einem Kanal durchströmte Prachtstraße Perges war 20 m breit. Blickpunkt und Abschluss bildete die im Norden liegende Akropolis

Zeit. Die beiden, aus bossierten Quadern errichteten *Rundtürme* sind teilweise in voller Höhe erhalten, sie sprangen wie die viereckigen Wehrtürme [s. S. 113] aus der Stadtmauer vor und konnten damit einen größeren Mauerabschnitt kontrollieren. Um 120 n. Chr. ließ Plancia Magna den *hufeisenförmigen Innenhof* der Toranlage enorm aufwendig ausgestalten: In zwei Reihen übereinander wurden in marmorverkleideten Nischen Statuen von Göttern und ›Stadtgründern‹ (sog. Ktistes) aufgestellt (Statuenbasen mit Inschriften am Ort). *Plancia Magna* war die Tochter des Statthalters Plancius Varus von Bithynien, natürlich geschah die aufwendige Aktion nicht ganz uneigennützig: Plancias Vater und Bruder erscheinen unter den ›Stadtgründern‹. Und auch die edle Spenderin, die ihr ganzes Vermögen für Bauten in Perge stiftete, wurde vom Volk und Senat mit Ehrentiteln und Statuen geehrt. Ihre in der Nähe vom Tor gefundene Statue zeigt sie mit einer Krone, die sie als Priesterin des Kaiserkults ausweist.

Der hufeisenförmige Platz war im Norden durch ein Hadrian gewidmetes, ebenfalls von Plancia Magna gestiftetes *Ehrentor* optisch abgegrenzt, mehrere fast unbeschädigte Kaiserstatuen im Museum Antalya stammen von hier. Nördlich der Toranlage fasziniert die großartige, 20 m breite **Prachtstraße** [7], die Längsachse der Stadt, die nach 350 m von einer weniger repräsentativen Querstraße in Ost-West-Richtung gekreuzt wird. In der Straßenmitte befindet sich ein *Kanal*, der Wasser vom Fuß der Akropolis führte und in der Sommerhitze für erfrischende Kühle sorgte. Die Stadtplaner von Antalya haben sich bei der Anlage ihrer Prachtstraße Atatürk Caddesi offensichtlich von Perge anregen lassen. Der Kanal von Perge ist durch Quermauern in Senkkästen unterteilt, die leicht zu reinigen waren. Man geht auf dem alten Pflaster, das noch Wagenspuren zeigt, und erhält durch wieder aufgerichtete Säulen eine klare Vorstellung: Die Fahrbahn war von Kolonnaden flankiert, die wiederum einen mosaikverzierten ›Bürgersteig‹ mit Läden abgrenzten.

Vier Säulen auf der rechten Straßenseite besitzen *Reliefs*, die Apollon, Artemis Pergaia, den Seher Kalchas und die Stadtgöttin Tyche mit der Mauerkrone zeigen. Die Hauptkreuzung im Norden war durch einen *Triumphbogen* markiert, der weitere Straßenbereich erhielt durch das großzügig gestaltete **Akropolisnymphäum** [8] einen optischen Abschluss – ganz nach römischem Geschmack, der nicht den Blick in unbegrenzte Weiten, sondern ›gerahmte‹ Ausschnitte bevorzugte. Geschickt wurde mit dem Nymphäum die natürliche Stadtbegrenzung durch den Akropolishügel architektonisch gestaltet. Im *Mittelteil* ruhte in einer Nische der Flussgott Kestros; das Wasser floss aus einer breiten Öffnung unter seiner Statue in ein großes Becken und von da weiter in den Kanal. Zwei monumentale Bögen neben der Mittelnische nahmen Treppenanlagen auf, die sich hinter dem Nymphäum zum Treppenweg auf den Stadthügel vereinten. Die *Seitenflügel* des Brunnenhauses waren wieder in Art typischer Prunkfassaden verziert.

Über die östliche Querstraße gelangt man auf eine künstliche Terrasse, die einen **Tempel** [9] trug (Zugang zeitweise gesperrt). Die westliche Querstraße führt zu einer 76 × 76 m großen **Palästra** [10], die bereits zur Zeit von Kaiser Claudius (41–54 n. Chr.) neu gestaltet wurde. Kurz vor dem Westtor liegt eine (nicht freigelegte) **Thermenanlage** [11]; von der *Nekropole* außerhalb der Mauer stammen einige Sarkophage im Museum Antalya.

Auf der großen Kolonnadenstraße geht es zurück zur **Agora** [12] östlich der hellenistischen Toranlage. Eine Nebenstraße führt zum Nordosteingang des von Kolonnaden umgebenen Marktplatzes, hier liegt ein antiker *Spielstein*, mit dem sich ›die Alten‹ die Zeit genauso vertrieben wie heute die Männer beim Tavla-Spiel im türkischen Teehaus. In der Mitte des Platzes stand ein *Rundbau*, der sicher Tyche gewidmet war, der Göttin des sich wandelnden, aber für die Stadt als beständig erhofften Glücks.

Wer sich für Wehrtechnik interessiert, sollte den Weg an die **östliche Stadtmauer** nicht versäumen (außerhalb vom Stadttor nach Nordosten). Die Mauer wurde im 3./2. Jh. v. Chr. erbaut und gibt Zeugnis vom damaligen Stand der Verteidigungstechnik. Denn längst gab es fahrbare Belagerungstürme, die an die feindlichen Mauern herangerollt wurden, Breschen schlugen und schwere Steinbrocken und Brandherde ins Stadtinnere schleuderten. Die vor die Stadtmauern gesetzten Wehrtürme konnten auch die Mauerabschnitte besser sichern. Hier in Perge stehen mehrere Wehrtürme noch in voller Höhe, vom ersten Obergeschoss ließ sich durch allseits angebrachte Schießscharten das gesamte Vorfeld beherrschen. Doch weder Technik noch Artemis oder der neue Glaube an Christus haben den Untergang von Perge verhindert.

i Praktische Hinweise

In Perge gibt es lediglich Postkarten beim Wärterhaus am Eingang zum Stadtgelände.

Übernachten sollte man in **Antalya**, doch bietet das 3 km entfernte Städtchen **Aksu** an der Hauptstraße viele einfache Lokantas, Bars und Einkaufsmöglichkeiten für Proviant.

Mittelpunkt der von Säulen umgebenen Agora war ein runder Tempel der Göttin Tyche. Sie verkörperte Glück und Schicksal jeder Stadt

29 Sillyon

Nicht ausgegrabene Stadt auf weithin sichtbarem Tafelberg.

Nördlich der Hauptstraße 400. Man verlässt 21 km östlich von Antalya die SS 400 in Richtung Norden und fährt 8 km bis Asarköy (ausgeschildert).

Wie der mächtige Stumpf eines abgesägten Baums steht der 230 m hohe Tafelberg von Sillyon in der Ebene vor den Taurusbergen. Von der Küstenstraße 400 sieht er ausgesprochen markant aus, denn er liegt von morgens bis abends voll im Sonnenlicht. Die frühen Siedler wussten andere Vorteile zu schätzen: Der Berg fällt im Norden, Osten und Süden steil ab, er hat ein ausgedehntes, relativ ebenes Gipfelplateau und liegt in sicherem Abstand zur Küste – Sillyon besaß also eine hervorragend günstige Lage.

Wichtig: Die Besichtigung von Sillyon ist recht anstrengend, man sollte deshalb den frühen Morgen bevorzugen und festes Schuhwerk tragen. Auf- und Abstieg sind steil, das Ruinengelände auf dem Plateau ist steinig, stark von Buschwerk überwachsen und unübersichtlich. Unbedingt auf Stolperfallen (Löcher, Steinschwellen und Zisternen) achten. Vorteil: Man ist praktisch mit dem Wärter allein.

Geschichte Sillyon führte, wie eine auf dem Stadtgelände gefundene Statuenbasis mit dem Namen ›Mopsos‹ beweist, seine Gründung auf den legendären Seher zurück. Noch im 2. Jh. v. Chr. wurde in Sillyon ein bis heute nicht entschlüsselter griechischer Dialekt gesprochen, der auf eine Einwanderung vor 1100 v. Chr. hinweist. Über die frühe Geschichte ist nichts bekannt, in hellenistischer Zeit galt Sillyon als eine der fünf bedeutenden Städte Pamphyliens.

In byzantinischer Zeit residierte zeitweilig ein Bischof in der Stadt; an die Seldschukenperiode erinnert eine kleine Moschee. Wie Perge dürfte Sillyon Ende des 13. Jh. endgültig verlassen worden sein. Erdrutsche ließen den südlichen Plateaurand abstürzen, auch auf der Westseite brach der nördliche der beiden rampenartigen Zugänge weg.

Ausgrabungen fanden hier bis heute nicht statt. 1968 veröffentlichte Bean einen Plan, der seither nicht entscheidend verbessert wurde.

Besichtigung Für Aufstieg und Rundgang sind zwei Stunden zu veranschlagen; wer in guter Wanderkondition ist, kann die Besichtigung als Rundgang entgegen dem Uhrzeigersinn anlegen. In der Streusiedlung Asarköy wohnt der Wärter (bekçi), der gern Besucher auf ihrem Rundweg begleitet. Vom in der Ebene noch deutlich erkennbaren **Stadion**, dessen östliche Zuschauersitzreihen an den Hang gebettet waren, gelangt man zum **Unteren Tor**, bei dem ähnlich wie in Perge zwei Türme einen halbrunden Hof bewachten (linker Hand liegt die Ruine des Gymnasiums). Nun erklimmt man auf direktem Weg – einem steilen, in Serpentinen geführten Geröllpfad – den Südwestrand des Plateaus. Hier wurde die Westspitze von einer *Bastion* eingenommen, die den Zugang zur Stadt mit Stadttor kontrollierte.

Man hält sich rechts und gelangt kurz darauf zum oberen Abschluss des nach Süden orientierten **Theaters**, das einst 15 Sitzreihen besaß, also relativ klein war. 1969 riss ein Erdrutsch dann den ganzen Südrand des Plateaus in die Tiefe, wodurch der größte Teil der in den anstehenden Kalkfelsen geschlagenen Zuschauersitze zerstört wurde. Auch das östlich angrenzende *Odeon* verschwand.

Der Rundgang führt am Südrand der Stadt weiter zu einer unidentifizierten *Tempelruine*, kurz darauf leiten gut erhaltene, großzügige **Treppenstraßen** durch das alte Wohngebiet mit Terrassen, Hausfundamenten und -mauern. Zisternen sammelten das Regenwasser. Schließlich folgt ein weiterer **Tempel**, von dem noch Teile des Unterbaus (Stylobat) und der Cellamauer in gutem Quaderwerk erhalten sind. Auf diesem Weg bieten sich ständig großartige Blicke in die weite Küstenebene.

Vom Tempel aus kann man nun direkt nach Westen zum ehem. Stadtzentrum abbiegen oder – bei genügend Zeit und Entdeckerfreude – noch gut 100 m weiter am Rand des Plateaus entlangwandern und dann nach Umrunden eines unbestimmten Gebäudes zu den nicht gerade überwältigenden Resten der öffentlichen Bauten gelangen. Beide Wege sind steinig.

Zunächst trifft man auf ein **hellenistisches Gebäude** mit zwei gut erhaltenen Portalen. Das linke besitzt an der Innenseite des Türpfostens eine *pamphylische Inschrift*, die für Sprachforscher sehr wichtig ist, denn es handelt sich um den

Der Tafelberg von Sillyon: Viele Bauten am Plateaurand sind abgestürzt, doch die Treppenstraßen der antiken Stadt blieben erhalten

einzigen längeren Text dieser dem Griechischen verwandten Sprache (Münzen, die seit dem 2. Jh. v. Chr. geprägt wurden, tragen nur Namen). Die Buchstaben sind griechisch, die Inschrift ist durch eine 30 cm hohe (später eingeschlagene) Nische unterbrochen und dürfte um 200 v. Chr. eingemeißelt worden sein. Möglicherweise wurde der Raum in byzantinischer Zeit als Kapelle genutzt.

Benachbart ist ein recht gut erhaltener größerer, *dreischiffiger Bau* aus byzantinischer Zeit. Südwestlich davon lag der durch eine Mauer geschützte Bereich des seldschukischen Statthalters, sicher auf älteren Fundamenten. Das 60 m lange schmale Gebäude im Süden der zerstörten Festung war Teil einer **Palästra**. Die Westmauer besitzt zehn unterschiedlich große Fenster, die nach Meinung Lanckoronskys mit Holzläden verschlossen werden konnten.

Ein kurzer Abstecher führt zur Westkante des Plateaus mit einer kleinen *seldschukischen Moschee*, die vielleicht am Platz eines antiken Tyche-Tempels steht. Auf dem rampenartigen Weg, der Hauptverbindung zur Stadt von Südwesten, wandert man bergab. Die **Rampe** stammt aus hellenistischer Zeit, ist durch Stützpfeiler statisch gesichert und durch eine durchfensterte Brüstungsmauer geschützt. Auch der **Viereckturm** am Aufweg sicherte als Wehrturm die 5 m breite Straßenrampe.

i Praktische Hinweise

Eine Bar oder Lokanta gibt es in Asarköy nicht. Manchmal lädt der Wärter Besucher in sein Haus ein und seine Frau bietet Ayran an.

30 Aspendos

TOP TIPP

Das besterhaltene Theater der Antike und sehenswerte Reste eines römischen Aquädukts, der ein wasserbautechnisches Meisterwerk war.

45 km östlich von Antalya biegt kurz vor der Brücke über den Köprü Çayı eine Nebenstraße von der Staatsstraße 400 nach Norden ab (beschildert); 4 km bis zum Theater (Parkplatz).

Die Nebenstraße nach Aspendos läuft kurze Zeit parallel zum Fluss Köprü, dem antiken Eurymedon, über den bereits die Römer eine **Brücke** bauten (300 m nördlich der heutigen). Im 13. Jh. erneuerten seldschukische Ingenieure auf den alten Fundamenten die Brücke (eine Inschrift an der Brüstung nennt Alaeddin Kaykobad als Bauherrn). Hier wird auch die in so großen Zeitabschnitten verlaufende Erdgeschichte anschaulich: Noch vor 2500 Jahren war der Eurymedon mit Schiffen befahrbar und bildete eine wichtige Voraussetzung für die Prosperität der Stadt Aspendos. Heute wachsen verwilderte Ölbäume und Weiden im seichten Flussbett und rosa blühender Oleander säumt die Ufer. Schon in der römischen Kaiserzeit muss der Verlandungsprozess eingesetzt haben, denn die Brücke sperrte die Zufahrt zum oberen Flusslauf.

Das **Theater** von Aspendos ist unter den mehreren Dutzend Theatern Kleinasiens das einzige, von dem außer dem Zuschauerraum auch das **Bühnengebäude** in voller Höhe bewahrt ist. Seinen guten Erhaltungszustand verdankt es den Seldschuken, die es als Karawanserei, zeitweilig sogar als Palast benutzten und deshalb die vorhandenen Schäden reparierten (gut erkennbar beim oberen Arkadenabschluss des Theaters). Die Bühnenwand war teilweise mit sehr schönen seldschukischen Wandfliesen verkleidet, die auf türkisblauem Grund schwarze Ornamente und weiße Vögel zeigen; die wertvollen Fliesenreste befinden sich im Museum Antalya. Natürlich stand das Theater nicht wie heute allein in der Landschaft, sondern gehörte zur Stadt Aspendos, deren Überreste sich auf zwei westlich hinter dem Theater ansteigenden Hügeln befinden. Wer genügend Zeit hat, sollte sie besuchen. Auf jeden Fall muss man Zeit finden, um die Ruinen der antiken Wasserleitung mit ihren einmaligen, bis zu 30 m Höhe aufragenden Turmkonstruktionen anzusehen.

Geschichte Nach Ansicht seiner Bürger begann die Geschichte von Aspendos wieder mit **Mopsos**, der uns von Perge und Sillyon bereits bekannt ist und wohl mit dem aus hethitischen Texten bekannten ›Muksas‹ identisch ist.

Da in der Südtürkei lediglich Aspendos und Side [Nr. 32] bald nach 500 v. Chr. **Münzen** prägten, müssen damals beide Städte die bedeutendsten der Region gewesen sein.

In jener Zeit waren Aspendos und Side trotz der persischen Niederlagen bei Salamis und Plataeae (480/479) immer noch von Persern besetzt, erst 469 v. Chr. befreite sie der athenische Feldherr Kimon durch einen See- und Landsieg, den sog. Doppelsieg von Aspendos. Für ein knappes Jahrhundert (469–386 v. Chr.) war die persische Oberhoheit an der türkischen Südküste gebrochen.

Kein Aufenthalt an der türkischen Riviera ohne Besuch des Theaters von Aspendos! So wie dieser vollständig erhaltene Bau sahen alle römischen Theater aus

Die Innenseite des Bühnengebäudes war mit Marmorsäulen, Statuen und Reliefs verziert. Erhalten blieb das rankenumspielte Relief des Dionysos

Alexander d. Gr. brachte die Seehäfen der Südküste endgültig unter griechische Kontrolle; dass er überall euphorisch begrüßt wurde, kann man nicht sagen. Laut Arrian forderte Alexander von den Aspendiern für die Zusage, keine Garnison in die Stadt zu legen, die gleichen Tributleistungen, die zuvor persischen Herrschern gewährt worden waren, nämlich 50 Talente in Gold und eine entsprechende Anzahl von Pferden (Aspendos war für seine Pferdezucht berühmt). Als die Bürger die von ihren Gesandten gemachten Zusagen nicht einhielten und sich in der Oberstadt verschanzten, brach Alexander die begonnene Belagerung von Sillyon ab und umzingelte Aspendos. Schließlich kauften sich die Aspendier für den doppelten Preis, 100 Talente, Geiseln und einen Jahrestribut an Makedonien frei.

Als nach den Ptolemäern, Seleukiden und Attaliden die **Römer** kamen, machte Aspendos zunächst mit dem ausbeuterischen Quaestor Gaius Verres miserable Erfahrungen, er ließ eine ganze Schiffsladung mit geraubten griechischen Statuen aus Aspendos abtransportieren. Erst die **Kaiserzeit** brachte eine friedliche und glückliche Entwicklung, aus dem 2. und 3. Jh. n. Chr. stammen die heute sichtbaren Bauten und Ruinen. Aspendos war nun zwar ohne Hafen, lag aber an der wichtigen Verbindungsstraße von Side über Antalya/Attaleia ins Mäandertal. Als Handelsgüter nennen antike Autoren Pferde, Getreide, Öl, Wein und Salz, das aus dem bei Sillyon gelegenen Kapria-See gewonnen wurde. In byzantinischer Zeit galt Aspendos zwar noch als drittwichtigste Stadt der Region, war aber nicht Sitz eines Erzbischofs. Nach mehreren Plünderungen durch arabische Invasoren entvölkerte sich die Stadt, bis sie im 13. Jh. Residenz eines Seldschukenfürsten und im Osmanischen Reich bedeutungslos wurde. Spätestens im 18. Jh. verließen die letzten Bewohner den durch Erdbeben und Wassermangel unbewohnbar gewordenen Ort.

Besichtigung Der Besuch des **Theaters** gehört zum Standardprogramm jeder Südtürkeireise, denn selten kommt man so einfach an ein derart bedeutendes antikes Bauwerk heran: Man parkt direkt vor dem Eingang. Dennoch sollte die nach Osten gerichtete **Außenseite des Bühnenhauses** eine genaue Betrachtung wert sein. Sie wurde in seldschukischer Zeit durch den Portalvorbau leicht verändert, faszinierend ist die streng wirkende Geschlossenheit des Baukörpers trotz starker Gliederung durch Rundbogen- und Rechteckfenster. Eine in Griechisch und Latein verfasste Bauinschrift, die durch die Seldschuken teilweise verdeckt wurde, nennt als Architekten einen gewissen Zenon, als Stifter die Brüder Curtius und als Bauzeit die Regierungszeit

von Kaiser Marc Aurel (161–180 n. Chr.). Laut einer Inschrift war das Theater »den Göttern und der kaiserlichen Familie« gewidmet.

Beachtenswert sind die in zwei Reihen angeordneten, im oberen Drittel aus der Fassade vorspringenden Steine; in ihnen waren hölzerne Masten verankert, die entweder der Sicherung des pultartigen Bühnendachs oder als Halterungen für ein Zeltdach dienten, mit dem das Auditorium überspannt werden konnte.

Das Mittelportal war wichtigen Persönlichkeiten vorbehalten, die Zuschauer benutzten zwei Seiteneingänge und zwei Portale auf der rückwärtigen Hügelseite. Man sollte möglichst bis auf den obersten Rang steigen, um den rein römischen Charakter des Theaters zu erkennen: das Halbrund der 20 000 Besucher fassenden *Cavea* mit der abschließenden *Arkadengalerie*, das hohe, mit einer zweistöckigen Prunkfassade geschmückte *Bühnenhaus* und die architektonische Verbindung von Cavea und Bühnengebäude, die einen einheitlichen, geschlossenen Baukörper schafft.

Oben: *Typisch römisch ist der durch das Bühnenhaus geschlossene Zuschauerraum des Theaters von Aspendos*

Unten: *Die Arkadengänge über den Sitzreihen sollten die Akustik verbessern*

Das Theater wurde mit dem in Aspendos anstehenden Konglomeratstein erbaut, Sitze und Pflaster bestanden aus Marmor. Die zweistöckige **Bühnenfassade** war natürlich nicht nur marmorverkleidet, sondern üppig mit 40 vorgestellten Säulen, Statuen und Reliefs geschmückt, im Mittelgiebel blieb ein von Ranken umspieltes Dionysos-Relief erhalten. In den Eckverbindungen zwischen Zuschauerraum und Bühnengebäude lagen Logen, von denen man allerdings keinen guten Blick auf die Bühne hatte. Auch die unteren Sitzreihen der Cavea waren nicht vorteilhaft, denn die Schauspieler agierten auf einem erhöhten Holzpodest, das 8 m in die Orchestra hineinragte. Heute wird das Theater für Musik- und Sportveranstaltungen genutzt, vor allem bei Ersteren kann man die fantastische Akustik bewundern.

Will man die **Ruinen der antiken Stadt** besichtigen, so wendet man sich, aus dem Theater kommend, nach Westen (links) und steigt auf den Hügel, an den der Bau geschmiegt ist. Auf dieser Höhe lag die **Unterstadt**, die nicht befestigt war und deshalb von Alexander im ersten Handstreich besetzt werden konnte. Von hier hat man einen prächtigen Blick über das Theater hinweg auf die fruchtbare Ebene und die gut bestellten Felder der Bauern von Belkis.

Auf den 60 m hohen Berg der befestigten **Oberstadt** gelangte man durch drei Stadttore im Süden, Osten und Norden, die weitgehend zerstört bzw. noch nicht freigelegt sind. Auch heute führen die Trampelpfade über das Osttor und Südtor. Im Zentrum der Kuppe lag die *Agora*, die auf der Westseite von einer zweistöckigen, 70 m langen **Markthalle** begrenzt wurde. Sie war in gleichmäßig große Läden unterteilt, deren Quaderwände noch stehen; deutlich erkennbar sind die quadratischen Einlasslöcher für die Holzbalken, welche die Geschosse unterteilten. Der Ladenzeile war eine Säulenhalle vorgeblendet. Auf der Nordseite steht die imposante Ruine eines **Nymphäums**, in deren zweistöckiger, breiter Nischenfassade einst Statuen standen. Das Wasser wurde vom Aquädukt zum Verteiler im Brunnenhaus und weiter zur Mittelnische und den Becken geführt. Die Ruine in der Nordwestecke dürfte das **Bouleuterion** gewesen sein, vielleicht diente es zusätzlich auch als Odeon.

Auf der Ostseite der Agora erstreckte sich auf einer Länge von 105 m eine dreischiffige **Markt- und Gerichtsbasilika**, von der lediglich die Fundamente erhalten sind. Wegen des abschüssigen Geländes ruhte sie auf Gewölbeunterbauten. Im 1. Jt. n. Chr. wurde sie zu einer Kirche umfunktioniert. Gut erhalten ist ihr Nordbau, dessen 2 m dicke, durch mächtige Strebepfeiler verstärkte Außenmauern noch heute bis zu 15 m Höhe aufragen. Weniger eindrucksvoll ist die *Exedra* in der Nähe des Südtors.

Dort, wo die Wasserleitung die Akropolis erreichte, lag das noch nicht ausgegrabene Nordtor, in seiner Umgebung finden sich zahlreiche **Zisternen** (Vorsicht!). Von hier kann man den Aquädukt sehen und sich einen Überblick über dieses herausragende Werk antiker Wasserbautechnik verschaffen.

Einzigartige Zeugen römischer Ingenieurkunst sind die 30 m hohen Drucktürme der Wasserleitung

Um ihn aus der Nähe zu betrachten, muss man vom Parkplatz in nördlicher, dann westlicher Richtung einen Kilometer auf dem Feldweg weiterfahren. Auch landschaftlich ist dieser Abstecher wunderschön, die Ebene wird durch Baumwoll-, Getreide- und Sesamfelder reich gegliedert und im Norden von den zum Teil bizarr geformten Kuppen der Taurusberge begrenzt. Links vom Weg liegen die wenigen Ruinen des *Stadions*, in dem heute Kühe grasen.

Der **Aquädukt** wurde in der zweiten Hälfte des 2. Jh. n. Chr. von einem vermögenden Bürger gestiftet und versorgte die Oberstadt von Aspendos mit dem Wasser einer ca. 20 km entfernten Bergquelle. Dabei musste unmittelbar vor der Akropolis eine mehr als 3 km weite Ebene in Nord-Süd-Richtung überquert werden. Von den einst knapp 100 *Arkaden* der Wasserleitung sind heute noch 40 erhalten; es handelte sich um ein geschlossenes Rohrsystem, das nach dem Prinzip kommunizierender Röhren in Form einer natürlichen Druckwasserleitung funktionierte.

Auffallend – und einzigartig – sind zwei 30 m hohe **Türme**, zu denen das Wasser geleitet wurde. Der 15 m hohe Aquädukt wurde, um hier die doppelte Höhe zu erreichen, zweistöckig, die Steigung der Leitung beträgt 30 Grad. Doch die Funktion der Türme ist nicht sofort verständlich. Das Wasser wurde in Tonrohren, die in durchbohrten Quaderstei-

Die seldschukische Brücke vor Aspendos wurde 1996–98 renoviert

Der Nationalpark Köprülü Kanyon wurde nach der Brücke benannt, die seit römischer Zeit die steile Schlucht überspannt

nen gelagert waren, zu offenen Becken in den Türmen geleitet. Diese beiden Türme stehen in einem Abstand von 880 m an Stellen, an denen sich die Richtung des Aquädukts ändert, verhindern also die Folgen eines Leitungsknicks. In den offenen Wasserbecken konnte Luft entweichen, sodass sich beim Abfließen in die weitere Rohrleitung der Druck wieder verstärkte. Außerdem funktionierten die Becken als Senkkästen, in denen sich Verunreinigungen absetzen konnten (die Türme enthalten Treppen für Wartungstrupps).

Der Aquädukt von Aspendos ist nicht nur der besterhaltene Kleinasiens, sondern auch der einzige der antiken Welt, bei dem derartige eindruckvolle Drucktürme imponieren.

i Praktische Hinweise

Auf dem Rückweg zur Brücke kann man an der rechten Straßenseite bei den ›Aspendos‹-Werkstätten stoppen. Hier werden Teppichknüpfen und Silberschmuck-Herstellung gezeigt und natürlich auch fertige Produkte zum Kauf angeboten.

Hotels

Südlich von Aspendos, ca. 9–10 km östlich von Serik, entstand das Feriengebiet **Belek 2000** (www.belektourismcenter.org). Im 1960 vom Forstministerium angelegten Pinienwald entstand in den 1990er-Jahren das **Golfzentrum** der Südküste. Hotel- und Klubanlagen reihen sich aneinander, der **National Golf Club Antalya** eröffnete die erste von einigen 18-Loch-Anlagen.

*****__Altis Golf Beach Oteli__, Belek, Tel. 02 42/725 42 26, Fax 02 42/725 43 88. 46 km östlich Antalya, direkt am Strand in großem Pinienhain. Dreistöckige Hauptgebäude und Villen, Pools, Golftraining (Putting Green, Driving Range).

****__Gloria Golf Resort__, Belek, Tel. 02 42/715 15 20, Fax 02 42/715 15 25, www.gloriagolf.com. 9 km von Belek, am Strand. Hoteleigener 18-Loch-Championship-Golfplatz, großzügige Poollandschaft.

31 Köprülü Kanyon-Nationalpark und Selge

TOP TIPP *Großes antikes Theater und kleines türkisches Dorf auf einer bergumkränzten Hochebene im Nationalpark Köprülü Kanyon.*

55 km nördlich der Küstenstraße 400 in 1050 m Höhe. Bei Taşağıl (10 km östlich von Serik) parallel zum Fluss Köprü nach Norden bis Beşkonak, dann 15 km bergauf. Man überquert den Fluss auf einer römischen Brücke, hält sich bei der Weggabelung jenseits der Brücke rechts. Die asphaltierte Straße steigt zum Dorf steil an.

Die Fahrt nach Selge ist landschaftlich ungemein abwechslungsreich und reiz-

voll, von den Ruinen Selges ist allerdings lediglich das Theater erwähnenswert. Man passiert zunächst das küstennahe **Hügelgebiet**, das dank der Forstbehörde vollständig mit Kiefern wieder aufgeforstet ist und wunderbar duftet. Von Zeit zu Zeit säumen Holzstapelplätze die Asphaltstraße oder man sieht das oleanderbewachsene Kiesufer des antiken *Eurymedon*. Ein Höhepunkt ist die von einer **römischen Brücke** überspannte **Köprü-Schlucht**; kurz danach taucht man in den lichten Wald ein, der den kräftig ansteigenden Hang südlich von Selge bedeckt. Hier ist gelegentlich ein Abschnitt der antiken **Treppenstraße** zu sehen, welche Selge mit der Küste verband – man wagt kaum darüber nachzudenken, wer (Gefangene, Sklaven) unter welchen Bedingungen (Hitze, Wassermangel) die Fronarbeit leistete, Stufe für Stufe aus dem gewachsenen Felsen zu schlagen bzw. die großen Steinplatten zu verlegen. Wahrhaft begeisternd ist dann die Lage der antiken Stadt und des heutigen Dorfs Altınkaya auf der weiten, von Bergen gerahmten **Hochebene**, die zum Nationalpark gehört.

Köprülü Kanyon-Nationalpark

Das gesamte Gebiet des Köprülü-Kanyon-Milli-parkı umfasst 360 km^2, wurde 1973 zum Nationalpark erklärt und besitzt keinerlei touristische Einrichtungen (von ein paar Picknickplätzen bei Beşkonak abgesehen). Auch bei der Namengebung hat man sich nichts Besonderes einfallen lassen, wörtlich übersetzt heißt Köprülü Kanyon ›Cañon mit der Brücke‹, genau wie der Fluss (der antike Eurymedon) schlicht ›Fluss mit der Brücke‹ heißt: eine Hommage an die seit der römischen Kaiserzeit intakte und noch heute von Autos befahrene Brücke nördlich von Beşkonak (auch Oluk-Brücke genannt).

Der 14 km lange und 100 m tiefe **Cañon**, den der Fluss in die Karstlandschaft der südlichen Taurusberge eingeschnitten hat, ist allerdings schwer zugänglich, am besten ist er von der römischen Brücke aus einzusehen. Hier an der Brücke beginnen auch die **Rafting-Touren auf dem Köprü-Fluss** – unvergessliche Abenteuer in einer wilden, unberührten Landschaft. Dunkel türkisgrün strömt der Fluss am Fuß der durch Schichtplatten, Vorsprünge und Schrunden gegliederten, steilen Felswände dahin, jeder Felsvorsprung trägt Buschwerk und Felsspaltenpflanzen (von denen viele nur hier vorkommen, also Endemiten sind).

TOP TIPP

Der Cañon verläuft parallel zu einer weiter östlich liegenden tektonischen Bruchlinie, welche jüngere tertiäre Gesteinslagen von wesentlich älteren, aus dem Erdmittelalter stammenden Schichten (Dolomit, Kreide, Sandstein) trennt und die Faltung des Taurusgebirges anschaulich macht. Aus den über 2000 m hohen Bergen, die den Nationalpark umgeben, ragt eindrucksvoll der innerhalb des Parks liegende **Bozburun Dağı** als höchster Gipfel (2504 m) empor.

Botaniker fasziniert der südlich von Selge wachsende **Zypressenwald** – der

Wenn Ahmed in die Schule geht …

Zu den Reformen Atatürks gehörte die Einführung der **allgemeinen Schulpflicht** für Jungen und Mädchen. Sie bestand vom siebten bis zum elften Lebensjahr, eine Ausdehnung von fünf auf acht Jahre wurde immer wieder gefordert, aber erst nach dem Rücktritt Erbakans 1997 umgesetzt. Die Kinder tragen eine Schuluniform (schwarz mit weißem Kragen), Schulbücher müssen von den Eltern bezahlt werden. Wichtige Erziehungsgrundsätze sind Respekt, Disziplin und Vaterlandsliebe. Nach der obligaten Volksschule können die Kinder die dreijährige **Mittelschule** besuchen, anschließend – nach einer Aufnahmeprüfung – ein **Gymnasium**. Die Zulassung zum Hochschulstudium wird durch Aufnahmeprüfungen geregelt.

Starken Zulauf hatten in den letzten Jahren die **Imam-Hatip-Schulen**. Ursprünglich Ausbildungsstätten für muslimische Prediger und Vorbeter, führen sie heute – stark islamisch geprägt – zum Abitur. Häufig ist ihnen ein aus Spenden finanziertes Internat angegliedert. Aus ihnen rekrutieren sich die neuen, islamisch geprägten Eliten – aber auch die fanatischen Islamisten.

◁ *Abseits der Hauptstraße: Teppichknüpferinnen, Schulkinder und Hochzeit – alle Dorfbewohner feiern mit* einzige der Türkei. Als Restbestand der tertiären Gebirgsflora findet sich hier die breitwüchsige ›kleinasiatische‹ Zypresse, von der die uns vertraute mediterrane Kulturzypresse abstammt. Die bis zu 30 m hohen Bäume werden sehr alt (Plinius glaubte sogar 2000 Jahre), ihr botanischer Name Cupressus sempervirens drückt dies aus. Die Zypressen wachsen rund um den **Kocadere**, einen Zufluss des Köprü Çayı. Den Kocadere erreicht, wer nach Überqueren der Köprü-Schlucht bei der Wegegabelung den linken Weg einschlägt. Hier liegt etwas oberhalb der modernen Brücke, die nach einem Kilometer Wegstrecke den Kocadere überspannt, noch eine zweite römische Brücke.

Auch der lichte Wald, durch den sich die Piste nach Selge hochschraubt, ist interessant, er besteht aus Kiefern, verwilderten Ölbäumen, Krüppeleichen, Zedern und Erdbeerbäumen, die man leicht an ihren roten Stämmen erkennt. Früher war Selge für seine **Styraxbäume** (lat. Storax) berühmt. Strabo (64 v. Chr. bis ca. 23 n. Chr.) berichtet, dass Styraxharz als Weihrauch benutzt wurde und ein wichtiges Handelsgut von Selge war.

Selge

Mit der Geschichte von Selge ist wieder einer der beiden sagenhaften Seher verbunden, die nach der Zerstörung Trojas an die Südküste kamen; hier in Selge wurde **Kalchas** als Ortsgründer verehrt. Die Selgier galten als kriegerisch, lagen in ständigen Kämpfen mit den Nachbarstädten und entzogen sich erfolgreich jeder Fremdherrschaft. Die **Münzprägung**, die vom 5. Jh. v. Chr. bis zum 3. Jh. n. Chr. reicht, beweist dagegen gute Beziehungen nach Aspendos. In der frühen römischen Kaiserzeit entwickelte sich Selge glänzend. Der griechische Historiker und Geograph Strabo schwärmte nach seinem Besuch von der herrlichen Berglage und nannte die Selgier in seinen Reisebeschreibungen »die bemerkenswertesten Leute unter den Pisidiern«. Damals soll die Stadt 20 000 Einwohner gehabt haben, besaß Weinberge und Olivenplantagen und handelte außer mit Storax-Harz mit einer Salbe auf pflanzlicher Basis (Irisart).

Die **Christianisierung** scheint noch eine große Bürgerzahl erreicht zu haben, denn fünf Kirchen sind nachweisbar. Erst in seldschukischer Zeit wurde die Stadt weitgehend verlassen. Das ärmliche Dorf *Zerk*, das George E. Bean hier 1951 vorfand, litt vor allem unter Wassermangel, erinnerte durch seinen Namen an das antike Selge. Heute herrscht bescheidener Wohlstand in der Siedlung, die seit einigen Jahren *Altınkaya Köyü* (Goldfelsen-Dorf) heißt.

Beim Erreichen des Dorfes kann man Strabos vor fast 2000 Jahren geäußerte Begeisterung verstehen, denn die Weite der fruchtbaren Hochebene hat nach der Anreise etwas Befreiendes. Bei einer Besichtigung sind sofort Kinder als Führer zur Stelle, leider begnügen sie sich nicht mehr wie vor Jahren, die Besucher bei den Händen zu halten, sondern bieten Kopftücher, Holzlöffel und anderes an.

Von den drei Hügeln, über die sich die antike Stadt spannte, sind zunächst nur zwei auszumachen, in der Ebene davor liegen die Häuschen des heutigen Dorfes verstreut. Bei der Wegegabelung geht man auf das im Norden sichtbare Theater zu und kommt am **Stadion** vorüber. Die einstige Laufbahn dient schon lange als Feld, von den auf Gewölben ruhenden Sitzreihen der Nordseite sind Reste erhalten.

Durch den südwestlichen, mit Inschriften versehenen Seiteneingang betritt man dann das **Theater**, das wegen seiner herrlichen Lage, aber auch Größe in dieser Bergeinsamkeit überrascht. Auf den 45, durch einen *Umgang* (Diazoma) unterteilten Sitzreihen konnten bis zu 10 000 Zuschauer Platz finden! Nach griechischer Art umspannt die *Cavea* mehr als ein Halbrund, auch die Anlehnung an den Hang wirkt griechisch. Doch weisen das ehemals zweigeschossige Bühnenhaus, dessen Trümmer am Boden liegen, und die Überwölbung der Parodoi (Seiteneingänge) auf einen Um- und Ausbau in römischer Zeit (2. Jh.) hin. Auffallend ist, dass der Zuschauerraum gleichmäßig durch *12 Treppen* in sog. Keile gegliedert wird, während sich die Anzahl der Treppen normalerweise oberhalb vom Diazoma verdoppelt, um einen rascheren Zu- und Abgang der Theaterbesucher zu ermöglichen. Man geht auf den alten Stufen zum oberen Rang empor und hat einen reizvollen Blick auf das Dorf und die als Viereck im Gelände erkennbare einstige *Handelsagora*; im Südwesten liegen die Hügel der antiken Stadt (wer die Stufen scheut, benutzt den Pfad an der Theater-Westseite).

Durch das Gelände der *Nordnekropole* führt ein steiniger Pfad nun auf den ersten der drei Stadthügel, die sog. **Nord-**

kuppe. Für nicht speziell archäologisch Interessierte bietet der Weg durch die stark zerstörte Stadtlandschaft wenig Eindrucksvolles, doch der Blick zum Gebirge, speziell die Kegelspitze des Bozburun (›Graue Spitze‹), macht den Rundgang in jedem Fall lohnend. Im Frühjahr trägt der 2504 m hohe Berg eine weiße Schneekappe, dann blühen auch in der Macchia zwischen den Ruinen Zistrosen, Kapernsträucher und Wildblumen. Auf der Nordkuppe finden sich Reste einer dreischiffigen *christlichen Basilika*, die, wie Funde von Mosaiksteinen aus Goldglas verraten, sicher kostbar ausgestattet und aufgrund ihrer Größe (55,8 m lang, 32,3 m breit) wohl die bedeutendste der Stadt war. Sie wurde an einen *Podiumtempel* des 2. Jh. gebaut, der dem Adoptivsohn Kaiser Hadrians, Lucius Aelius Caesar, geweiht war.

Streckenweise lässt sich auf dem Weg nach Süden eine 230 m lange **Straße** verfolgen, die einst von Säulen gesäumt war und deren nördlichen Blickfang dieser Podiumtempel bildete. Im Trümmergelände rechts und links standen Hanghäuser, ungefähr mittig lagen unterhalb am Hang die *Stadionthermen* und das *Osttor* der Stadt. Die Säulenstraße endet bei den Fundamenten eines kleinen Nymphäums an der **Oberen Agora**, deren Pflaster erhalten ist. Hier befanden sich Markthallen (im Norden), ein Tyche-Tempel (im Westen) und ein Odeon (Südosten), das in byzantinischer Zeit in eine Kirche umgewandelt wurde. Nun kann man auf den zweiten Stadtberg, den sog. **Klosterberg** steigen, der spärliche Reste einer weiteren dreischiffigen christlichen Basilika trägt.

Von der Oberen Agora führt der Pfad wieder bergab ins Dorf, an den Resten der Stadionthermen (zwei Wasserbecken) vorbei. Ob man den etwas mühsamen Weg nach Westen zum einstigen Haupthügel der Stadt unternimmt, sollte man nach Zeit und Begeisterung entscheiden. Der von Polybios als **Kesbedion** bezeichnete höchste Hügel der Stadt trug wahrscheinlich die erste Siedlung und erhielt in hellenistischer Zeit einen peripteralen *Zeus-Tempel* und einen Antentempel. Der Zeus-Tempel wurde später zu einer Kirche umgestaltet, doch sind heute nur Trümmer erhalten. Vom Hügel aus sind im Gelände vor dem Nordhang die Ruinen eines *Grabbaus* und einer weiteren christlichen *Basilika* erkennbar.

i Praktische Hinweise

Im Dorf Altınkaya gibt es Getränke; ein gutes **Forellen-Restaurant** befindet sich am Nordrand von Beşkonak am Köprü-Fluss (am besten Vorbestellung bei der Hinfahrt).

32 Side/Selimiye

Plan Seite 128

Ruinen in blühender Touristenstadt an feinsandigem Strand.

Von der Küstenstraße 400 kurz vor der Stadt Manavgat nach Süden abbiegen (ausgeschildert), 4 km.

Side liegt auf einer 400 m breiten und rund 800 m nach Westen vorspringenden Halbinsel; wegen seines Hafens und der angrenzenden Bucht war Side bis zur frühbyzantinischen Zeit die bedeutendste **See- und Handelsstadt** der türkischen Südküste. Fast kann man sagen, dass der prachtvolle feine **Sandstrand** von **Side**, der heute die Touristen erfreut, das Schicksal der Stadt bestimmte und bestimmt. Denn in der An-

Top Tipp

Side, Detail der Staatsagora: Marmorverkleidung schmückte die Bibliothekswände

Besonders feine Sandstrände machen Side zum beliebtesten Badeort der Südküste ▷

tike lag zwar der Hafen günstig, machte aber wegen der ständigen Versandung schon früh Probleme. Immer wieder mussten Einfahrt und Hafenbecken ausgebaggert werden, sodass ein Sinnspruch für vergebliche Arbeit lautete: »Das ist wie der Hafen von Side.« Die Versandung machte den Hafen schließlich unbrauchbar und die Seldschuken bauten Antalya und Alanya zu Seehäfen aus. Als am Ende des 19. Jh. der griechische Freiheitskampf viele muslimische Türken von Kreta zur Auswanderung zwang, gründeten türkische Einwanderer in den sandverwehten Ruinen von Side das Dorf *Selimiye*, doch die Menschen blieben arm und mussten sich in der Landwirtschaft als Tagelöhner verdingen, bis der ›unfruchtbare‹ Sand dem Dorf seit 1970 einen einzigartigen **Touristenboom** bescherte und die Enkel reich machte.

Für die Ruinen der antiken Stadt erwies sich der Boom als Nachteil, denn anders als in Aphrodisias (Mäandertal), wo ein ganzes Dorf für Ausgrabungen umgesiedelt wurde, konnten sich die Archäologen in Side nicht durchsetzen. Wer die Entwicklung über Jahre beobachtet hat, registriert, dass nur ein gerin-

Die zum antiken Hafen führende Hauptstraße lockt Touristen

ger Teil des Ruinenfeldes unbebaut blieb und in keiner Weise denkmalpflegerisch betreut wird. Dennoch kann es kein Zufall sein, dass seit 1970 im europäischen Kunsthandel mehrfach Schatzfunde sidetischer Münzen aufgetaucht sind: Ein 1986 publizierter Schatz umfasst z.B. 560 Silbermünzen (Tetradrachmen) im Gesamtgewicht von 8,5 kg, er wurde in der Mitte des 2. Jh. v. Chr. vergraben. Anders als beim sensationellen Dekadrachmenhort [s. S. 73] blieb die Herkunft sämtlicher Funde ungeklärt.

Geschichte Side scheint zu den ältesten Siedlungen der Südküste zu gehören, denn der Name entstammt einer altanatolischen Sprache. Für die Bürger bedeutete er *Granatapfel*, der auch als Stadtemblem seit dem 5. Jh. v. Chr. auf Münzen und Reliefs erscheint. Alexander bemängelte bei seiner Ankunft den barbarischen Dialekt der Bewohner, erst im 3. Jh. v. Chr. setzte sich das als Amtssprache eingeführte Griechisch durch.

Das antike Side teilte zwar die Geschicke der gesamten Region, aber es blieb doch stets relativ autonom. Das weisen die sidetischen Silbermünzen aus, die seit 500 v. Chr. mit Ausnahme der kurzen Alexanderzeit geprägt wurden. Der Seleukidenkönig Antiochos III. der Große (223–187 v. Chr.) wurde mehrfach von Side unterstützt, sicher waren 190 v. Chr. bei der großen **Seeschlacht von Side**, die von Livius so ausführlich beschrieben wurde, auch sidetische Schiffe beteiligt. Die mit den Römern verbündeten Rhodier errangen hier einen knappen Sieg über die von Hannibal, dem Erzfeind Roms, aufgestellte seleukidische Flotte.

Nach dem endgültigen Landsieg der römisch-attalidischen Truppen über Antiochos III. bei Magnesia (189 v. Chr.) wurde Pamphylien den Attaliden zugesprochen, Side scheint jedoch nie besetzt worden zu sein und erlebte in den Folgejahren eine erste große Blütezeit. Speziell die **Silbermünzen** des 2. Jh. v. Chr. waren in ganz Kleinasien, Syrien und sogar in Ägypten verbreitet und weisen auf Wohlstand und rege Handelsbeziehungen hin. Auch die **Bildungsstätten** müssen einen guten Ruf gehabt haben, denn der spätere Seleukidenherrscher Antiochos VII. (geb. 164, gest. 129 v. Chr.) wurde hier ausgebildet und erhielt deshalb den Beinamen ›Sidetes‹.

Zu Beginn des 1. Jh. v. Chr. machten Seeräuber die Küstenstädte unsicher, Side scheint sich mit ihnen arrangiert und von der Situation nicht schlecht profitiert zu haben, es galt als wichtiger **Sklavenmarkt**. Dass auch römische Amtsträger (Verres) sich wie Räuber aufführten, wurde schon erwähnt [s. S. 108]. Im 1. Jh. n. Chr. blühte Side als Teil der römischen Provinz Pamphylien und Lykien auf und erlebte bis zur ersten Hälfte des 3. Jh. eine Zeit des Wohlstands, etwa 10 000–15 000 Einwohner lebten vom Handel mit landwirtschaftlichen Produkten wie Öl, Wein und Holz, auch der Sklavenmarkt brachte wieder gute Einkünfte.

Der Reichtum der frühen **Kaiserzeit** wird wie in Perge durch Bauten, großzügige Straßen- und Platzanlagen dokumentiert und prägt das heutige Bild, doch verrät die am Ende des 3. Jh. an der schmalsten Stelle der Halbinsel errichtete innere Stadtmauer, wie kurz die Friedensperiode war. Man gab einen Großteil der Stadt auf, erst im 5. und 6. Jh. siedelten die Menschen nochmals außerhalb der Mauern. Schon im 3. Jh. existierte in Side anscheinend eine aktive **Christengemeinde**, wie Märtyrerakten zu den Christenprozessen aus der Zeit Diokletians bezeugen. Auch zwei jüdische Synagogen sind durch Inschriften und ein Relieffragment mit Menora belegt. Seit dem 5. Jh. war Side Sitz eines Metropoliten und erhielt ein imposantes **kirchliches Zentrum**. Im 7. Jh. plünderten muslimische Araber die Küstenstädte und im 10. Jh. bezeichnete Kaiser Konstantin VII. Porphyrogennetos in seinem Werk ›De Thematibus‹ Side als Piratennest. Schließlich wird der Erzbischof Johannes von Side, der 1157 am

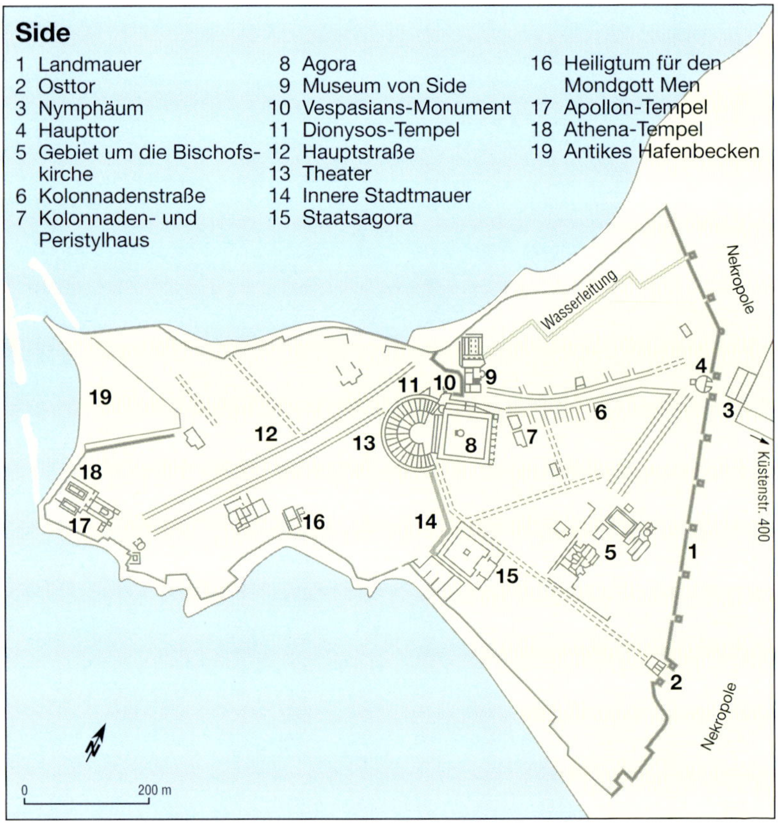

Konzil in Konstantinopel teilnahm und fünfzehn Bischofsstädte vertrat, nur noch als Titularbischof fungiert haben.

Erste Beschreibungen der Ruinen gaben 1817 Sir Francis Beaufort und 1839 Charles Fellows, damals waren noch zahlreiche Bauten erhalten, aber von Sand bedeckt. 1947–66 grub der türkische Archäologe Arif Müfid Mansel Side systematisch aus und versuchte, die weitere Überbauung zu stoppen. Zu den besonderen Verdiensten Mansels gehört die Einrichtung des *Museums* auf dem Gelände der Agora-Thermen (1961), wodurch auch der Baubestand der Badeanlagen gesichert und teilrekonstruiert wurde. Geplant wird, die Rückwand des Nymphäums zu rekonstruieren.

Besichtigung Betrachtet man den Plan des antiken Side, so hat man Mühe, ihn mit dem heutigen Ortsbild von Side/Selimiye in Übereinstimmung zu bringen. Denn noch immer liegt ein Parkplatz nördlich vom Theater mitten im Ruinenbezirk und die Hauptstraße Selimiyes führt vom Theater zum einstigen Hafen: Souvenir-, Teppichgeschäfte, Lokantas, Wechselstuben reihen sich aneinander – zweifellos eine zeitgemäße Version antiken Lebens.

Besucher sollten bei der hellenistischen äußeren Stadtmauer halten und entweder das ganze Gelände zu Fuß durchstreifen (1,5 km bis zum Hafen, wo viele Restaurants Erholung bieten) oder zunächst die interessante Mauer betrachten. Der neu angelegte große Parkplatz liegt östlich der sog. **Landmauer** [**1**], ein Traktorzug bringt die Besucher bis zum alten Parkplatz. Doch sollten interessierte Besucher die 1,5 km bis zum Hafen zu Fuß gehen und versuchen, die Landmauer wenigstens auf der Westseite zu erkunden – die Ostseite ist durch Wildbewuchs (Bäume, Büsche) heute kaum auszumachen. Die Mauer schirmte mit ihren 13 Türmen und zwei monumentalen Toren die Halbinsel nach Osten ab. Vom **Osttor** [**2**], das südlich der Zufahrtsstraße unter dem Flugsand lag, wurden 1965 Reliefplatten mit Waffendarstellungen (Helm, Brustpanzer, Schwert) geborgen. Da es Sitte war, Beutewaffen zur Schau zu stellen (meistens als Dank an die Götter an Tempelfassaden), bringt man die Waffenreliefs am Osttor mit einem historisch nicht belegten Sieg der Bürger gegen die Attaliden in Zusammenhang, durch den sie eine Besetzung verhindern konnten (Reliefs im Museum Side, s. S. 130). Die *Mauerabschnitte* sind teilweise sehr gut erhalten, sie waren aus Konglomeratquadern ohne Mörtel gefügt und dreigeschossig, ihre Außenseite wird durch zwei Ziergesimse gegliedert; auf der Mauerkrone der Innenseite sitzt ein Laufgang mit Schießscharten für die Bogenschützen.

Vor dem einstigen *Haupttor*, durch das die moderne Zufahrtsstraße führt, steht die Ruine eines **Nymphäums** [**3**], das einst zu den imposantesten Bauten der Stadt gehörte (2. Jh. n. Chr.). Es war dreigeschossig und hatte eine marmorverkleidete, mit Säulen, Reliefs und Statuen geschmückte *Prunkfassade*. Aus drei überwölbten Nischen sprudelte das Wasser in ein riesiges, der 52 m breiten Fassade vorgelegtes Becken, Steinsitze luden auf dem gepflasterten Vorplatz zum Ausruhen ein.

Das Wasser wurde durch eine Stichleitung vom **Aquädukt** herbeigeführt, der 150 m weiter nördlich das Stadtgebiet erreichte. Schon bei der Anfahrt sieht man mehrere *Pfeilerarkaden* des im 2. Jh.

Kleine Paradiesgärten: Teppiche

Natürlich saß Scheherezade auf einem Teppich aus dem Morgenland, als sie dem Sultan tausend und eine Nacht lang Märchen erzählte! Denn jeder handgefertigte Teppich erzählt selbst eine Geschichte. So gibt es den uralten **Webteppich** der Nomaden, dessen geometrische Muster ursprünglich verrieten, zu welchem Turkstamm er gehörte. Auch die ältesten, in Moscheen gefundenen **Knüpfteppiche** Kleinasiens (13. Jh.) zeigen noch geometrische Muster. Erst im 16. Jh. entstanden unter persischem Einfluss prächtige, mit Arabesken und Blumen geschmückte Knüpfteppiche, die bezaubernde Paradiesgärten sind. Ist ein Teppich klein, handlich und im Muster asymmetrisch (mit einer Nische), so handelt es sich um einen **Gebetsteppich**, den der Gläubige in Richtung Mekka ausbreitet. Ganz wichtig: Jeder handgearbeitete Teppich muss einen Fehler im Muster haben – denn nur Allah ist vollkommen!

n. Chr. erbauten Aquädukts im Gelände, er brachte das Wasser von einer 30 km entfernten Nebenquelle des antiken Melas (heute Manavgat) zur Stadt, im oberen Abschnitt wurde das Wasser streckenweise in einem Felskanal geführt. Da die Halbinsel Side keine Quellen besitzt, war die Zerstörung der Leitung durch gotische Räuberhorden im Jahr 269 eine Katastrophe, doch der reiche Bürger Lollianus und seine Frau bezahlten die Reparatur. Von ihren Ehrenstatuen ist eine Basis erhalten, in deren Inschriften Lollianus als ›Ktistios‹ (Gründer) gerühmt wird (Museumsgarten).

Das **Haupttor** [4] aus dem 3. Jh. v. Chr. wird in Inschriften als das ›Große Tor‹ bezeichnet; ähnlich wie in Perge und Sillyon flankierten zwei Türme einen halbkreisförmigen Hof. Im 2. Jh. n. Chr. wurde das Stadttor dekorativ verändert. Wer zu Fuß geht, kann nach dem Passieren des Haupttors einen Abstecher nach Süden (links) in das wenig ausgegrabene **Gebiet um die Bischofskirche** [5] machen. Dorthin führte eine *Kolonnadenstraße*, von der einige Säulen und Bodenmosaike erhalten blieben. Zu erkennen sind auf der östlichen Straßenseite die Fundamente der ins 5. und 6. Jh. datierten dreischiffigen, 38 m langen *Bischofsbasilika* mit Querschiff und ein daran angrenzendes *Baptisterium* für die Erwachsenentaufe. Im Süden folgen nach Fundamenten eines Martyrions die noch hoch anstehenden Mauern des *Bischofspalastes* mit der Privatkapelle. Im 7. oder 8. Jh. entstand eine Kirche über kreuzförmigem Grundriss, doch ist bisher das Gelände schlecht zu begehen. Das 9 500 m² große Areal wurde vom 5. bis 9. Jh. bebaut und verändert.

Zurück auf der Asphaltstraße befindet man sich auf einer einstmals prächtigen **Kolonnadenstraße** [6] – der Hauptachse der Stadt. Einige Säulen wurden wieder aufgestellt, leider schauen aus den grün überwachsenen antiken Wohnbezirken überall Dächer neuer Pensionen hervor. Ungefähr 40 m vor der Agora kann man links (südlich) der Straße die freigelegten Ruinen vom **Kolonnaden-** und vom **Peristylhaus** [7] besichtigen; die kleinen Grundstücke wirken auf uns vertraut – sicher waren schon damals in bevorzugten Lagen die Bodenpreise hoch. Imponierend ist die geschickte Nutzung der Fläche, beide Häuser besaßen ein Obergeschoss und einen kleinen Innenhof. Bei Morgensonne hat man von der Grenzmauer im Westen einen prachtvollen Blick auf das Theater.

Die 65 × 65 m große **Agora** [8], die ringsum von holzgedeckten *Säulenhallen* umgeben war, konnte man von der Kolonnadenstraße aus durch einen Torbau betreten; in der Mitte des Platzes erhebt sich das Fundament eines runden *Tyche-Tempels*. Die antiken Bauherren wussten, dass an Orten mit derart starkem Publikumsverkehr **öffentliche Toiletten** nötig waren, in selten gutem Zustand findet man diese an der Nordwestecke der Agora vor. In einem geschickt ins Bühnenhaus des Theaters integrierten halbrunden, überwölbten Bogengang ist eine Marmorbank mit 24 Sitzen erhalten, für Frischluft und Wasser war gesorgt. Leider ist zurzeit der gesamte Bereich Agora/Bühnenhaus des Theaters nicht zugänglich.

TOP TIPP Archäologisches Museum

Auf der Nordseite der Agora liegt das **Museum von Side** [9], das über den Resten der **Agora-Thermen** erbaut wurde (Di–So 9–12 und 13–17.30 Uhr). Es gehört zu den schönsten der Türkei. Vor der Front steht ein Säulenschaft mit Reliefs von Gladiatoren und Venatoren, die als ›Berufskämpfer‹ gepanzert in die Arena gingen, ein Beweis für die blutigen Spiele im dafür eigens umgebauten Theater. Der **Museumsgarten** beherbergt inmitten von Blumen unter Bäumen viele Architekturfragmente, Statuenbasen und Sarkophage auf dem Gelände der ehem. Palästra. Hübsch ist der *Nereïdenfries* aus den Hafenthermen, der auf Tritonen reitende Nereïden (Töchter des Meergottes Nereus) zeigt, die Hochzeitsgeschenke für Poseidon und Amphitrite tragen. In der Mitte des 3. Jh. n. Chr. stiftete ein Bürger das mit einer Preiskrone geschmückte Marmorpodest und einen (nicht erhaltenen) vergoldeten Altar, auf dem während der Pythischen Spiele den Göttern geopfert wurde. Sieger in den Spielen durften sich mit einer derartigen, auch auf Münzen des 3. Jh. abgebildeten Krone schmücken – ein frühes Beispiel ebenso pompöser wie hässlicher Siegestrophäen.

Im Kaltbaderaum des Thermen-Museums hängt ein *Plan*, der über die ehem. Verwendung der Räume Klarheit schafft. Zunächst betritt man den heute nicht mehr überdachten **Umkleideraum** (Apodyterium), in dem jetzt eine Statue der

Vom obersten Rang des Theaters in Side hatte man einen herrlichen Blick über die Staatsagora aufs Meer; heute ist der Zugang gesperrt

Siegesgöttin (Nike) und Inschriftensteine ausgestellt sind. Der **Kaltbaderaum** (Frigidarium) besitzt ein sehr originelles rundes Kaltwasserbecken mit einer *Sonnenuhr* der Kaiserzeit und Statuentorsi in den oberen Wandnischen. Auf der gegenüber liegenden Langwand befinden sich die *Reliefs* vom Osttor [s. S. 129]. Das älteste Museumsexponat ist der 1,20 m hohe *Basaltkessel* mit Lotosblüten und -knospen, der syrisch-hethitische Einflüsse verrät (7. Jh. v. Chr.). Eine schmale Tür führt in den aus Heizungsgründen stets relativ kleinen **Schwitzraum** (Sudatorium). Er ist überkuppelt und hat Ecknischen, die heute mit Vitrinen (Kleinfunde) ausgefüllt sind. Die Wände waren marmorverkleidet, wobei Bleistege die Marmorplatten mehrere Zentimeter vor der Wand hielten, damit die Heißluft zwischen Mauer und Marmorplatten aufsteigen konnte.

Dass auch der Marmorfußboden durch das Hypokaustensystem angenehm erwärmt wurde, kann man durch Gitter-

Museum Side: Eroten und Siegesgöttinnen zieren den in der Nekropole gefundenen Sarkophag

fenster im Boden des angrenzenden **Warmbaderaums** (Caldarium) sehen. Hier waren zunächst nur an den Schmalseiten des Raums große Badebecken, später kamen die Becken vor dem Bogenfenster hinzu. In diesem größten Raum der Thermen sind *Brüstungsplatten* vom einstigen Nymphäum untergebracht, so die ›Bestrafung des Ixion‹. Dieser hatte nicht nur seinen Schwiegervater ermordet, sondern wollte sogar Hera verführen: Zeus ließ ihn zur Strafe auf ein brennendes, sich immer drehendes Rad binden. Unter den Statuen fällt außer den *Drei Grazien* der viel geprüfte *Herakles* auf, auch er eine Marmorkopie des 2. Jh. nach hellenistischem Vorbild. Er hält auf dem Rücken die Äpfel der Hesperiden, die Atlas für ihn gepflückt hatte. Ungemein ansprechend wirken die beiden sarkophagartigen kleinen Schreine *(Osteotheken)* für Asche und Gebeine. Der fragmentarisch erhaltene zeigt auf der Frontplatte eine Tür zwischen zwei Siegesgöttinnen, aus dem Türspalt spitzt ein Hund. Auf dem zweiten Aschenkasten erscheint wieder die Tür (wohl als Durchgang zum Jenseits zu sehen); Spindel, Fächer und der (umgestürzte) Wollkorb erinnern an das häusliche Leben der Verstorbenen, ein Schmetterling (griechisch: Psyche) fliegt empor.

Im angrenzenden, einst mäßig warmen **Ruheraum** (Tepidarium), in dem man zwischen Warm-, Kalt- oder Schwitzbad verweilte, stehen als Blickfang zwei besonders schöne Sarkophage aus der Westnekropole von Side. Beide sind mit musizierenden, vom Wein berauschten Eroten geschmückt; der *attische Sarkophag* mit einem als Kline geformten Deckel mit dem Grabherrn. Der Deckel des zweiten, *pamphylischen Sarkophags* imitiert ein schönes, sonst Tempeln vorbehaltenes Marmorsatteldach mit Löwenkopf-Wasserspeiern. Die *Statuen* stammen fast alle aus dem sog. Kaisersaal der Bibliothek an der Staatsagora (2. Jh.) und stellen vorwiegend Götter dar. Unter ihnen fällt Hermes auf, der als Schützer der Wege, Kaufleute (und Diebe) einen Geldbeutel in der rechten Hand hält. Schließlich bezeugen Kopien von berühmten Statuen die große Wertschätzung griechischer Kunst, so der ›Sandalenbinder‹ von Lysipp oder der ›Diskuswerfer‹ von

Myron. Die Statue von Kaiser Licinius (308–323) in der letzten Nische zeigt, wie sehr in schlechter werdenden Zeiten zusätzlich gespart wurde, man wechselte nicht mehr den Kopf der Statue aus, wie das ab Mitte des 2. Jh. üblich war, sondern passte den vorhandenen Kopf in Haar- und Barttracht der neuesten Mode an. Der Name auf dem Sockel sorgte für Aktualität.

Der kleine Verkaufsstand beim Museums-Eingang passt durchaus zum Charakter der ursprünglich hier angesiedelten Thermen-Ladenstraße.

Kurz nach den einstigen Agora-Thermen ist die Kolonnadenstraße durch ein **Bogentor** optisch begrenzt. Es trug wahrscheinlich eine bronzene Quadriga, nach der das Stadtviertel benannt war. Das Tor wurde im 4. Jh. der hastig hochgezogenen inneren Stadtmauer integriert und verengt. Links vor dem Tor steht das **Vespasians-Monument** [10], das noch während der Regierungszeit des Kaisers (69–79) an anderer Stelle aufgerichtet und später hierher versetzt wurde. Dabei funktionierte man es zu einem Nymphäum um. Durch einen Zufall geriet der ehrenwerte und korrekte Kaiser Vespasian so in die Nachbarschaft der Theater-Latrine und bringt den Spruch in Erinnerung, mit dem er die von ihm eingeführte Latrinensteuer rechtfertigte: »Pecunia non olet« (Geld stinkt nicht).

Auf der Nordseite des großen inneren Stadttors lagen weitere Nymphäen und Zisternen; direkt an der Seite des Theaters erhob sich ein kleiner **Dionysos-Tempel** [11], von dem nur das Fundament erhalten ist.

Man sollte sich nun nicht von der hier beginnenden **Hauptstraße** [12] Selimiyes mit ihren vielen Geschäften ablenken lassen, sondern zunächst ins **Theater** [13] gehen, auch wenn die oberen Sitzreihen, die einen schönen Überblick aufs Grabungsfeld bieten, aus Sicherheitsgründen nicht mehr zugänglich sind. Sehr gut lässt sich an der *Außenseite* beobachten, dass die Sitzreihen auf zweistöckigen Gewölbekonstruktionen ruhen. Außer den Eingängen im Erdgeschoss waren darin Läden untergebracht. Die mehr als ein Halbrund umfassende *Cavea* bot 15 000 Zuschauern Platz und ist durch ein Diazoma unterteilt. Deutlich ist der Umbau für Gladiatorenspiele und Tierhetzen erkennbar (Mauer um die Orchestra). Das einst 23 m hohe *Bühnenhaus* ist weitge-

Das innere Bogentor entstand bei der Verkleinerung des Stadtgebiets im 3. Jh. Links das zu einem Nymphäum umfunktionierte Vespasians-Monument

hend zerstört, viele Marmorfragmente (Deckenplatten, Säulentrommeln, Statuen) geben aber einen Eindruck vom Prunk der Schaufassade, deren Sockel wieder den üblichen Relieffries aus der Dionysos-Mythologie besaß. Unter den Metropoliten Sides (seit dem 5. Jh.) nutzte man das Theater als Freilicht-Kirche und fügte zwei Kapellen in die Ecken des Zuschauerraums.

Vom oberen Theaterrang konnte man südöstlich, in Verlängerung des Bühnenhauses und der **Inneren Stadtmauer** [14] (in die das Theater einbezogen war), die quadratische **Staatsagora** [15] erkennen. Sie sollte das nächste Besichtigungsziel sein. An ihrer Ostseite steht noch die – bis auf eine Nemesis-Statue – ihres Schmucks beraubte Prunkwand des ›Kaisersaals‹, von dem so viele Statuen im Museum stammen. Er war der Mittelsaal einer *Bibliothek* und besaß in der Hauptnische eine Statue von Kaiser Antoninus Pius (138–161). Natürlich waren die anderen Seiten der Agora von Säulenhallen umgeben; wozu der zweistufige Sockel in der Platzmitte diente, ist nicht geklärt.

Vom Parkplatz beim Theater führt eine schmale Straße nachen Süden: Hier lag einst der **Heiligen Bezirk**, der von einer *Seemauer* geschützt wurde. Zwischen der modernen Bebauung muss man heute das **Heiligtum für den Mondgott Men** [16] suchen. Die von Hotels und Restaurants gesäumte Uferstraße (Barbaros Cad.) führt zu den einst eindrucksvoll am Meer gelegenen **Tempel von Athena** [18] **und Apollon** [17]. Beide wurden im 5. Jh. n. Chr. zerstört und durch eine dreischiffige *Basilika* mit Atrium überbaut. Obwohl der Tempel der Stadtgöttin Athena entschieden größer war als der für Apollon, wurde heute letzterer durch Wiedererrichten von Säulen restauriert, weil von ihm mehr Architekturteile erhalten blieben. Es handelte sich, wie beim größeren Athena-Tempel, um einen korinthischen Peripteros mit 6 × 11 Säulen, der Fries war mit Medusenhäuptern geschmückt.

Die beiden Tempel lagen an der Kaimauer, es gab ein ›Landungsfest von Athena und Apollon‹, die beiden Götter schützten Hafen und Seefahrt. So muss man nur eine kurze Strecke zurücklegen, um zum Gebiet des **Antiken Hafenbeckens** [19] zu kommen. Antike Münzen bilden den Hafen arkadengesäumt ab, heute ankern hier Ausflugsschiffe, geschützt von der auf antiken Fundamenten errichteten Mole. Zweifellos gab es früher am Kai nicht nur Lagerhäuser und Geschäfte, sondern auch Gaststätten, die wie heute den müden Ankömmling umwarben – nach der Besichtigung eine sehr erfreuliche Parallele zur Antike.

i Praktische Hinweise

Information

Tuder Tourismus- und Hotelierverband, Yalı Mah. Fatih Cad., 36, Side, Tel. 02 42/753 30 00, Fax 02 42/753 50 04, www.sideguide.net

Hotels

*******Terrace Oteli**, Kumköyu Mev., Side, Tel. 02 42/753 25 01, Fax 02 42/753 25 00. Direkt am Strand, 4 km westl. Zentrum, mit 3 Pools, Tennisplatz und Garten.

**** **Club Ali Bey**, P. K. 72 (20 km östlich von Side), Manavgat, Tel. 02 42/748 73 73, Fax 02 42/74 87 38 35. Zweigeschossige Gebäude im osmanischen Stil, großes Sportangebot, 528 Zimmer.

******Defne Oteli**, Side Köyu, Side, Tel. 02 42/753 18 80, Fax 02 42/753 32 33, www.defne-hotel.com. Zwei- bis dreistöckiges Hotel am Sandstrand, 2,5 km vom Zentrum, 350 Betten.

******Hotel Asteria Side**, Kumköyu Mev., Side, Tel. 02 42/753 18 30, Fax 02 42/753 18 39, www.asteriahotels.com. Terrassenförmig am Hang über der westlichen Hotelzone, Garten bis zum Meer, 2 km vom Zentrum, 600 Betten.

*****Cennet Oteli**, Side Köyu, Tel. 02 42/753 11 67, Fax 02 42/753 14 38. Am Sandstrand 3 km vom Ortszentrum, 220 Betten.

Außerdem mehrere direkt am Strand gelegene Klubanlagen wie **Aldiana**, 6 km von Side, und **** **Magic Life**, der Club Seven Seas (mit Aqua Park).

Restaurants

In Side – der Shoppingmeile aller Strandurlauber – herrscht Saisonbetrieb, dementsprechend häufig wechseln Köche und Qualität der Restaurants. Empfehlenswert sind das **Terrassenrestaurant des Anatolia Hotels** am Beginn des Großen Stadtstrands (Büyük Plaj), das **Maria**, ein kleines Gartenlokal am Hafen, und das nahe am Hafen gelegene **Kangal**. Im **Deniz Fish House**, mit Terrasse über dem Weststrand, gibt es teure, aber dafür gute Fischgerichte. Den Preis unbedingt vor der Bestellung aushandeln.

Außergewöhnliche Kulisse: der Teegarten am Manavgat-Wasserfall

33 Manavgat und Seleukeia

Ein von Platanen beschatteter Rastplatz am Wasserfall und eine vergessene Ruinenstadt.

Manavgat liegt an der Küstenstraße 400, der nach dem Ort benannte Wasserfall 3 km nördlich (ausgeschildert ›Manavgat Şelalesi‹), weitere 10 km nördlich liegen die Ruinen der antiken Stadt im Pinienwald.

Die einst so verschlafene Kleinstadt **Manavgat** besitzt heute 70 000 Einwohner und expandiert weiter. Das antike **Side** ist nur noch ein kleiner (wenn auch umsatzstarker) Bereich; neben dem Tourismusgeschäft, dem viele Einwohner Arbeit und Wohlstand verdanken, lebt Manavgat weiterhin vom Umschlag der landwirtschaftlichen Produkte des fruchtbaren Hinterlands. Auf den Feldern wachsen Getreide, Sesam, Gemüse und Baumwolle. Manavgats *Montagsmarkt* ist mit seiner riesigen Menge an Gemüse und Obst für die Urlauber eine Attraktion.

Manavgat-Wasserfall

Manavgat ist nach dem *Manavgat Çayı* benannt, dem antiken Fluss Melas, der bereits Side über einen Aquädukt mit Wasser versorgte. Heute wird der Fluss zum gleichen Zweck weiter oberhalb durch den *Oymapınar-Damm* zum See gestaut und braust im Frühjahr nicht mehr so gewaltig zu Tal wie früher. Vor Erreichen der Küstenebene bei Manavgat stürzt er dennoch in mehreren Katarakten über Felsen zu Tal und bildet Stromschnellen; hier wachsen am – und zum Teil im – Fluss Platanen, die feuchte Standorte lieben. Kein Wunder, dass die Einheimischen die kühlen Plätze im heißen Sommer für ihr sonntägliches Picknick wählten! Bald richtete ein Geschäftsmann am ›großen‹ Wasserfall **Büyük Şelale** ein Teehaus ein, das schnell von den Touristen entdeckt wurde und den erholsamen Abschluss vieler Ausflüge bildet. Der Strom umspült die begehbar gemachten Felsinseln, auf denen Stühle und Tische zum Verweilen einladen. Je nach Wasserstand sprüht die Gischt empor und natürlich ist aus dem schlichten Teehaus längst ein Restaurant geworden. Seit einigen Jahren wird sogar eine Eintrittsgebühr verlangt. Aber wenn man Glück hat und nicht zu viele Besucher da sind (z. B. vormittags) ist dies einer der romantischsten Plätze an der Küste.

TOP TIPP

Seleukeia

Um nach Seleukeia zu kommen, folgt man von Büyük Şelale der Straße nach Norden. Die Strecke ist durchgehend gut ausgeschildert (11 km vom Stadtzentrum Manavgat) und führt durch das Dorf Bucak Sehir. Nach dem Dorf geht die Asphaltstraße in eine gute, aber kurvenreiche und relativ schmale Erdpiste über. Vom Wärterhaus (Schranke, Ticket) führt der Weg noch mehrere Kilometer durch einen Pinienwald bis zum einstigen Südtor der Stadt. Die auf einem Hügel liegende Stadt war nur hier, an der Südseite, nicht durch steil abfallende Hänge geschützt und brauchte eine Stadtmauer.

Geschichte Bei neueren Grabungen wurde ein Inschriftenstein gefunden, der die Siedlung ›Lyrbe‹ nennt und als ›alt‹, d. h. vorgriechisch, bezeichnet. Lyrbe war, an den Münzen gemessen, entschieden bedeutender als Seleukeia, das im Verzeichnis eines antiken Seehandbuchs erwähnt wird und daher eine Küstensiedlung gewesen sein müsste. Einstweilen wird der Ort Seleukeia/Lyrbe genannt. Nach dem Ruinenbefund hatte Seleukeia seine Blütezeit im 1. und 2. Jh. n. Chr. und wurde spätestens im 7. Jh. verlassen.

Der vom Wald überwachsene Ort war praktisch vergessen und nur noch Einheimischen bekannt; erst nach 1970 legte die türkische Archäologin Jale Inan die Ruinen frei. Die hier gemachten Funde wie das schöne *Orpheus-Mosaik* und eine *Bronzestatue des Apollon* sind heute im Museum Antalya zu bewundern [Nr. 24], dennoch gehört die Ruinenstätte zu den sehenswertesten Pamphyliens. Da wegen der Zufahrt Seleukeia nicht zum Ausflugsprogramm der Reisebus-Agenturen gehört, besitzt die Ruinenstadt noch das wunderbare Fluidum einer stillen, im Pinienhain verborgenen Stätte, in der man auf Entdeckungstour gehen kann.

Besichtigung Auch wenn der Wächter (Bekçi) nicht am Ort ist, findet man sich zurecht. Vor dem **Südtor** erklärt eine Tafel Geschichte und Lage der Ruinen, sodass man sich im weitläufigen Waldgelände gut allein orientieren kann. Die auf einem Hügel liegende Stadt war nur hier nicht durch steil abfallende Hänge geschützt und brauchte eine Stadtmauer, von der das als Hoftor angelegte Südtor gut zu kontrollieren war. Der Waldweg führt an unidentifizierten Ruinen vorüber zur **Agora**, die durch ihre Substruktionen, Säulen und Mauern beeindruckt. Der 30 × 30 m große Marktplatz war von einer dorischen Säulenhalle umgeben, viele Säulen standen noch oder wurden wieder aufgestellt. Wie in Aspendos [Nr. 30] musste die Plattform für den Marktplatz am Hanggelände künstlich durch Gewölbeunterbauten geschaffen werden, im Westen war zusätzlich eine mächtige Stützmauer notwendig. An der Nordseite führt ein *Eingang* in die Gewölbe, die in der Antike den Ladenbesitzern als Magazine dienten und heute von den Ausgräbern ähnlich genutzt werden.

Besonderer Blickfang ist das lange Marktgebäude an der Ostseite, das teilweise noch zwei- bis dreigeschossig steht. Seiner Südseite ist ein **Odeon** integriert, dessen Sitzreihen aus Holz waren. Vielleicht fanden in ihm nicht nur Musikaufführungen, sondern auch Ratsversammlungen statt. Interessant sind die leicht trapezförmigen vier Portale, die eine größere Höhe vortäuschen sollten. Die Bauinschrift auf der Frontseite erwähnt einen Bürger Nektareios als Stifter.

Im Nordwestteil der Agora wurde in christlicher Zeit eine kleine **Kapelle** errichtet, die in ihrer Bausubstanz recht ärmlich wirkt. Dagegen war der längliche Raum am Nordrand der Agora mit dem erwähnten *Orpheus-Bodenmosaik* geschmückt und auch das zweite von der Agora geborgene sog. *Ilias-Mosaik*, das am Rand ›Porträts‹ berühmter Persönlichkeiten wie Solon, Thukydides, Lykurg, Herodot, Hesiod, Demosthenes und Pythagoras zeigt, spricht von Reichtum während der hellenistischen und frühen römischen Zeit (Museum Antalya).

Man verlässt die Agora im Norden und entdeckt etwas oberhalb im Wald die **Cella** eines Podiumtempels (mehrere Säulentrommeln im Umfeld verstreut). Ob es sich um einen Tempel oder ein Heroon handelte, ist ungeklärt. Schatzsucher haben den Cellaboden zerstört und aufgegraben. Lohnend ist der Weg in westlicher Richtung, wo am Steilhang die große **Thermenanlage** liegt, auch sie wurde durch hohe Unterbauten gestützt. Von ihren Fenstern hatte man einen weiten Blick auf die Ebene und die Badenden genossen hier sicher den gleichen Komfort wie in Side. Insgesamt dürfte in Seleukeia die Zahl der Bürger gering gewesen sein (höchstens 5000). Deshalb ist es immer wieder faszinierend, wie die römische Zivilisation in der kleinsten Stadt im Gebirge akzeptiert und realisiert wurde – und wie rasch das ganze System unter dem Ansturm von Invasoren zerbrach.

Wer noch ein wenig im Wald spazieren will, kann zur nordwestlich von den Thermen gelegenen Ruine einer **Basilika** wandern, ehe er die ›vergessene Stadt‹ wieder ihrer Waldeinsamkeit überlässt.

Praktische Hinweise

Hotels

Etwa 10 km südlich von Manavgat:

****__Kaya Hotel__, Side-Titreyen-Göl, Tel. 02 42/756 90 94, Fax 02 42/756 90 95, www.kayatourism.com.tr. Viergeschossiger Bau in Gartenanlage, Pool, am grobkörnigen Kieselstrand.

***__Hotel Turan Princess__, Tel. 02 42/756 90 60, Fax 02 42/756 90 80. Hotel am hier kiesbedeckten Strand.

Restaurant

In Bucakşihlar gibt es nur ein *Teehaus*, mehrere gute **Restaurants** findet man in Manavgat am Ostufer des Manavgat Çayı (Fischgerichte; Preis aushandeln!).

34 Alara-Han

Originell gebaute Karawanserei im fruchtbaren Tal des Alara Çayı.

27 km östlich Manavgat von der Küstenstraße nach Norden abbiegen (ausgeschildert), dann 9 km auf guter Nebenstraße.

Bereits die Perser und Römer besaßen Versorgungsstationen an wichtigen ›Fernstraßen‹. Doch erst aus seldschukischer Zeit sind in Kleinasien z. T. sehr umfangreiche Bauten erhalten, in denen Kaufleute mit ihren Lasttieren und Waren sicher untergebracht werden konnten. Die **seldschukischen Karawanen** bestanden häufig aus mehreren hundert Kamelen, ihre Tagesetappe betrug im Allgemeinen neun ›Kamelstunden‹, knapp 30 km. Zum Schutz vor Räubern und wilden Tieren wurden die Rastplätze mit hohen Mauern umgeben. Die großen **Karawansereien (Hane)** besaßen innerhalb des Mauerrechtecks einen offenen, von Arkadenbauten umgebenen **Hof** mit einem kleinen **Bethaus** (Mesçit) und eine angrenzende mehrschiffige, große **Halle** für die Kamele. Die schönsten und bedeutendsten seldschukischen Karawansereien befinden sich im Hochland östlich von Konya und Kayseri (Sultan Hanı); fast immer sind nur die Portale reich mit Stein-Inkrustationen und Stalaktiten-Ornamenten (Mukarnas) geschmückt. Auffallend sind die Spitz-

Lange Zeit war der Alara-Han vom Verfall bedroht, bevor er Ende des 20. Jh. grundlegend renoviert wurde

bogen der Hallen und Lauben, die an frühgotische Kirchen erinnern. Die türkische Literatur verdankt dem Karawanenwesen ihre wunderbaren, heute kaum noch bekannten *Märchen* (z. T. überliefert von Elsa Sophia von Kamphoevener: ›An Nachtfeuern der Karawan-Serail‹).

Von den an der Südküste erhaltenen Karawansereien ist der Alara-Han der interessanteste und am besten erhaltene. Er lag nahe der wichtigsten und kürzesten Straße zwischen Alanya und Konya, die von der Südküste übers Gebirge und den Beyşehir See zur seldschukischen Hauptstadt führte (heute trennt sich die neue, kurvenreiche Straße bei Kızılot von der Küstenstraße 400).

Der nach Norden orientierte **Han** liegt unmittelbar an der Straße, seine 2 m dicke Außenmauer wird durch massive Schutztürme verstärkt und besitzt aus Sicherheitsgründen nur ein einziges *Portal*. Es ist 3,5 m breit und mit einem flachen Kreissegmentbogen und zwei Löwenkopfkonsolen ungewöhnlich schmucklos gehalten, lediglich die arabische *Bauinschrift* von 629 (nach christlicher Zeit 1231) setzt einen Akzent. Sie listet sämtliche Titel des Bauherrn **Alaeddin Kaykobad** auf, der als Enkel Kılıc Arslans das Seldschukenreich zur höchsten Blüte führte und seinen Machtanspruch in seinen Titeln deutlich macht. U. a. nennt er sich »Ländereroberer der Welt, Sultan

Von bezaubernder Schönheit: die violette Blütenampel einer Bananenstaude unter der ›Halskrause‹ grüner Früchte

über Land und Meer, über Rum, Syrien, Armenien und Franken«. ›Rum‹ wurden die Byzantiner genannt, die nach Abstammung und Sprache zwar Griechen, nach Staatsverständnis und Recht aber Römer (Rum) waren. Die Seldschuken in Kleinasien wurden deshalb auch ›Rumseldschuken‹ genannt. Der große Sultan starb 1236, wahrscheinlich ließ ihn sein Sohn und Nachfolger Kayhosrau II. (1236–1246) vergiften.

Der Eingang liegt in der Achse des mit knapp 5 m Breite ungewöhnlich schmalen und 27 m langen Innenhofs und wird links von einem **Brunnenhaus**, rechts vom Wächterzimmer flankiert. Das Brunnenhaus besitzt ein schönes Kreuzgewölbe, an der linken Wand führt eine Treppe aufs Dach. Über einen *Vorhof* gelangt man dann in den korridorartigen **Innenhof**, der im Norden durch eine Mauer abgeschlossen wird; an seinen Langseiten liegen alternierend offene und geschlossene Räume, die spitzbogig überwölbt sind und schmale Luken an den Außenwänden aufweisen. Dies waren die Zimmer für die Gäste, heute beherbergen sie kleine Läden mit touristischem Angebot. Die Tiere und vielleicht auch ein Teil der Waren wurden früher in den hallenartigen **Räumen** untergebracht, die den umbauten Hof an drei Seiten umgeben. Man erreicht sie über schmale, an den Außenmauern entlangführende Gänge. Einziger Schmuck sind die als Konsolen dienenden Löwenköpfe an den Pfeilerarkaden. Wir wissen, dass die Tore der Karawansereien nachts geschlossen waren und erst nach Kontrolle aller Waren am nächsten Morgen wieder geöffnet wurden. Auch hier sind die Vorrichtungen zum Verriegeln der Eingänge noch deutlich erkennbar.

Der Han liegt an der Ostseite vom Alara-Fluss, nur 500 m weiter erhebt sich der auffallend kegelförmige Berg **Alara Kale**, der womöglich bereits von den Byzantinern zur Festung und Burg ausgebaut wurde. Die Seldschuken übernahmen ihn von den Armeniern. Die steilen Felstunnels, Steinstufen und Festungsmauern sind dunkel, ausgeschliffen und baufällig, man sollte sich daher mit dem sehr schönen Anblick von unten begnügen. Wer trotzdem den Aufstieg durch drei übereinander gestaffelte Mauerzüge unternehmen will, sollte eine Taschenlampe mitbringen und sich einem der (hier sehr aufdringlichen) selbst ernannten ›Führer‹ anvertrauen. Auf der Oberburg ist ein türkisches Bad mit Freskenresten zu sehen.

i Praktische Hinweise

Zwei einfache **Gartenlokale** befinden sich beim Han, im Han selbst finden **›Türkische Folkloreabende‹** statt (in Hotels buchbar).

Dank des Feriengebietes an der Küste kommen ständig mehr Touristen zum Alara-Han. Leider wurde der Han mit billigen Mitteln überdacht, was das Gesamtbild sehr stört. Dennoch kann man bei einem Rundgang die gut geplante Anlage erkennen.

35 Serapsu-Han

Seldschukische Karawanserei der etwas bescheideneren Art.

19 km östlich der Abzweigung zum Alara-Han, oberhalb der Küstenstraße 400

Der Han wurde laut Bauinschrift über dem schlichten Portal während der Regierungszeit von Ghiyaseddin Kayhosrau II. [s. S. 137] erbaut und wirkt von außen durch die zinnenbewehrten Mauern und 24 massiven Stütztürme ganz eindrucksvoll. In den Mauern kann man

Spolien entdecken, auch die Zapflöcher der Türflügel sind in alte Säulentrommeln eingelassen.

Wie beim Alara-Han fällt auch beim Serapsu-Han die Bauweise aus dem üblichen Rahmen seldschukischer Karawansereien; hier wurde die bescheidenste Ausführung gewählt. Ein Hof fehlt, der Han ist als einschiffige Halle konzipiert und wirkt bei 62 m Länge und 9 m Breite düster und bedrückend, das niedrige Tonnengewölbe wird von acht Gurtbögen getragen. Leider kann man die Innenanlage des Han zur Zeit nur bei organisierten Abendveranstaltungen kennen lernen.

i Praktische Hinweise

Zwischen Manavgat und Alanya wird die Küstenzone allmählich schmaler, anstelle der ausgedehnten Baumwoll- und Getreidefelder tauchen nun häufig Bananenplantagen auf. Die bisher sehr stillen **Buchten** von **Karaburun** (dem ›Schwarzen Kap‹) und **Incekum** (›Feiner Sand‹) sind touristisch erschlossen, die **Hotel- und Ferienklubs** bieten Sportmöglichkeiten, Animation und Ausflüge an.

Hotels

******Alaeddin Hotel**, Incekum, Tel. 02 42/517 14 91, Fax 02 42/517 10 19. 5–6 Stockwerke, zwischen Meer und Küstenstraße, Sandstrand zwischen Felsklippen, Pool, 475 Betten.

******Botanik Hotel**, Karaburun, Tel. 02 42/5 27 48 50, Fax 02 42/527 40 72, www.botanikhotel.com.tr. Mehrere vierstöckige Bauten am Sand-/Kieselstrand, 650 Betten, gepflegter Garten.

*****Alara Hotel**, Incekum.Tel. 02 42/ 517 35 50, Fax 02 42/517 11 46. Mehrere dreistöckige Gebäude in einem terrassenförmigen weitläufigen Garten, feiner Sandstrand zwischen Felsklippen, 250 Betten.

*****Aspendos Hotel**, Incekum, Tel. 02 42/517 10 91, Fax 02 42/517 12 69. Dreigeschossiger Bau, hübscher Garten, breiter Strand, Küstenstraße führt im Rücken der Anlage vorbei, 400 Betten.

36 Alanya

Plan Seite 140

Betriebsamer Ferienort mit imponierend sichtbarer Geschichte.

Die Küstenstraße wurde verbreitert und umrundet die Stadt im Norden.

Alanya war der erste Ort der ›Türkischen Riviera‹, der vom Tourismus entdeckt wurde, schon 1965 hatten viele deutsche Reiseveranstalter dortige Hotels unter Vertrag. Hier in **Alanya** (TOP TIPP) verband sich auf einfachste Weise, was Urlauber in fremde Länder lockt: ein erholsames Ambiente mit Sonnengarantie und feinem **Sandstrand**, ein liebenswertes, malerisches Städtchen mit guten Ein-

Boots- und Schiffsbau gehören zu den traditionsreichsten Handwerken der Südküste. So ist die typische türkische Kreuzfahrtjacht bis heute aus Holz gebaut

kaufsmöglichkeiten und interessanten Bauten, die eine lange Geschichte lebendig machen. Da störte es kaum, dass die wenigen Hotels durch eine Hauptverkehrsstraße vom Strand getrennt waren, denn es herrschte geringer Verkehr, dafür zog damals noch gelegentlich eine Kamelkarawane am Strand entlang.

Natürlich haben fast vierzig Jahre ›Tourismusgeschäft‹ ihre Spuren hinterlassen: Die Stadt hat sich ausgedehnt, Hotels, Geschäfte und Verkehr haben sich vervielfacht; doch auch die Restauratoren waren nicht untätig und haben sich um die Festung auf dem Burghügel, den berühmten ›Roten Turm‹ und die seldschukische Werft gekümmert.

Geschichte Im Altertum spielte der **Korakesion** genannte Ort keine bedeutende Rolle, hier begann für antike Geographen das ›Rauhe Kilikien‹. Im 2. Jh. v. Chr. stand der prächtig zu verteidigende Stadtberg unter Kontrolle der Seeräuber und wurde erstmals von Historikern erwähnt, als Pompejus d. Gr. in der Seeschlacht von Korakesion (67 v. Chr.) die Seeräuber endgültig besiegte. Als Mark Anton nach seiner ersten, bedeutungsvollen Begegnung mit Ägyptens Königin Kleopatra 41 v. Chr. [s. S. 164] ganz Kilikien an seine Geliebte verschenkte, war auch Korakesion inbegriffen. Die eigentliche Morgengabe war dabei das für den Schiffsbau benötigte Holz aus den Taurusbergen, das Kleopatra für den Ausbau ihrer Flotte verwendete.

In der **römischen Kaiserzeit** stand Korakesion im Schatten von Side, prägte aber seit Beginn des 2. Jh. n. Chr. eigene Münzen. Die **Byzantiner** bauten den Burghügel aus und nannten ihn Kalonoros (›schöner Berg‹), in der Mitte des 11. Jh. okkupierten armenische Fürsten den Platz. Durch Tausch kam die Stadt schließlich in den Besitz der **Seldschuken**, die sie so glänzend befestigten und

Blick von der Zitadelle auf das moderne Alanya ▷

Über der seldschukischen Schiffswerft und dem Südturm der Stadtmauer Alanyas ist ein Teil der Altstadt noch bewohnt

ausbauten, dass die Bauten jener Zeit bis heute das Bild der Altstadt bestimmen. Auch der Name Alanya stammt aus dem 13. Jh.: Sultan Alaeddin Kaykobad nannte sie ›Ala-iye‹, Stadt (Besitz) des Ala.

In späteren Jahrhunderten verfiel die Stadt. An die vergangene Zeit erinnert nur noch ein Wohnviertel am Hang: Häuser mit kleinen, mauerumgrenzten Gärten, in denen Orangen- und Feigenbäume üppige Früchte tragen, die niemand erntet. Die moderne Stadt hat sich entlang der Strände im Westen und Osten des Hügels ausgebreitet.

Besichtigung Der **Rote Turm (Kızıl Kule)** ❶ liegt nahe dem Hafen am Fuß des Burghügels und ist – als markantestes Bauwerk der Stadt – nicht zu übersehen. Der fünfstöckige Turm war der wichtigste Eckpfeiler des dreifachen Befestigungsrings, den Alaeddin Kaykobad I. rund um den Burgberg anlegen ließ. Seinen Namen verdankt er der Backsteinbauweise, den Ruhm jedoch der geradezu genialen Konstruktion. Denn der 33 m hohe Turm kontrollierte als achteckige Bastion nicht nur Seemauer, Hafen und Landmauer, sondern fungierte gleichzeitig als Wasserreservoir. Er wurde 1951–53 sorgfältig restauriert und lohnt trotz seiner unbequemen 78 Stufen den Aufstieg, bei dem sich gut die geniale Konstruktion erschließt (geöffnet Di–So 8.30–18.30 Uhr). Vom früher hier untergebrachten Ethnografischen Museum blieben nur einige verstaubte Paneele aus Moscheen und Koranschulen zurück. Die oberste Plattform gewährt einen umfassenden Rundblick auf die angrenzenden Wohnviertel des Burgbergs, Wehrmauer, Stadt und Hafen. Der erst 1968 eingeweihte Jachthafen wurde bereits zu klein und durch einen zweiten am westlichen Stadtrand entlastet.

Vom Roten Turm aus lässt sich über den Wehrgang der Seemauer die seldschukischen **Schiffswerft** ❷ (Tersane) erreichen (Zugang aus Sicherheitsgründen gesperrt, aber bei einem Bootsausflug gut einzusehen). Die fünf mit Spitztonnen überwölbten Hallen sind die einzigen erhaltenen Werftanlagen aus seldschukischer Zeit. Über dem Eingang verkündet eine arabische Inschrift, dass Alaeddin Kaykobad, ›Herr beider Meere‹ – gemeint waren das Ägäische und das Mittelmeer – die Werft erbauen ließ. Die fünf parallel angeordneten Hallen sind schlicht und schmucklos und durch überwölbte Durchgänge miteinander verbunden. Im Süden wird die Werft durch einen weiteren Turm gesichert.

TOP TIPP Zu Fuß sollte man den **Burgberg von Alanya** erkunden, denn die Zufahrt (auf der Nordwestseite) ist schmal, kurvenreich und bietet wegen der hier parkenden Anrainerautos keine Parkmöglichkeiten. Am besten lässt man sich per Taxi auf den Hügel bringen und wandert später bergab. Die Straße führt durch das **Haupttor** 3, das zwischen dem *Unteren Tor* und der **Nordbastion Ehmedek** 4 liegt. Bei der folgenden Spitzkehre der Straße befindet sich in einem Wachturm die kleine byzantinische **Georgskapelle** 5, die in seldschukischer Zeit als einfacher Betraum (Mesçit) genutzt wurde.

Im weiteren Straßenverlauf erreicht man das **alte Stadtzentrum** innerhalb des mittleren Festungsgürtels. Erhalten sind die **Süleymaniye Camii** 6 mit zwölfeckigem Minarett, ein gedeckter *Basar* und eine zum Hotel umfunktionierte **Karawanserei** 7. In der Nähe steht eine kleine *Grabmoschee*, die Akşebe Türbesi, die im Jahr 1230 erbaut wurde.

Folgt man der Straße weiter, gelangt man nach einer weiteren Kurve zur **Hauptfestung Iç Kale** 8, vor der die Straße endet. Hier bieten Frauen die für Alanya typischen Seidenschals an, sie sind letzte Hinweise auf die lange Tradition der Seidenmanufaktur, die in Alanya bestand. An den *Torbau*, durch den man das Areal betritt, grenzte einst die Residenz. Die wenigen Ruinen der Iç Kale (Obere Burg) sind durch Grünanlagen verbunden; insgesamt wirkt die Festung heute wie eine große, etwas kahle Plattform, von der aus man einen herrlichen Blick nach Westen und Süden auf Meer und Küste genießt. Auf dem Weg zum Westabhang des Plateaus sollte man die winzige, aber durchaus hübsche byzantinische *Kuppelkirche* mit Freskenresten beachten. Unterhalb der Festung erstreckt sich eine schmale *Halbinsel* nach Südwesten, deren wenige noch erhaltene Gebäudereste als **Seldschukische Münze** 9 und **Byzantinische Klosteranlage** 10 identifiziert wurden.

Das **Museum** 11 (tgl. 8.30–12 und 13–17.30 Uhr) von Alanya liegt nahe dem sog. Kleopatra-Strand auf der Westseite des Festungshügels. Die neu gestaltete Einrichtung zeigt Idole und Gefäße aus dem 3. und 2. Jt. v. Chr., urartäische Opferschalen (9.–7. Jh. v. Chr.) und natürlich Werke aus der griechischen und römischen Zeit. Interessant ist der Grabstein des Trebenis (stehend im Lederpanzer mit Lanze) inmitten seiner Familie (1. Jh. n. Chr.), der in Form eines kleinen Tempels gearbeitet ist. In der *Ethnografischen Abteilung* wird ein Wohnzimmer der osmanischen Zeit

In Alanya steht die einzige Schiffswerft aus seldschukischer Zeit. Typische Stilmerkmale seldschukischer Innenräume sind Spitzbogen und -tonnen

Der Rote Turm in Alanya diente zugleich als Wasserreservoir und Festungsturm, der den Naturhafen schützte

vorgestellt; bezaubernde Handstickereien erinnern an die fleißigen Hausfrauen jener Tage. Ganz nahe beim Museum liegt die bei Einheimischen sehr beliebte **Damlataş-Höhle** ⑫. Es handelt sich um eine Tropfsteinhöhle, deren Besuch Linderung bei Asthma- und Rheumaleiden bringen soll, da in ihrem Inneren eine gleichmäßige Temperatur von 22 Grad Celsius herrscht (Bei kurzen Aufenthalten wirkt sie fast unangenehm feucht).

i Praktische Hinweise

Information

Damlataş Mağarası Yanı, Damlataş Cad. 1, Alanya, Tel. 02 42/513 12 40, Fax 02 42/ 513 54 36

Einkaufen

Das **Geschäftsviertel** von Alanya liegt am Fuß des Burghügels.

Hotels

Fast alle Hotels liegen an der Uferstraße, die sie vom Strand trennt (häufige Fußgängertunnels). Am **Oststrand** (Keykubat-Strand) verbergen sich im feine Sand unter der Wasseroberfläche mehrfach scharfkantige Felsen. Am eher kieseligen **Weststrand** (Kleopatra-Strand) ist das Wasser häufig sauberer.

TOP TIPP ****__Alantur Oteli__, Dimçayi Mevkii, Alanya, Tel. 02 42/518 17 40, Fax 02 42/518 17 56, www.alantur.com.tr. Traditionsreiches Hotel: gut 5 km östlich vom Ortszentrum, direkt am Strand in Gartenanlage, vierstöckiges Haupthaus, Bungalows; 650 Betten, drei Pools.

***__Banana Oteli__, Cikcikli Köyu, Alanya, Tel. 02 42/514 10 60. 3 km östlich Zentrum, mehrere Gebäude mit vier Etagen um Innenhof mit Pool gruppiert.

***__Elysee Beach Hotel__, Kleopatra-Strand (1 km westlich des Zentrums), Alanya, Tel. 02 42/512 74 00, Fax 02 42/512 74 06. Fünfstöckiges Haus direkt am Strand, 100 Betten, Pool.

***__Seaport Hotel__, Iskele Cad. 82, Alanya, Tel. 02 42/513 64 87, Fax 02 42/513 43 20. Zentrales Stadthotel mit 120 Betten nahe Hafen, dadurch etwas laut.

Restaurants

Eine Vielzahl an der Parallelstraße zum Hafen; das Preis-Leistungs-Verhältnis variiert kaum. Fischpreise vorher festlegen.

TOP TIPP **Ottoman House**, Damlataş Cad. (nahe Hafen), Alanya, Tel. 02 42/ 511 14 21. Sehr gute türkische Küche in stilvollem osmanischen Haus mit Vorgarten. Leider schon von Agenturen entdeckt, deshalb vorbestellen.

Kilikien – hohe Berge, stolze Burgen, boomende Wirtschaft und wenig Touristen

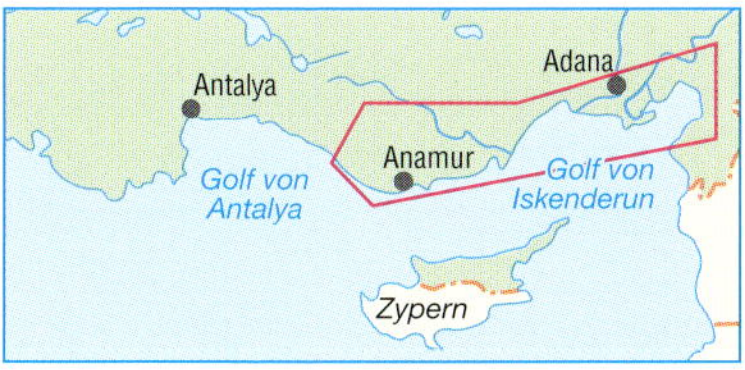

Der gebirgige Küstenstreifen zwischen der pamphylischen Ebene und der fruchtbaren Schwemmlandebene um Adana wurde im Altertum ›Cilicia aspera‹, **Raues Kilikien**, genannt, im Unterschied zum **Ebenen Kilikien** beim heutigen Adana. Im Rauen Kilikien treten die Vorberge des Taurus dicht ans Meer, bilden felsige Halbinseln und unübersichtliche Buchten, die heute großenteils verlandet sind. Denn der frühzeitig einsetzende Kahlschlag an Hölzern für Schiffs- und Hausbau, Erzverhüttung und Hausbrand veränderte die Landschaft, die entwaldeten Berge wurden ihrer Humusdecke beraubt und die zahllosen Küstenbuchten mit Erdreich aufgefüllt. Noch im 1. Jh. v. Chr. boten die hinter Vorgebirgen versteckten Buchten Piratenschiffen Unterschlupf; sie konnten die von Syrien und Zypern kommenden Handelsschiffe ausspähen und aus dem Hinterhalt überfallen. Kein Wunder, dass ›Cilicia aspera‹ einen miserablen Ruf besaß, denn im Inland, dem zerklüfteten Bergland Isaurien, waren die freiheitsliebenden Stämme kaum kontrollierbar und die Küste befand sich immer wieder in Seeräuberhänden.

Landschaftlich ist das Raue Kilikien durch die Kalkmassive der küstennah durchschnittlich 2000 m hohen Taurusberge geprägt: eine abwechslungsreiche **Karstlandschaft** mit steilwandigen Schluchten, Tropfsteinhöhlen und Einsturz-

Östlich von Alanya wird der fruchtbare Küstenstreifen schmaler, hier begann das Raue Kilikien

dolinen, die bisher nur ungenügend für Bergwanderer erschlossen ist. Als ›Naturwunder‹ galten bereits im Altertum die 80 m tiefen Korykischen Grotten, in denen ein unterirdischer Wasserlauf rauschte; auch das Göksu-Tal und Schluchten wie die Lamasschlucht vor Erdemli oder Şeytan Deresi (Teufelsschlucht) nahe Kızkalesi bieten grandiose Eindrücke.

Für **Zoologen** ist die **Lagunenlandschaft** südlich von Silifke interessant, sie ist eine der wenigen verbliebenen Brutstätten des Purpurhuhns (Porphyrio porphyrio). Rosa- und Krauskopfpelikane, Purpurreiher und viele Watvögel machen hier Rast; und im Winter finden sich im Lagunengebiet Kraniche, Blässhühner und verschiedene Entenarten ein.

Für den **Tourismus** ist das jahrhundertelang nur vom Meer aus zugängliche Raue Kilikien durch die erst vor wenigen Jahrzehnten ausgebaute Küstenstraße erschlossen. Dennoch ist das ganze Gebiet eher ein Durchreiseland geblieben. Die Küstenstraße bietet zwar atemberaubende Ausblicke, windet sich aber in ungezählten Kurven bergauf und -ab, führt landeinwärts oder liegt hoch über dem Meer; nur manchmal locken kleine Sandbuchten dicht unterhalb der Straße. Lediglich bei den feinen **Sandstränden** von Anamur und Kızkalesi verweilt man gern länger.

Die ausgedehnte Strandzone vor Içel ist mit hässlichen Ferienapartment-Hochhäusern zugebaut und so fest in der Hand türkischer Urlauber, dass man schon zum Familien- oder Freundeskreis gehören muss, um das lebensfroh laute und dichte Beieinander erholsam zu finden. So erscheint dieser Teil der türkischen Südküste auch in keinem Urlaubskatalog deutscher Ferienveranstalter. Dennoch kann man auf der Durchreise viel Interessantes sehen, Höhepunkte sind die Burg von Anamur, das Kloster Alahan und die Ruinen von Uzuncaburç.

Im rauen Bergland Inner-Kilikiens lebte früher das kriegerische Volk der Isaurier

Erst seit Kurzem wird auf küstennahen, vom Taurus geschützten Terrassen Bananenanbau betrieben

Geschichte Die Geschichte Kilikiens ist bisher erst lückenhaft bekannt. Die Passstraßen über die Taurusvorberge kontrollierten bereits die **Hethiter**. Vom 6. bis ins 4. Jh. v. Chr. beherrschten die **Perser** mit ihrer starken Flotte die Küste des Rauen Kilikien, nach dem Tod Alexanders d. Gr. konnten – im Ringen mit den Ptolemäern – die **Seleukiden** sie längere Zeit zu ihrem Einflussgebiet machen. Der Gründer der Dynastie, Seleukos I. Nikator, siedelte Bewohner im heutigen Silifke (Seleukeia) an, das zur Keimzelle griechischer Kultur wurde. Als nach 190 v. Chr. die Seleukiden nach Syrien zurückgedrängt wurden und sich in zahllosen dynastischen Kämpfen verzettelten, stiegen die **Piraten** zu wirklicher Macht auf.

Rom, das im 2. Jh. v. Chr. noch im westlichen Mittelmeer gebunden war und ständig mehr Sklaven brauchte, profitierte zunächst von den Aktivitäten der Seeräuber. Erst 67 v. Chr. konnte der mit einzigartigen Vollmachten und einer enormen Flotte ausgestattete **Pompejus** in einer beispiellosen, nur drei Monate dauernden Aktion das östliche Mittelmeer von den Piraten säubern. Viele fanden den Tod oder wurden versklavt, andere siedelte er beim heutigen Içel an. Da sich die Piraten zum Teil aus verarmten Bauern rekrutierten, ein durchaus erfolgreiches Experiment. Anfang des 1. Jh. gehörte ›Cilicia aspera‹ zum mächtigen, Rom verbundenen Königreich von Kommagene, bis 72 n. Chr. Kaiser Vespasian die Grenzen des Römischen Reichs bis an den Euphrat vorschob und das Raue und Ebene Kilikien zur **Provinz Cilicia** zusammenfasste.

Nun entwickelten sich auch hier **Städte** mit dem Komfort der römischen Zivilisation, bis 260 der Sassanide Schapur I. (243–273) fast alle kilikischen Städte zerstörte. Kaiser Diokletian (284–305) versuchte, Verwaltung und Verteidigung des Gebiets durch eine Dreiteilung der Provinz zu verbessern, allerdings ohne dauerhaften Erfolg.

Seit dem 11. Jh. musste Byzanz nach mehrfachen Überfällen muslimischer Araber die Küstenregion christlichen Baronen überlassen, die aus Armenien vertrieben waren und sich bald vom Byzantinischen Kaiserreich lösten. Im 12. Jh. etablierte das Geschlecht der Rupeniden das **Königreich Kleinarmenien**, das je nach Bedarf mit den abendländischen Kreuzfahrerstaaten von Zypern, Edessa und Antiocheia oder auch muslimischen Reichen verbündet war. Denn in einzigartiger Weise prallten hier byzantinische (griechisch-orthodoxe), armenische (monophysitische) und lateinische (katholische) Christen und muslimische Eroberer aufeinander, oft waren reine Machtfragen wichtiger als Glaubensfragen. Unter dem Ansturm der Turkstämme entwickelten sich das obere Göksu-Tal und das Bergland zwischen Alanya und Korykos zum Rückzugsgebiet der Christen. Anfang des 16. Jh. fiel Kilikien an die *Osmanen* und gehört heute zum größten Teil als *Provinz Içel* zu den beliebten Feriengebieten der Türken.

Manchmal locken unterhalb der Küstenstraße wunderschöne Strände zum Bad

37 Von Alanya bis Anamur

Herbe Berglandschaft mit vielen antiken Ruinen.

Der Küstenstreifen zwischen Alanya und Silifke besaß in der Antike viele kleine Städte und Burgen, deren Ruinen man links und rechts der Straße aufsuchen kann, ohne dass sie große Eindrücke hinterlassen. Immer wieder entschädigen jedoch die herrlichen Ausblicke auf meerumspülte Klippen, helle schmale Strände und weite Bergpanoramen für die ›Seitensprünge‹.

Einen Halbtagsausflug muss man für den Besuch von **Laertes** veranschlagen, das rund 20 km östlich von Alanya auf 1000 m Höhe in den Bergen liegt und nach knapp einstündiger Wanderung über das Dorf Mahmutlar zu erreichen ist. Die unausgegrabene Kleinstadt wurde, wie der Ruinenbestand zeigt, in mittelbyzantinischer Zeit verlassen.

18 km östlich von Alanya liegt nördlich der Küstenstraße das Dorf Seki, von dem man zum Ruinenfeld der Stadt **Syedra** aufsteigt. In Syedra hielt sich 48 v. Chr. kurze Zeit Pompejus auf, nachdem seine Truppen bei Pharsalos von Caesar vernichtend geschlagen worden waren. Die Ruinen erstrecken sich über mehrere Terrassen und sind bisher nicht erforscht.

Die nächste antike Stadt **Iotape** (heute Aidap) wird von der Küstenstraße durchquert. Meernah liegt an einem kleinen Naturhafen die einstige Wohnstadt mit den Ruinen von Tempeln, Thermen und einer kleinen Kapelle, deren verwitterte Fresken den hl. Georg und den Kirchenstifter zeigten.

Der erste größere Ort östlich von Alanya ist **Gazipaşa**, das frühere **Selinous**. Hier erlag 117 n. Chr. **Kaiser Trajan** den schweren Verletzungen, die er sich im Partherfeldzug zugezogen hatte. Die Asche Trajans wurde im Sockel der Trajansäule in Rom beigesetzt, in Selinous, das kurzfristig in Traianopolis umbenannt wurde, ließ Hadrian für seinen Onkel und Vorgänger ein Kenotaph errichten (Spolien im seldschukischen Bau auf dem 80 x 80 m großen ›Kolonnadenplatz‹ im Ruinengelände).

Ehe die Straße Anamur erreicht, kann man noch das antike Stadtgebiet von **Antiocheia ad Cragum** besuchen, einer Gründung des Königs Antiochos IV. von Kommagene (Zufahrt: 21 km östlich Gazipaşa *vor* dem Bergdurchstich rechts auf Feldweg abbiegen).

Da die Ruinen weit verstreut liegen und speziell die Zitadelle stark überwachsen ist, muss man sich für die Erkundung mindestens zwei bis drei Stunden Zeit nehmen. Im Burggelände finden sich die Überreste mehrerer Kirchen. Die spektakuläre Lage der Zitadelle auf einer Felsklippe erklärt den Stadtnamen (ad cragum: an der Klippe).

Achtung: Östlich von Antiocheia folgen landschaftlich herrliche, starke Steigungs- und Gefällstrecken, die dem Fahrer große Aufmerksamkeit abverlangen (59 km bis Anamur, dort Übernachtungsmöglichkeiten).

Die Burg von Anamur war im 11.–19. Jh. eine der wichtigsten Bastionen der Südküste. Heute genießen friedliche Besucher den Blick aufs Meer

38 Anamur

Anemourion/Eski Anamur: Ruinen einer stolzen, einst prächtigen Stadt – Mamure Kalesi: die besterhaltene Burg der Südküste.

Die neuerdings von türkischen Urlaubern entdeckte Kleinstadt liegt etwas abseits der Küstenstraße 400 und besitzt in Iskele einen Hafen. Zum Ruinengelände des antiken Anemourion führt 5 km westlich von Anamur (ausgeschildert) eine Asphaltstraße nach Süden. Dagegen liegt die berühmte Burg Mamure Kalesi 6 km östlich von Anamur auf einer Landzunge.

Vom 1. bis 3. Jh. war **Anemourion/Eski Anamur** die wichtigste Stadt des Rauen Kilikien, im 7. Jh. wurde sie verlassen und im 12./13. Jh. durch Armenier neu besiedelt und befestigt.

Das Stadtgebiet besitzt zahlreiche gut erhaltene öffentliche Gebäude, mächtige Mauern und Türme; entsprechend groß ist die sehr unterschiedliche Grabtypen aufweisende Nekropole. Kanadische Archäologen untersuchten ab 1987 das Ruinengebiet und bargen viele Mosaike und Kleinfunde.

Um die interessantesten Ruinen im weiten Gelände zu finden, sollte man sich der Führung des Wärters anvertrauen. Die von Mauern umschlossene Stadt dehnte sich bis zum Fuß der Zitadelle hin, die das Kap im Süden beherrscht. Auf der rechten (westlichen) Seite erkennt man den **Aquädukt**, der die Zitadelle versorgte, oberhalb davon zieht sich die Nekropole am Hang hin.

Schon vor dem Stadtzentrum beim Theater liegen die Ruinen von zwei *Basiliken* und *Thermen* im Gelände, weitere Thermen befinden sich nahe der Stadtmauer. Während die Sitzreihen des an den Westhang gelehnten *Theaters* fehlen, ist das **Odeon** recht gut erhalten, es konnte 900 Personen fassen und diente sicher auch als Ratsgebäude. Viele Thermen und Kirchen (wie die **Apostelkirche** aus dem 5. Jh. in Strandnähe), aber auch Privathäuser waren mit Mosaiken und Fresken ausgestattet (z. T. im 1989 eröffneten Museum in Iskele). Die **Zitadelle** dürfte vorwiegend Fluchtburg gewesen

Die ausgedehnte Hangnekropole beweist den jahrhundertelangen Wohlstand der Stadt Anemourion

sein, der mühsame Aufstieg wird durch den großartigen Ausblick aufs Meer und die Stadt belohnt. Hier steht man an der südlichsten Stelle Kleinasiens und kann an klaren Tagen sogar Zypern am Horizont erkennen.

Zum Schluss sollte man die schönsten der mehr als 350 **Gräber** aufsuchen, z. B. das Grab mit Medusenköpfen oder das Grab mit einem Fresko des personifizierten Winters.

TOP TIPP Für die Besichtigung der **Burg Anamur** (Di–So 9–17 Uhr) braucht man keinen Führer, die großartige Anlage ist bestens erhalten und entspricht mit ihren zinnenbewehrten Mauern, 36 Türmen und drei Innenhöfen genau den Ritterburgen aus Kinderträumen. Die Könige von Kleinarmenien erbauten sie im 12. Jh., dann besaßen sie nacheinander die Franken von Zypern, die Emire von Karaman (14. Jh.) und schließlich die Osmanen, die noch 1840 die kleine Moschee im Innenhof errichteten.

Östlich der Burg von Anamur säumen weitere Burgruinen und verlassene antike Orte die Küste: **Softa Kalesi**, wie Anamur eine kleinarmenische Gründung, dann die Ruinen der Stadt **Kelendris**, deren *Pfeilergrabmal* (2. Jh.) das Ruinenfeld überragt, schließlich die hoch über der Küste liegende **Tokmar Kalesi** (Kale = Burg) und **Liman Kalesi** über einem kleinen Naturhafen. Sie alle waren Bastionen gegen Angreifer von See.

i Praktische Hinweise

Information

bei Otogar, Atatürk Bulv. 64, Anamur, Tel. 03 24/814 35 29, Fax 03 24/814 40 58

Hotels

****Anahan Oteli**, Tahsin Soylu Cad., Anamur, Tel. 03 24/814 35 11, Fax 03 24/814 10 45. Große Zimmer, doch mit nur wenig Ambiente.

****Karan Motel**, Bozdoğan Mah. (14 km östlich von Anamur), Tel. 03 24/827 10 27, Fax 03 24/827 13 49. Besonders gut geführtes, wenn auch einfacheres Haus, am Meer gelegen.

Mehrere neue Hotels in **Iskele** (Hafen). Bei der Burg Anamur locken die feinen **Sandstrände** zum Sonnen und Schwimmen. Lokantas am Strand.

39 Ayatekla

Einst bedeutendste christliche Wallfahrtsstätte der Südküste.

2 km westlich von Silifke, Hinweisschild ›Ayatekla/Meryamlik‹.

Gemäß einer schon im 2. Jh. schriftlich fixierten Legende war die bei Seleukeia/Silifke gelegene Höhle Wohn- und Sterbeort der **hl. Thekla**. Als Schülerin des Apostels Paulus wirkte sie als Missionarin, nach ihrem Tod wurde der Platz ein bis ins Abendland bekannter Wallfahrtsort. So gibt es den Bericht der Nonne Aetheria aus Bordeaux, die 384 auf ihrer Pilgerfahrt ins Heilige Land hier Station machte und im benachbarten Kloster wohnte. Von Seleukeia führte ein Treppenweg zur damals 3 km entfernten Pilgerstätte, die der Stadt so viel Ansehen verschaffte, dass Gregor von Nazianz (ca. 329–390) vom ›Seleukeia der hl. Thekla‹ sprach. Die Stätte war bis zum Abzug der Griechen geachtet und ist heute durch einen Wächter geschützt.

Bei einer Besichtigung zeigt der Wärter zunächst die **Höhle**, die im 3. Jh. zu einer dreischiffigen Kirche mit dorischen Säulen erweitert wurde, heute jedoch den Charakter einer Krypta besitzt. Denn 375 wurde über der Höhlenkirche die **Thekla-Basilika** errichtet, von der noch ein Teil der Apsis steht. Diese Kirche muss äußerst eindrucksvoll gewesen sein, mit Vorhalle war sie 90 m lang; auf der Südseite erstreckte sich über die gesamte Länge der Basilika eine Säulenhalle.

Von mehreren **Zisternen** der näheren Umgebung ist die besterhaltene (beim Wärterhaus) dreischiffig (Anfang des 6. Jh.). 100 m weiter nördlich liegen die Grundmauern der sog. **Zenon-Basilika**. Kaiser Zenon (474–491) entstammte dem rebellischen taurischen Bergvolk der Isaurier, das von Ostrom erst durch Eingliederung isaurischer Truppen ins Heer gebändigt wurde, dann aber zwei Kaiser stellte. Die Zenon-Kirche war eine Kombination von Basilika und Zentralbau.

40 Silifke

Hier ertrank 1190 Kaiser Barbarossa im damals Saleph genannten Göksu-Fluss.

Am Fluss Göksu und an der Kreuzung der Straße Nr. 715 mit der Küstenstraße 400 gelegen.

Silifke war seit der Bronzezeit besiedelt und wurde durch Seleukos I. Nikator (312–281 v. Chr.) zur bedeutendsten Stadt im Rauen Kilikien. Der heute Göksu genannte Fluss (der antike Kalykadnos) schuf hier eine fruchtbare Schwemmlandebene, gleichzeitig war das Flusstal Teil der wichtigen Straße zum anatolischen Hochland (Karaman und Konya). Einer der wenigen bedeutenden antiken Gelehrten der Südküste war der Peripatetiker Xenarchos, der um die Zeitenwende Lehrer des Geographen Strabo war. (Peripatetiker waren Schüler des Aristoteles; ihren Namen leiteten sie von dem Umgang bzw. der Wandelhalle ab, in welcher gelehrt wurde.)

Vom antiken Seleukeia, das seine Blüte in der frühen Kaiserzeit hatte, ist heute

Ayatekla: Zwei Säulenreihen tragen die mächtigen Tonnengewölbe der Zisterne

Im damals Saleph genannten Fluss ertrank 1190 Kaiser Barbarossa. Die Schönheit dieser Landschaft blieb den entmutigten und erschöpften Kreuzfahrern wohl verborgen

nichts Sehenswertes erhalten, eindrucksvoll ist jedoch die Burganlage aus dem Mittelalter. Von den Byzantinern erbaut, war sie während des ersten Kreuzzugs 1098 in Hand der Kreuzfahrer, dann wieder byzantinisch und gehörte seit dem 12. Jh. den kleinarmenischen Rupeniden. Im 14. Jh. fiel sie an die Emire von Karaman, seit 1471 war sie im Besitz des Osmanischen Reiches.

Man erreicht die weithin sichtbare **Burg** (Kale) von der Fahrstraße Nr. 715 in Richtung Mut (ausgeschildert). Der polygonale, z. T. doppelte Mauerring ist dem ovalen Hügelquerschnitt angepasst und durch 13 Bastionen verstärkt. Von den Gebäuden im Mauerring sind nur Trümmer erhalten, doch verrät der Ausblick, von welch großer strategischer und handelspolitischer Bedeutung diese Festung stets gewesen sein muss.

Nur 7 km weiter in Richtung Mut erinnert ein **Gedenkstein** oberhalb der Göksu-Schlucht an den Tod von **Kaiser Friedrich I. Barbarossa** im Jahr 1190 (Schild ›Frederik Antı‹). Barbarossa hatte den Kreuzzug durch einen Vertrag mit dem Seldschukenfürsten Kılıc Arslan gut vorbereitet, doch als das deutsche Heer seldschukisches Gebiet erreichte, wurde es attackiert: Kılıc Arslan hatte kurz zuvor das Reich an seine Söhne übergeben und diese fühlten sich nicht an den Vertrag gebunden. Am 17./18. Mai eroberten die Kreuzfahrer Konya; neu mit Proviant versorgt, überquerte das Heer den Taurus, jubelnd sahen die Christen erste Kreuze auf den Feldern Kleinarmeniens. Kurz vor Silifke ertrank dann der bereits 68-jährige Kaiser mit seinem Pferd im Fluss, niemand war Zeuge des Vorfalls. Der Tod des Anführers war eine von mehreren Gründen für das spätere Scheitern des Kreuzzugs. Heute gehört eine TOP TIPP **Kanufahrt auf dem Göksu** sicherlich zu den eindrucksvollsten Erlebnissen in dieser Region. An Kaiser Barbarossa, der einer der schillerndsten Herrschergestalten des Mittelalters war, denkt dabei heute wohl kaum noch jemand.

An der Ausfallstraße zum Hafen Taşucu liegt das **Museum** von Silifke (Di–So 8.30–12 und 14–16 Uhr). Es birgt einen Teil des berühmten *Münzfundes von Gülnar*, der erst 1980 gehoben wurde. Fachleute vermuten, dass es sich um die Kriegskasse von Ptolemaios III. (246–221 v. Chr.) handelt. Der kaum schätzbare Fund gehört zu den wahrhaft spektakulären Münzfunden jüngster Zeit.

Taşucu, der wenig malerische Hafen von Silifke, liegt im Südwesten der Stadt. Von hier besteht die kürzeste Fährverbindung nach Kyrenia/Girne im Norden Zyperns, auch Jachten finden im Hafen Versorgungseinrichtungen. Die naturbelassene **Lagunenlandschaft** im Süden von Silifke ist besonders für Zoologen interessant [s. S. 146].

i Praktische Hinweise

Information

Bilgi, Veli Gürten Bozbey Cad. 6 (nahe Göksu-Brücke und Çadir-Oteli), Silifke, Tel. 03 24/714 11 51, Fax 03 24/714 53 28

Hotels

Empfehlenswert sind nur die Hotels in Taşucu.

***Intermot Oteli**, Bohfak, Silifke-Taşucu, Tel. 03 24/744 62 60, Fax 03 24/744 60 04. Direkt am Meer gelegen.

Restaurants

Baba-Oğlu Restoran, neben dem Busbahnhof, Silifke. Preiswert und gut.

Kale, Gartenrestaurant auf dem Hügel neben der Burg, Silifke. Gutes Essen, schöner Blick auf die Stadt.

In Taşucu sind besonders das **Baba Restoran** und das **Denizkızı Restoran** zu empfehlen.

41 Alahan

TOP TIPP

Hier befinden sich die eindrucksvollsten frühbyzantinischen Kirchenruinen in der Südtürkei.

Im Tal des Göksu, 95 km nordwestlich von Silifke. 20 km nördlich von Mut von der Durchfahrtsstraße Nr. 715 nach Osten abbiegen (ausgeschildert ›Alahan Manastir‹), dann in Serpentinen 2 km auf neu ausgebauter Straße bergan.

Nach den wenig begeisternden Kirchenruinen der Südküste sind die Ruinen von Alahan eine echte Überraschung. Hier liegen hoch über dem Göksu-Tal auf einer schmalen Felsterrasse drei frühbyzantinische Kirchenruinen hintereinander, von denen jede sehenswert ist. Sie gehörten zu einem namentlich nicht bekannten, zerstörten **Kloster**: Die weltferne Lage in 1200 m Höhe, die zur Klostergründung führte, sorgte auch für den guten Erhaltungszustand. Noch 1671 muss die Klosteranlage fast vollständig gewesen sein, denn der ›Weltreisende‹ Evliya Çelebi hielt sie für erst kürzlich fertig gestellt.

Schon die Fahrt durch das oft schmale, von Abgründen und Felswänden begrenzte Göksu-Tal ist äußerst eindrucks-

Einsam über dem Göksu-Tal liegt, hervorragend erhalten, Alahan, die bedeutendste Klosteranlage der Südtürkei (Westfassade der Hauptkirche)

Blick in die Hauptkirche von Alahan. Der aus Hausteinen errichtete Bau besaß Emporen; vermutlich trugen die Eckbogen eine Vierungskuppel aus Holz

voll. Bei der Ankunft auf der hoch gelegenen, lang gedehnten Südterrasse von Alahan fasziniert sofort das ungewöhnlich reich verzierte **Portal** der westlichsten Kirche, einer dreischiffigen Säulenbasilika. Portalwände und -sturz sind aus drei monolithischen Blöcken gearbeitet, Reliefs mit Akanthusranken verraten die antike Steinmetztradition, doch die figürlichen Darstellungen sind einmalig. In der Mitte des Türsturzes prangt ein Christusmedaillon, das zwei horizontal schwebende Engel halten, links und rechts sind Medaillons mit Büsten der Evangelisten ausgearbeitet, nach denen die Basilika **Evangelisten-Kirche** heißt. Die Unterseite des Türsturzes zeigt ein Wesen mit vier Flügeln und Köpfen, einen Tetramorph. Die im Alten Testament vom Propheten Hesekiel beschriebene ›Viergestalt‹ wurde im Neuen Testament (Apokalypse) als Symbol der vier Evangelisten verstanden. Im Langschiff der Basilika stehen noch sechs unkannelierte Säulen mit korinthischen Kapitellen. Die im frühen 5. Jh. erbaute Basilika ersetzte eine zweischiffige Kirche des 4. Jh. an der gleichen Stelle.

Etwas weiter östlich stößt man auf die Ruine eines zweischiffigen **Baptisteriums**; das Taufbecken ist für die damals übliche Erwachsenentaufe im Boden des Nordschiffs eingelassen.

Ein 130 m langer *Portikus* verband die ›Evangelisten-Kirche‹ mit der im Osten hoch aufragenden **Hauptkirche**, die am besten erhalten ist und als *Kuppelbasilika* konzipiert war. Drei mit prächtigen Akanthusreliefs geschmückte *Portale* führen ins Innere, das erhöhte Mittelportal wird durch ein darüber liegendes dreiteiliges Arkadenfenster besonders hervorgehoben. Die vollständig erhaltene *Giebelfassade* verrät, dass es sich um eine dreischiffige Basilika handelte, Einlasslöcher für Vierkantbalken gehörten vielleicht zu einem Vordach oder einer Zwischendecke. Die drei Schiffe des in Joche unterteilten, relativ kurzen Langhauses sind durch Säulen mit sehr schönen korinthischen Kapitellen gegliedert. Das *quadratische Joch* vor der Apsis war überkuppelt, der Übergang vom Quadrat zum Kuppelrund durch Ecktrompen und auf Konsolen stehende kleine Säulen gehört noch zu den frühen, tastenden Versuchen der Kuppelkonstruktionen. Vergleiche mit frühen Bauten in Armenien lassen vermuten, dass das Vierungsquadrat von einer Holzkonstruktion mit Zeltdach überbaut war. Die *Apsis* besitzt ein dreistufiges Synthronon und ein zweiteiliges Arkadenfenster, Teile der Halbkuppel sind erhalten und wie der ganze Bau aus Quadern gefügt. Die Kuppelbasilika wird ins ausgehende 5. Jh. datiert, Ähnlichkeiten mit der schwer zerstörten Zenon-Basilika in Ayatekla/ Meryamlik [Nr. 39] lassen auf Kaiser Zenon als Bauherrn schließen. Die Klosterzellen sind zerstört, man kann aber vor der Felswand zwischen Hauptkirche und Baptisterium noch einige Felsgräber und Sarkophage des ›Friedhofs‹ sehen.

Die Hänge der Umgebung sind mit Pinien aufgeforstet und verstärken mit ihrem belebenden Grün den Eindruck einer friedvollen Oase.

Der Ausflug nach Alahan lässt sich mit dem Besuch von **Uzuncaburç** [s. S. 157 f.] kombinieren, dann muss man für die kurvenreiche Strecke Mut–Uzuncaburç gut 1½ Stunden einkalkulieren. Die asphaltierte Nebenstraße Nr. 33–57 überquert im Bergland auf schmalen Brücken zwei Schluchten und führt an Steilwänden, Schaf- und Ziegenherden und Dörfern vorüber durch das ›Raue Kilikien‹.

i Praktische Hinweise

Am schönsten beleuchtet sind die Ruinen nachmittags. Getränke gibt es in Alahan nicht; man rastet am besten in **Mut**, wo sich direkt an der Hauptstraße ein großer schattiger Teegarten findet. Viele Lebensmittelgeschäfte und Lokantas an der Straße.

42 Demircili und Uzuncaburç/ Diokaisareia

Großartige Tempelruine mit 30 aufrecht stehenden korinthischen Säulen.

Etwa 30 km nördlich von Silifke in rund 1100 m Höhe.

Vom küstennahen Silifke steigt die Straße nach Uzuncaburç rasch an und durchschneidet dabei im Dorfgebiet von **Demircili** eine einstige Nekropole. Hier sind

Reiche Bürger von Seleukeia ließen ihre Grabtempel im heutigen Demircili errichten

im steinigen, von Macchia überwachsenen Gelände vier **Tempelgräber** erhalten, die sich vermögende Grabherren aus Seleukeia errichten ließen. Vor einer weiten Linkskurve liegen etwas erhöht gut sichtbar die beiden besterhaltenen. Das linke Grab ist in Form eines Prostylos errichtet, doch sind von den vier hohen korinthischen Säulen der Vorhalle nur zwei erhalten, auch der Giebel ist eingestürzt. Der rechte Grabtempel ist zweistöckig. Auf einem Antentempel mit glatten ionischen Säulen ruht der Haupttempel als Prostylos in korinthischer Ordnung mit

den weit verstreuten Ruinen von Diokaisareia eingenistet hat.

Geschichte Hier wurde in vorgriechischer Zeit der Wettergott Tarku verehrt, an dessen Stelle *Zeus Olbios* trat. Nach Tarku nannte sich das Priestergeschlecht der **Teukriden**, das im benachbarten Ort Olba residierte und im 3. und 2. Jh. v. Chr. weite Teile Kilikiens beherrschte. Zur Zeit von Kaiser Tiberius (14–37) bekam das Heiligtum Stadtrechte und kurz danach wohl auch den Namen Diokaisareia, mit dem Zeus und die erste Kaiserdynastie (Kaisares) geehrt wurden. In byzantinischer Zeit Bischofssitz, ist das Gelände erst heute wieder bewohnt und nach dem ›Langen Turm‹ (Uzunca Burç), dem 22 m hohen Bau im Norden, benannt.

Besichtigung Vom Parkplatz gelangt man zu fünf korinthischen Säulen eines zerstörten **Torbaus** und geht direkt auf den imposanten Säulenkranz des **Zeus-Tempels** zu. Die Tempelanlage wurde zu Beginn des 3. Jh. v. Chr. von Seleukos I. Nikator begonnen und erst im folgenden Jahrhundert fertig gestellt; die Säulen weisen durch den glatten unteren Säu-

Faszienarchitrav und Akanthusfries, im Giebel prangen zwei kopflose Büsten. Der durch einen offenen Bogen sichtbare Grabraum enthält drei reliefverzierte Sarkophage.

In 1100 m Höhe erreicht man dann das heutige Dorf **Uzuncaburç**, das sich in

Oben: *Schroffe Felsen, karge Weiden, tiefe Schluchten sind typisch für das Raue Kilikien*
Unten: *Der Zeus-Tempel von Uzuncaburç gilt als ältester korinthischer Tempel Kleinasiens*
Links unten: *Nur kurz beleuchtet die Abendsonne das nach Norden orientierte Stadttor*

Narlıkuyu: Das Mosaik der luftbekleideten Grazien erfreute einst den Statthalter Roms

lenschaft ein Detail auf, das erst im 2. Jh. v. Chr. in Mode kam. Von den 6 x 12 Säulen gingen durch den Umbau zu einer Basilika in christlicher Zeit viele verloren, u. a. die Ostreihe und die Cella.

Der Heilige Bezirk wurde 50 v. Chr. mit etwas abweichender Richtung neu ummauert, an der Nordseite verlief die mit Kolonnaden geschmückte Hauptstraße der Stadt. Am Ende des Heiligen Bezirks hält man sich rechts und biegt in den Feldweg (links), der zu den fünf noch stehenden Granitsäulen des **Tyche-Tempels** führt. Im Norden gut zu erkennen ist dann das **Stadttor**, dessen drei Bogen bestens erhalten sind.

Im Nordosten ragt der fünfstöckige **Lange Turm** auf, der bei Überfällen als Fluchtturm diente. Der Turm war wie das Stadttor in eine hellenistische Stadtmauer einbezogen.

Speziell archäologisch Interessierte können weiter nach Ura, dem einstigen **Olba**, fahren (4 km östlich von Uzuncaburç). Hier sind außer der Nekropole vor allem ein gut erhaltener Aquädukt und ein Nymphäum zu sehen.

43 Narlıkuyu und Korykische Grotten

Seit der Antike beliebter kleiner Badeort am Rande gewaltiger Einsturzdolinen.

Narlıkuyu liegt 21 km östlich von Silifke an der Küstenstraße. Vom Badeort führt eine kurze Stichstraße mit 10% Steigung zum Parkplatz vor den Korykischen Grotten (ausgeschildert ›Cennet ve Cehennem‹).

Narlıkuyu (= Granatapfel-Brunnen) erhielt am Ende des 4. Jh. ein kleines **Badehaus**, in dem klares Quellwasser aus den Karstbergen gefasst wurde. Bauherr war der Statthalter Poimenion, der sich in einer griechischen Mosaikinschrift im Baderaum als Wiederentdecker der verschütteten Quelle und als Freund »beider Kaiser« bezeichnet. Dass er bis heute nicht vergessen ist, verdankt er allerdings nur dem mit der Inschrift verbundenen **Bodenmosaik** der ›Drei Grazien‹, das bis heute nichts an Reiz verloren hat. Die nur mit einer Halskette bekleideten jungen

Schönen stehen in der üblichen Haltung an einem Brunnenbecken, von Blumen und Vögeln umgeben; das Mosaik ist aus sehr kleinen Steinen gelegt und von guter Qualität. Man kann sich vorstellen, dass die Muslime bei der Wiederentdeckung des Mosaiks die luftbekleideten Mädchen unter Verschluss hielten – als 1846 Beaufort die Küste bereiste, sah er weder das Mosaik noch die Korykischen Höhlen. Heute bilden Baderaum und Mosaik ein Museum, das die Türken ›Kızlar Hamamı‹ (Mädchenbad) nennen.

TOP TIPP ›Paradies und Hölle‹, **Cennet ve Cehennem**, heißen die **Korykischen Grotten** heute. Die schon von Strabo als »finstere Orte« beschriebenen Grotten sind gewaltige, bis zu 200 m lange und 80 m tiefe Einsturzdolinen. Sicher waren sie bereits in vorgriechischer Zeit Kulthöhlen, die Griechen hielten sie für den Sitz des Ungeheuers Typhon, das Zeus unter Mithilfe von Pan und Hermes tötete. Typhon galt als Vater des Höllenhundes Kerberos, so sah man hier auch einen Eingang zur Unterwelt. Die Christen bauten einen kleinen Tempel zur byzantinischen Basilika um. Auch bei den Muslimen gilt zumindest die heute ›Cennet‹ (Paradies) genannte, gut begehbare Schlucht als geweihter, magischer Ort, nach einer weltweit verbreiteten Sitte binden sie mit Wünschen verknüpfte Stofffetzen in der Hoffnung auf Erfüllung an Büsche und Bäume.

Vom großen Parkplatz sind beide Kessel erreichbar. Während die etwas höher liegende, extrem steilwandige Doline **Cehennem** (Hölle) durch Sperrgitter gesichert, aber einsehbar ist, führt ein Treppenweg zur Talsohle des allerdings recht düsteren **Paradieses**. Hier steht vor der Karsthöhle eine (verschlossene) *Marienkapelle,* deren Vorhof schöne Bogenarkaden aufweist. Der leicht abschüssige, unheimlich wirkende Höhlenraum ist seit einigen Jahren elektrisch beleuchtet; tief unten hört man den Fluss tosen, der den Gang geschaffen hat und bei Narlıkuyu ins Meer mündet.

Hinweis: Unter den modernen Bedingungen haben die alten Kultgrotten zwar ihre Schrecken verloren und sind ein beliebtes Ausflugsziel der Türken, dennoch sollte man zum Besuch der Felshöhle eine Taschenlampe mitbringen und vor allem rutschfeste Schuhe tragen. Aber auch der relativ bequeme Stufenweg zur Talsohle des Kessels vermittelt das Gefühl, in eine andere Welt einzutreten.

In der Antike galten die Korykischen Grotten als Eingang zur Unterwelt. Heute ist die Cennet-Höhle ein zwar nicht leicht begehbares, aber elektrisch beleuchtetes Ausflugsziel

Nur 300 m von Cennet befindet sich die **Tropfsteinhöhle Dilek Mağarası** (auch Narlıkuyu Mağarası), zu der man über einen senkrechten Schacht hinabsteigen kann.

i Praktische Hinweise

Der idyllisch gelegene Fischerhafen Narlıkuyu gehört zu den beliebten Ausflugszielen der Einheimischen; Familien aus Silifke, Içel und Adana kommen hierher, um in den Gärten der **Restaurants am Meeresufer** zu feiern.

44 Korykos/Kızkalesi

TOP TIPP

Sagenumwobene Land- und Seefestung. Um die ›Mädchenburg‹ rankt sich eine traurige Geschichte.

Nur ca. 7 km von Narlıkuyu entfernt an einem herrlichen Sandstrand.

Das weite Ruinengelände der antiken Stadt Korykos ist nicht ausgegraben und wird wenig besucht, umso belebter ist der feine Sandstrand westlich der mächtigen Landburg von Korykos, der von einer Seeburg geschützt wird. Türken nennen den ganzen Ort nach der Seeburg ›Kızkalesi‹ (Mädchenburg). Sie erzählen dazu die von Istanbul bekannte Legende: Einem König war geweissagt worden, dass seine geliebte Tochter frühzeitig an Gift sterben werde. Zu ihrem Schutz ließ er sie auf der Seefestung unterbringen. Eines Tages schickte er ihr einen Früchtekorb, in dem sich eine Giftschlange verborgen hatte – und die Prophezeiung erfüllte sich.

Im Paradies/Cennet – Stalagmiten und Stalaktiten sind charakteristische Karstformen

Geschichte Münzprägungen verraten, dass die Stadt Korykos zur Kaiserzeit unabhängig war, und das weitläufige Ruinengelände vermittelt den Eindruck ehemals großen Reichtums: Dies sind bislang die einzigen Fakten zur frühen Geschichte. Bereits Ende des 6. Jh. scheint die Stadt nach Überfällen von See verarmt zu sein. Während der Kämpfe zwischen Byzantinern und Arabern wurden an der gesamten kilikischen Küste Festungen zum Schutz der Bevölkerung errichtet, in der langen Burgenkette gehören die beiden von Korykos zu den großartigsten. 1099 ließ sie der byzantinische Admiral Eustathios erbauen, noch vor 1200 kamen sie zum kleinarmenischen Königreich. Von 1360 bis 1448 unterstanden sie dem Königreich Zypern, dann konnten die Karamaniden, die bereits Herren der Burg von Anamur waren, Korykos durch Verrat in Besitz nehmen. 1482 wurden die Festungen von den Osmanen erobert.

Besichtigung Das von Macchia überwachsene, steinige und unübersichtliche **Ruinengebiet von Korykos** liegt nördlich der Küstenstraße. Hier imponieren vor allem die **Kirchenbauten**, so kann man (0,5 km nordöstlich der Landburg) die Ruine der sog. *Großen Kathedrale* finden, auch außerhalb der Stadtmauer liegen nahe der antiken Straße (›Via sacra‹), die das eindrucksvolle Gräberfeld durchquert, mehrere christliche Basiliken, u. a. eine Grabeskirche vom Beginn des 6. Jh. und eine Klosterkirche (Ende 6. Jh.).

Bei der **Landburg von Korykos** wurden die vorwiegend aus Spolien errichteten byzantinischen Festungsmauern von den Armeniern mit Zwinger und zweitem Mauerring verstärkt. An der fast rechtwinkligen Südecke der Außenmauer führte eine *Rampe* in den Zwinger, von ihr konnte man die Mole erreichen, die wahrscheinlich die Seeburg mit der Landburg verband. An der See- und Hafenseite (im Südosten und -westen) stehen die durch Türme verstärkten Mauern direkt am Wasser auf dem gewachsenen Fels, im Nordwesten sicherte ein in den Felsen geschlagener Graben die Burg.

Blick von der Landburg zur Seefestung Korykos. Der feine Sandstrand auf der Westseite der Landburg lockt weit mehr Besucher an als die Burgen

Vor dem von Türmen flankierten *Haupteingang* im Nordosten bot eine Vorburg zusätzlichen Schutz. Den Torbau ziert ein armenisches Wappen. Die Mauer ist 192 m lang und wird durch acht Türme gesichert (Eingang auf der Westseite).

Die kleinere **Seefestung Kızkalesi** trägt eine armenische Inschrift mit dem Erbauungsjahr 1151, auch hier stehen die Mauern in beachtlicher Höhe. Zum Übersetzen zur Burg bieten sich Bootsfahrer an. **Vorsicht:** Bei etwas bewegter See ist das Ausbooten bei der Seeburg mangels Landesteg schwierig.

i Praktische Hinweise

Hotels

Die Hotels sind in der Saison meist ausgebucht, der Strand ist dann überfüllt.

***__Kilikya Oteli__, Kızkalesi, Tel. 03 24/523 21 16, Fax 03 24/523 20 84. Privater Strand mit zahlreichen Wassersportangeboten, Pool, Blick auf die Burg.

***__Kızkalesi Barbarossa Oteli__, Kızkalesi, Tel. 03 24/523 23 64, Fax 03 24/523 20 90. Direkt am Strand, schöner Blick auf die ›Mädchenburg‹.

45 Vom ›Rauen Kilikien‹ ins ›Ebene Kilikien‹ nach Mersin/Içel

Kontraste: Ruinen, Nekropolen und der modernste Hafen der Südküste.

Östlich von Kızkalesi lohnen kleine Abstecher von der Küstenstraße in die Karstlandschaft des Rauen Kilikien. So führt eine Schotterstraße von Kızkalesi in Richtung Cambazlı. Biegt man 7 km nördlich von Kızkalesi nach **Adamkayalar** ab, kann man zum *Şeytan Deresi* [s. S. 145] wandern, an dessen Steilwänden antike Felsreliefs beeindrucken. Der Schotterweg nach Cambazlı (20 km) steigt schnell an und folgt teilweise sogar der römischen Straße. Am südlichen Dorfrand von **Cambazlı** schließlich steht die gut erhaltene Ruine einer *Emporenbasilika* vom Anfang des 6. Jh.

Die Küstenstraße durchschneidet zunächst das Ruinengebiet des antiken *Elaioussa Sebaste*, in dem sich das Dorf **Ayas** eingenistet hat. Dann lässt sich hinter Kumkuyu ein kleiner Ausflug nach **Kanlıdivane** (3 km) unternehmen, wo die

Von Tarsos bis Karatepe erstreckt sich das Hauptanbaugebiet für Baumwolle. Als Pflücker arbeiten vorwiegend Wanderarbeiter ▷

Ruinen des antiken *Kanytela* am Rand einer tiefen Doline aufragen. Der Ort gehörte im 2. Jh. v. Chr. zum Priesterfürstentum von Olba (aus dieser Zeit der Turm am Südrand der Doline). Auch hier imponieren außer der großen Nekropole frühbyzantinische Kirchenruinen, von denen eine unmittelbar am Rand des 60 m tiefen Einsturzkessels steht.

Bei **Limonlu** mündet der *Lamas-Fluss* ins Meer, auch dieser alte Grenzfluss zeigt nochmals Bilder des Rauen Kilikien: Auf 25 km Länge hat er eine tiefe, grandiose Schlucht in den Taurus geschnitten, die aber nicht für Wanderer erschlossen ist. Das Ebene Kilikien kündigt sich durch wohlbestellte Plantagen an, u. a. kann man sich auf den Erdnussfeldern überzeugen, dass die Nüsse erst kurz vor der Reife in die Erde wachsen. Die flache Mittelmeerküste ist hier hässlich verbaut und das Stadtgebiet des einst glanzvollen antiken **Soloi** (und späteren Pompeioupolis) wird immer mehr von Neubauten bedrängt: Die einzige Säulenreihe einer ehem. *Kolonnadenstraße* wirkt in dieser Umgebung wenig eindrucksvoll.

Içel ist die moderne Nachfolgerin des antiken Soloi bzw. Pompeioupolis und mit mehr als 300 000 Einwohnern eine geschäftige Großstadt und Kapitale der Provinz Içel. In vielen Häusern und öffentlichen Gebäuden stecken Spolien der antiken Stadt; die Bewohner von Içel sind stolz auf ihre palmengrünen Parkanlagen und nahen, westlich liegenden **Badestrände**, die nicht nur von Bewohnern der Provinz Içel, sondern auch von Feriengästen aus Zentralanatolien, insbesondere Ankara, besucht werden.

Der seit 1954 ausgebaute **Hafen** ist der drittgrößte der Türkei. Hier werden die landwirtschaftlichen Produkte der Provinz (Zitrusfrüchte, Bananen, Erdnüsse, Baumwolle und Holz) verladen. Zum türkischen Nordzypern (Girne) verkehren regelmäßig Autofähren. An den Hafen grenzt ein für Einheimische sehr attraktiver *Vergnügungspark* mit guten Restaurants. Glücklicherweise wurde die Uferstraße, die vor nicht allzu langer Zeit noch Hauptdurchfahrtsstraße nach Adana war, jetzt durch eine Umgehungsstraße entlastet. Am Ostrand der Stadt entstand ein bedeutendes Industriegebiet.

i Praktische Hinweise

Information

Yeni Mah., Inönü Bulv., Liman Girişi (Hafen-Eingang), Içel, Tel. 03 24/238 32 71, Fax 03 24/238 32 72

Hotels

*******Mersin Hilton**, Adnan Menderes Bulv., Içel, Tel. 03 24/326 50 00, Fax 03 24/326 50 50, www.hilton.com. Im Stadtzentrum mit Blick aufs Meer, 270 Betten, Kasino, Disco.

******Mersin Oteli**, Gümrük Meydanı P. K. 264, Içel, Tel. 03 24/238 10 40, Fax 03 24/231 26 25. Gut, aber recht laut an der Straße beim Hafen und Atatürk-Park.

****Toros Oteli**, Atatürk Cad. Nr. 33, Içel, Tel. 03 24/231 22 01, Fax 03 24/237 85 54. Gepflegtes Haus im Zentrum an verkehrsreicher Straße, 10 km zum Strand.

46 Tarsos/Tarsus

Alte Hauptstadt der Provinz Cilicia und Geburtsstadt des Paulus.

42 km westlich von Adana, 8 km abseits der neuen Autobahn durch den Kilikischen Taurus.

Tarsos hat zwar als einzige Stadt der Südküste bis heute seinen antiken Namen behalten, jedoch durch die Verlandung der Flussmündung und Verlegung der Taurusstraße auch seine Bedeutung verloren. Früher war Tarsos nur 2–3 km vom Meer entfernt (heute 15 km) und über den Unterlauf des Tarsus-Flusses (antik: Kydnos) mit Schiffen erreichbar, gleichzeitig kontrollierte die Stadt den Zugang zur ›Kilikischen Pforte‹ (den 1050 m hohen Pass von Gülek Boğazı), der wichtigsten Taurus-Überquerung. Die von steilen Felswänden gerahmte ›Pforte‹ wird heute von der neuen Autobahn im Osten und der ausgebauten Schnellstraße im Westen umfahren.

Geschichte Die Siedlungsgeschichte von Tarsos reicht bis ins 5. Jt. zurück, die Hethiter besaßen hier einen Handelsplatz. Assyrer-, dann Perserkönige eroberten die Stadt, nach Alexander d. Gr. kamen die Seleukiden, schließlich die Römer. 1198 wurde der kleinarmenische König Leo I. in Tarsos gekrönt; hier weilten die Kreuzfahrer Friedrich von Schwaben und Gottfried von Bouillon. Die Osmanenzeit begann mit Sultan Selim I.

Doch nur drei Ereignisse verbinden sich in unserem Gedächtnis mit Tarsos: zunächst die schwere Erkrankung **Alexanders**, die ihn vor der Schlacht von Issos hier wochenlang mit hohem Fieber ans Bett fesselte, sodass seine Begleiter um sein Leben bangten. Dann, 41 v. Chr.,

Tarsos: Wenig glanzvoll wirkt das nach Kleopatra benannte Tor

die von Plutarch so fesselnd beschriebene erste Begegnung von **Kleopatra** und **Antonius**, als Kleopatra »den Kydnosfluss in einem Schiff mit vergoldetem Heck hinauffuhr mit ausgespannten Purpursegeln, während die versilberten Ruder sich zu lieblichen Flötenklängen bewegten ...«. Der Auftakt einer pompös inszenierten Liebe, die in der berühmt-berüchtigtenen Seeschlacht von Aktium (31 v. Chr.) so schmählich endete.

Und schließlich um 10 n. Chr. die **Geburt von Saulus**. Als Sohn jüdischer, streng pharisäischer Eltern erbte er das tarsische und römische Bürgerrecht und

Die Kilikische Pforte wird heute durch moderne Straßen umgangen

absolvierte mit 18–20 Jahren in Jerusalem eine Ausbildung zum Schriftgelehrten, zu der das Erlernen eines Handwerks (Zeltmacher) gehörte. Nach dem Gotteserlebnis auf dem Weg nach Damaskus, das ihn vom Christenhasser zum Gläubigen werden ließ, wurde er auf den Namen Paulus getauft. Anschließend blieb er fast ein Jahrzehnt in seiner Heimatstadt, ehe er Mitte der 40er-Jahre seine Missionstätigkeit als bedeutendster Apostel der Christen begann.

Besichtigung An all die großen Begebenheiten erinnert lediglich das **Kleopatra-Tor** (Kleopatra Kapısı), das mitten in der Hauptstraße (Mersin Caddesi) auf einer begrünten Verkehrsinsel steht. Es stammt aus römischer Zeit und besaß Statuen in den Nischen neben dem überwölbten Durchgang. Auf der anderen Seite des Platzes steht ein **Gedenkstein**, der an die Gewährung des römischen Stadtrechts durch Kaiser Severus Alexander (222–235) erinnert (bis dato hatte die Stadt lediglich den Status einer *Civitas libera*). Schließlich steht im Osten der Stadt der ›Donuk Taş‹ genannte Unterbau eines römischen **Tempels**, der ursprünglich mit einem Kranz von 21 x 10 Säulen vielleicht der Haupttempel der Stadt war.

Während der christlichen, vor allem kleinarmenischen Zeit entstanden mehrere große Kirchen in Tarsos, die nach der Eroberung durch die muslimischen

Mamluken (1359) und unter der Herrschaft der in Adana residierenden Ramazanoğullari zu Moscheen umgebaut wurden. Zu ihnen gehört die dreischiffige **Ulu Cami**, die Große Moschee, aus dem Jahr 1385. Sie besitzt das typische, auf syrischen Einfluss hinweisende überwölbte Eingangsportal aus weißen und schwarzen Marmorbändern und gehört zu einer Stiftung (Külliye), die auch eine Koranschule (Medrese) und einen Grabbau (Türbe) umfasst.

Der vor der Ulu-Moschee liegende gedeckte **Basar** wird wegen der zahlreichen kleinen Einraumgeschäfte Kırk Kaşık (›vierzig Löffel‹) genannt. Als einer der wenigen Touristen wird man hier immer noch wie ein König bedient: Ehe man sich zum Kauf entscheidet, wird man ins Gespräch verwickelt, bekommt einen Stuhl herbeigeholt und ein Gläschen Tee serviert. Und der Juwelier, der für den Tag genügend verdient hat, schließt seinen Laden, damit der Nachbar auch zu seinem Verdienst kommt.

Ein bescheidenes **Museum** (unregelmäßig geöffnet) befindet sich 200 m südlich der Ulu Cami in der **Kubat Paşa Medresesi** aus dem 16. Jh., einer Hofmedrese mit überkuppeltem Iwan (offene Halle zum Hof). Hier findet man neben osmanischem Kunsthandwerk einige kleine antike Marmorwerke; die schönsten Funde von Tarsos sind in auswärtigen Museen untergebracht: der prächtige *Achilleus-Sarkophag* in Adana [Nr. 47] und ein beim Bau des Justizpalastes entdecktes *römisches Bodenmosaik* in Antakya.

Ausflüge

Für die Einheimischen sind die ›Alexander-Wasserfälle‹ ein beliebter Ort fürs Picknick (in der Stadt gut ausgeschildert: ›Şelale‹). Die Wasser des antiken Kydnos rauschen in mehreren Katarakten einige Meter über Felsbrocken hinab. Wahrscheinlich holte sich hier Alexander beim Bad im eiskalten Tauruswasser eine schwere Lungenentzündung.

Ein nicht minder beliebtes Ausflugsziel mit großem Picknickplatz ist für Naturfreunde empfehlenswert: das **Tarsus-Delta** mit seinen **Eukalyptuswäldern**. Man erreicht das Delta von der Straße Nr. 400 am Südrand von Tarsos, ausgeschildert ›Karabucak, Bahşiş‹. Der Tarsus-Fluss wurde in den vergangenen Jahrzehnten kanalisiert, das weite Sumpfgebiet der Mündung trockengelegt und mit *Fluss-Eukalyptus* bepflanzt. Die schnell wachsenden Bäume entziehen dem Boden Feuchtigkeit und werden von Stechmücken gemieden, sind also ein äußerst wirksamer Schutz in malariaverseuchten Gebieten. Der Wald bei Karabucak ist die größte zusammenhängende Eukalyptusanpflanzung der Türkei. Abseits des großen Picknickgeländes kann man *Prachtlibellen* und den *Braunliest* entdecken, eine sehr seltene Eisvogelart. Auf den Wanderwegen wird man vom Eukalyptusduft erfrischt, am Strand gibt es Getränke.

i Praktische Hinweise

Die Hotels von Tarsos sind nicht empfehlenswert, man sollte nach Içel [s. S. 162] oder Adana [s. S. 169] ausweichen.

47 Das ›Ebene Kilikien‹ und Adana

Plan Seite 167

Das ehemals am meisten umkämpfte Gebiet der Südküste und die wichtigste Industrie- und Handelsstadt Südanatoliens mit langer Geschichte.

Die **Geschichte** des Ebenen Kilikien ist lang und ereignisreich. Denn die große Ebene am Südfuß des Taurus ist die Spitze des fruchtbaren ›grünen Halbmonds‹, der sich von Içel über Nordsyrien und den Irak zum Persischen Meerbusen zieht. Zugleich bildet sie den ›Angelpunkt‹ zwischen Nordpalästina und Zentralanatolien: Wer sie beherrscht, kontrolliert den Warenstrom zwischen Süd und Nord, Ost und West. Kein Wunder, dass diese Ebene seit frühester Zeit umkämpft, die Siedlungen oftmals zerstört und wieder erneuert wurden. So findet der Reisende hier entschieden weniger Sehenswürdigkeiten als in den westlichen Küstenbereichen.

Der Hügel Yümüktepe bei Içel ist aus 33 Siedlungsschichten aufgebaut, die bis in die Zeit um 6000 v. Chr. zurückreichen. Während des 2. Jt. v. Chr. gehörte das Ebene Kilikien zum Einflussbereich des **Hethitischen Großreichs**. Von hier stieß der hethitische Großkönig Muwatalli (1315–1282 v. Chr.) nach Süden vor und lehrte den ›großen‹ Ramses II. in der Schlacht von Kadesch am Orontes (nahe beim heutigen Antakya) das Fürchten. Tausend Jahre danach kam **Alexander d. Gr.** ins ›Ebene Kilikien‹ und besiegte bei Issos den persischen Großkönig Dareios III. und öffnete somit das Land der

Weltberühmter Dichter: Yaşar Kemal

Der bedeutendste moderne Schriftsteller der Türkei, Yaşar Kemal, stammt aus der fruchtbaren **Çukurova** in der Provinz Adana. 1923 im Dorf Hemite als Kind armer Eltern geboren, schlug er sich als Hirte und Taglöhner durch und avancierte schließlich zum Journalisten.

Bereits sein erster, 1955 erschienener Roman **›Memed mein Falke‹** (›Ince Memed‹) wurde in mehr als 30 Sprachen übersetzt und machte ihn schlagartig weltberühmt. Er schildert, wie auch die späteren Romane, das Leben der Landlosen, Kleinbauern und ihrer Heimat beraubten Nomaden im schwülen Klima der Çukurova; den täglichen Kampf ums Überleben in Entbehrung, Hass, Blutrache, Ausbeutung und Liebe.

Enttäuscht von der politischen Entwicklung, u. a. der nie durchgesetzten Landreform, äußerte sich der Kurde Kemal zunehmend kritisch, was ihn zuletzt 1996 vor ein Gericht in Istanbul brachte.

Nach vielen internationalen Auszeichnungen würdigte der ihm 1997 verliehene **Friedenspreis des Deutschen Buchhandels** den großen, für die Menschenrechte eintretenden Dichter der Türkei. 2002 erfuhr er auch in der Türkei die ihm gebührende Anerkennung und wurde von der Bilkent-Universität in Ankara mit der Ehrendoktorwürde ausgezeichnet.

griechischen Kultur. Für **Byzanz** wurde die Region seit dem 7. Jh. n. Chr. zum heiß umstrittenen Grenzland: Araber, Armenier, Kreuzfahrer, Seldschuken waren Invasoren und Herren, bis es Anfang des 16. Jh. wieder die Funktion eines Scharniers erhielt, als die **Osmanen** ganz Palästina und Ägypten eroberten.

Landschaftlich ist das Ebene Kilikien mehr fruchtbar als reizvoll: Die riesige, Çukurova genannte Schwemmlandebene der Flüsse Tarsus, Seyhan und Ceyhan ist das größte **Baumwollanbaugebiet** der Türkei und verliert ihre Eintönigkeit nur zur Zeit der Ernte, wenn die bunte Kleidung der Wanderpflücker Farbtupfer setzt. Auch die **Lagunenlandschaft** der Flussmündungen wirkt öde, ist allerdings für Zoologen als Überwinterungsgebiet vieler Wasservögel interessant. Dagegen blüht die Region als Wirtschaftsgebiet. Das schwül-heiße Klima macht Sommerreisen (Juni bis Anfang September) zur Strapaze, dann sollte man auch an Malariaschutz denken.

Adana

Adana liegt im Zentrum der fruchtbaren südanatolischen **Çukurova**, die durch den mehrfach für den Nobelpreis nominierten türkischen Schriftsteller Yaşar Kemal weltweit bekannt wurde.

Wer die Geschichte der modernen türkischen Republik kennt, weiß, dass es bis heute nicht gelungen ist, die Großgrundbesitzer zu entmachten: Hier, in der Çukurova, lassen sich die gewaltigen sozialen Unterschiede täglich beobachten. Nicht nur das Land, auch die verarbeitenden Industrien, Handel, Export, Luxushotels sind in der Hand der Ağas und ihrer einflussreichen Clans.

Geschichte Adanas Geschichte reicht bis ins Neolithikum und in die Zeit des hethitischen Großreichs zurück. Im 9./8. Jh. v. Chr. war ›Adanija‹ Hauptstadt des späthethitischen **Königreichs Kizzuwatna**, das 696 v. Chr. von den Assyrern zerschlagen wurde. Da die Griechen und Römer Tarsos bevorzugten, gewann Adana erst später an Glanz, als die von den Mamluken eingesetzten Emire vom Turkstamm der Ramazanoğulları hier ihre Residenz einrichteten.

Für die **Osmanen**, die ihr Reich bis Ägypten ausdehnten, war die günstige strategische Lage Adanas von großer Bedeutung; Adana wurde Station der Bagdad-Bahn, die mit Hilfe deutscher Ingenieure 1888–1918 erbaut wurde. Am Ende des Ersten Weltkriegs erhob Frankreich Ansprüche auf diesen Zipfel des Osmanischen Reichs, bis 1938 war die südlich gelegene Provinz Hatay mit Iskenderun und Antakya französisches Mandatsgebiet. Nach dem Bau mehrerer Stauseen hat die ganze Provinz Adana ein wahres Wirtschaftswunder erlebt: Die Energieversorgung wurde verbessert, zusätzliche Anbauflächen gewonnen (Agrumen, Reis) und die Baumwollindustrie intensiviert. Längst ist Adana über den Ruf der ›Baumwollstadt‹ hinausgewachsen. Mit modernen Maschinen-, Zement-, Konserven- und Getränkefabriken, aber auch Elektronikwerken, die den arabischen Markt bedienen, ist Adana der größte **Industriestandort** der Südküste geworden. Die 2005 in Betrieb genommene 1800 km lange Erdölpipeline von Baku nach Ceyhan, die jährlich 50 Mio. l Rohöl zum Mittelmeer transportieren kann, erhöht die Bedeutung der Region. Als Universitäts- und Provinzhauptstadt verfügt sie gleichzeitig über ein reiches intellektuelles und kulturelles Leben, deutlich sind auch arabische Einflüsse, z. B. in der Küche und Musik, zu spüren. Die rasante städtebauliche Entwicklung Adanas macht die auf 2 Mio. geschätzte Einwohnerzahl glaubhaft.

Besichtigung Die sehenswerte **Altstadt** zeichnet sich durch ihre verwinkelten Gassen deutlich auf dem Stadtplan ab; im Norden trennt der breite Cemal Beriker Bulvarı, der Teil der Durchfahrtsstraße Mersin-Ceyhan ist, klar die Altstadt von der modernen Neustadt (Rathaus, Verwaltungsbauten, Bahnhof, Sportanlagen und Parks). Das sehr interessante **Archäologische Museum** 1 liegt an dieser Straße (Di–So 9–12 und 14–16 Uhr). Es präsentiert im *Erdgeschoss* frühgeschichtliche Funde aus der kilikischen Ebene, so urartäische Gürtel, Artefakte vom Yümüktepe bei Içel und späthethitische Orthostaten und Reliefs aus Maraş (nordöstl. Karatepe). Besonders erwähnenswert sind der Sarkophag in Mumienform mit weiblichem Kopf aus Sidon (4. Jh. v.

Nach Adana kommen kaum Touristen: In der immer moderner werdenden Stadt sind die Tage der ambulanten Getränkeverkäufer gezählt

Chr.?) und der schon erwähnte Achilleus-Sarkophag aus Tarsos (Ende 2. Jh. n. Chr.) mit prächtigen Reliefs. Auf ihm ist der greise trojanische König Priamos dargestellt, wie er kniefällig um die Herausgabe seines toten Sohnes Hektor bittet. Bemerkenswert sind auch die Bronzestatue

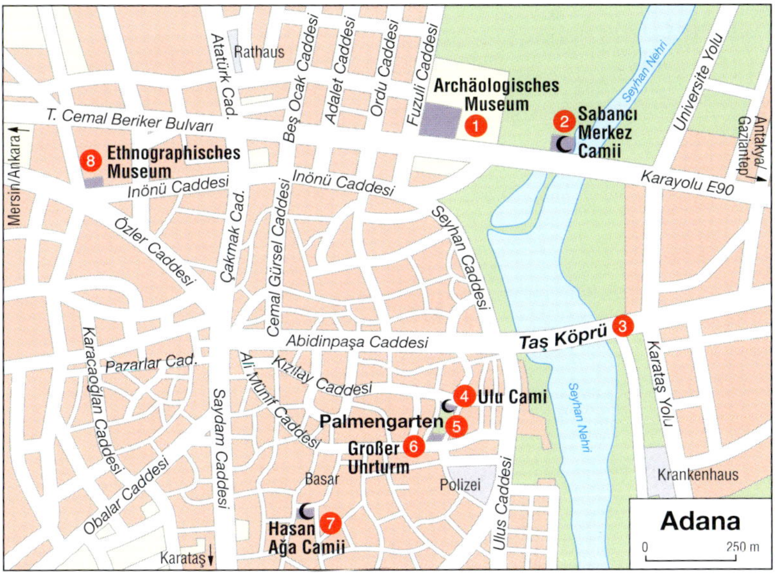

Über 28 000 Gläubige fasst die Sabancı Merkez Camii und ist damit die drittgrößte Moschee der Türkei

eines römischen Senators (2. Jh. n. Chr.) und die spätrömische Büste eines Kaiserkult-Priesters. Im *Obergeschoss* sind hethitische Siegel und z. T. sehr schöne Münzen zu sehen (Abt. oft geschlossen).

Das Museum liegt nicht weit der modernen Brücke und der im Jahr 2000 eingeweihten gewaltigen **Sabancı Merkez Camii** 2. Wie die Großmoscheen in Ankara und Istanbul besitzt sie topmoderne Versorgungs- und Einkaufszentren. Größe (Kuppelscheitel 53 m), sechs 76 m hohe Minarette und Ausstattung sind sichtbare Zeichen für Anspruch und Finanzkraft der die Wiederbelebung des Islam betreibenden Kräfte – und des Reichtums der Sabancıs, der zweitreichsten Familie der Türkei. Südlich der modernen Brücke überspannt die 310 m lange **Taş Köprü** 3 (Steinbrücke) den Seyhan. Sie erinnert als einzige Sehenswürdigkeit Adanas an die Antike; sie wurde zur Zeit Hadrians mit damals 21 Bogen errichtet und im 6. Jh. restauriert. Nach der völligen Überholung 1949 gilt von den 14 verbliebenen Bogen lediglich der westliche als antik (justinianisch).

Von der Taş Köprü kann man direkt zu der bedeutendsten Moschee Adanas gelangen, der außen wie innen reich verzierten **Ulu Cami** 4, die mit hohem Minarett die Häuser überragt. Sie ist eine Stiftung der Ramazanoğulları, begonnen 1507 von Emir Halil Paşa, vollendet 1541 unter seinem Enkel Mustafa Paşa, als bereits die Osmanen herrschten. Hier befindet sich auch die Grablege der Dynastie.

TOP TIPP

Man betritt die Anlage durch das *Ostportal* neben dem Minarett. Die Portalfassade zeigt mit dem Wechsel von weißen, schwarzen und cremefarbenen Marmorlagen wieder syrische Einflüsse, die in Kombination mit der seldschukischen Stalaktitenhalbkuppel das schöne horizontale Koransuren-Fayencenband über dem Türsturz fast zum dekorativen Beiwerk degradieren. Auch das hohe, achteckige *Minarett* zeigt in seinem reichen Schmuck syrisch-seldschukische Stilmerkmale, sein unorthodox überdachter Umgang wird von einem Stalaktitenkranz getragen. Über den mit Spitzbogenarkaden umgebenen *Hof* betritt man die dreischiffige Moschee, deren Kiblawand (Mekka-Seite) mit feinen Fliesen aus Iznik geschmückt ist. Auch der im Osten angebaute *Grabbau* mit den Sarkophagen Halils und seiner beiden Nachkommen ist mit herrlichen Fliesen geschmückt, die zu Recht mit denen der Rüstem-Paşa-Moschee in Istanbul gleichgesetzt werden. Im Südosten des Betsaals befinden sich die Gräber der Frauen; wunderschönen Fayencenschmuck besitzt weiter der Raum auf der Westseite der Moschee.

Nun geht man durch den hübschen kleinen **Palmengarten** 5 nach Süden und kommt zum 32 m hohen **Großen Uhrturm** 6, der 1882 im Auftrag des damaligen Gouverneurs errichtet wurde. Der Turm ist eine gute Orientierungshilfe, wenn man in den südwestlich angrenzenden **Basar** eintaucht, der ganz den Bedürfnissen der Einheimischen dient. Beim Bummel durch den Basar kann man sich zur **Hasan Ağa Camii** 7 durchfragen, die als einzige alte Moschee im osmanischen Stil erbaut ist und dem berühmten Architekten Sinan (1489–1588) zugeschrieben wird. Interessierte können schließlich bei einem Besuch im **Ethnographischen Museum** 8 Volkstrachten, Handarbeiten und – wie im ›Roten Turm‹ von Alanya sogar ein Nomadenzelt bewundern.

i Praktische Hinweise

Information

Tourist-Infomation, Atatürk Cad. Nr.13 (bei der Mersin-Ceyhan), Adana, Tel. 03 22/363 12 87, www.adana.com

Hotels

In der schwülen Sommerhitze sind Klimaanlagen wichtig. Bei Fünf- und

Die reich verzierte Kuppel der Sabancı Merkez Camii

Viersterne-Hotels selbstverständlich, bei drei Sternen sind oft lediglich die Aufenthaltsräume klimatisiert.

*****Büyük Sürmeli Oteli**, Kuruköprü Özler Cad., Adana, Tel. 03 22/352 36 00, Fax 03 22/352 19 45, www.surmelihotels.com. Elegant, mit Nachtlokal (Gazino).

****Inci Oteli**, Kurtuluş Cad. 40, Adana, Tel. 03 22/435 82 34, Fax 03 22/435 83 68. Modernes Haus im Zentrum, mit Disco, Türk. Bad und Hallenbad.

Restaurants

Empfehlenswert sind das **Liman Lokansı** in der Bürohauspassage gegenüber der Tourist-Information und das **Restaurant im Hotel Seyhan** an der Durchgangsstraße. Sehr gut, aber auch teuer, isst man im **Restaurant vom Büyük Hotel** und im **Flughafen-Restaurant** (8 km vom Zentrum).

48 Karatepe

TOP TIPP *Landschaftlich reizvoll gelegene Sommerresidenz eines späthethitischen Kleinfürsten.*

Zunächst auf der vierspurigen Autobahn bis Osmaniye (85 km östlich von Adana); in Ortsmitte von Osmaniye abzweigen in Richtung Kadirli, nach wenigen Kilometern nordostwärts 26 km bis Karatepe (ausgeschildert).

Der Ausflug nach Karatepe (= Schwarzer Hügel) gehört zu den Höhepunkten im Ebenen Kilikien. Das Gebiet um die erst 1946 entdeckten Ruinen wurde als ›historischer‹ Nationalpark ausgewiesen (Karatepe-Aslantaş Milli parkı) – ein Waldgebiet, das die ehemalige hethitische Festung Domuztepe (Schweinehügel) und

Die Ruinen der späthethitischen Sommerresidenz wurden erst nach dem Zweiten Weltkrieg am Karatepe, dem Schwarzen Hügel, entdeckt. Die Inschriftenblöcke zwischen den Reliefs lieferten den Schlüssel zur endgültigen Entzifferung des Hethitischen

den Ceyhan-Stausee miteinbezieht. Wie alle Nationalparks ist auch dieser ein beliebtes Erholungsareal (Picknick, Angeln).

Auf dem Weg zum Karatepe durchfährt man weite Baumwollfelder, die vom Ceyhan-Fluss bewässert werden.

Auf der Anreise kann man 13 km vor Karatepe die Ruinen von **Hierapolis Kastabala** (heute Bodrumkale) besichtigen, der Hauptstadt des gleichnamigen Priesterfürstentums, das es im 1. Jh. v. Chr. gab. Hier findet man Reste der alten Kolonnadenstraße, die von der mittelalterlichen Burganlage überragt werden.

Geschichte Der seit 1933 an der Universität Istanbul lehrende deutsche Archäologe Hellmuth Bossert entdeckte 1946 die überwachsenen Ruinen der späthethitischen Residenz, die er in den folgenden Jahren zusammen mit türkischen Kollegen, vor allem Halet Çambel, freilegte. Der wichtigste Fund war eine Bilingue, eine über mehrere Platten laufende zweisprachige **Inschrift** in phönizischer Schrift und hethitischen Hieroglyphen, welche die endgültige Entzifferung des **Hethitischen** ermöglichte.

Der Hügel war nach dem Untergang des Hethitischen Großreichs (um 1200 v. Chr.) besiedelt. In der zweiten Hälfte des 8. Jh. v. Chr. ließ sich hier Asitawanda, der Herrscher über Kizzuwatna, eines der kleinen späthethitischen Reiche, seine Residenz errichten. Anfang des 7. Jh. v. Chr. wurde das Königreich von den Assyrern erobert und die Residenz zerstört.

Die Anlage umfasste einen heute stark zerstörten **Palast** auf dem Gipfel, der von einer 1000 m langen Mauer umgeben war. Wieder aufgerichtet wurden vor allem die mit Reliefs und Hieroglyphen geschmückten Steinplatten (Orthostaten) der Toranlagen im Süden und Norden.

Sie sind deshalb einzigartig, weil sie im Unterschied zu allen anderen hethitischen Denkmälern ein weniger kriegerisches, eher heiteres Bild vermitteln: So sitzt der etwas dickliche Lokalfürst gemütlich beim Mahl, von Musikanten unterhalten, während seine Diener ihm kühle Luft zuwedeln oder Speisen und Getränke herantragen. Ein Äffchen hockt unter dem Tisch. Einmalig im Hethitischen sind Bilder einer stehenden Mutter, die ihrem ebenfalls stehenden Kind die Brust gibt, und ein Schiff mit Kapitän und Ruderern. Natürlich fehlen auch typisch hethitische Motive nicht: Löwen, Sphingen (stark zerstört), Krieger und Jagdszenen. Die Hieroglyphen berichten, dass Asitawanda und sein Volk zwar »stets in Glück und Wohlstand« lebten, aber der König auch Aufsässige aus der Gegend von Adana an die Ostgrenze deportieren ließ (eine schon bei den Großkönigen beliebte ›Befriedungsmethode‹).

Besichtigung Vom Wärter- und Grabungshaus beim Parkplatz aus werden Besucher begleitet. Zunächst führt der Weg auf den Hügel zum **Südeingang**, wo auf der linken (westlichen) Seite *Asitawanda beim Mahl* zu sehen ist. Vor dem mit einem Innenhof versehenen Eingang wachten steinerne Löwen (beim Nordtor erhalten). Auf dem einstigen Palastgelände steht die (assyrischen Einfluss verratende) *Statue Asitawandas*. Man geht nun bergab zum **Nordtor**, wo links die Orthostaten mit der *Schiffsdarstellung* und die *Mutter-Kind-Szene* stehen. Auffallend sind insgesamt Einflüsse aus dem assyrischen und phönizischen Raum (Flügel- und Mischwesen), die auch durch die hier vorhandenen Steintafeln mit phönizischer Schrift deutlich werden. Die Augen der *Löwen* waren mit weißer Glaspaste eingelegt. Der Rundweg führt am Fuß des Hügels zurück zum Wärter- und Aufenthaltsraum.

i Praktische Hinweise

Im **Freilichtmuseum** von Karatepe darf nicht fotografiert werden, Kameras muss man hinterlegen. Das Museumsgelände ist 12–14 Uhr (gelegentlich bis 14.30 Uhr) geschlossen, manchmal kommt einer der Wärter aber auch früher. **Getränke** sollte man mitbringen, nach Voranmeldung wird eventuell Tee gekocht.

Die Landschaft um den Schwarzen Berg gehört heute zum Karatepe-Nationalpark. Der neue Stausee lockt Wochenendausflügler in das nahezu unbesiedelte Gebiet

COFFEE
LAVANDER
THYMIAN
MINT
COFFEE
ORANGE TEA
APPLE
VERY HOT PEPPER
CHERRY TEA

Türkei-Südküste aktuell A bis Z

Vor Reiseantritt

ADAC Info-Service:
Tel. 018 05/10 11 12, Fax 018 05/30 29 28 (0,12 €/Min.)

ADAC im Internet:
www.adac.de
www.adac.de/reisefuehrer

Türkei im Internet:
www.reiseland-tuerkei-info.de

Informationsabteilung des Türkischen Generalkonsulats

Deutschland
Tauentzienstr. 7,
10789 Berlin,
Tel. 030/2 14 37 52, Fax 030/214 39 52,
www.tuerkei-kultur-info.de

Baseler Str. 35, 60329 Frankfurt,
Tel. 069/23 30-81, -82, Fax 069/23 27 51,
info@reiseland-tuerkei-info.de

Österreich
Singerstr. 2 – 8, 1010 Wien,
Tel. 01/512 21-28, -29, Fax 01/513 83 26,
www.turkinfo.tic.at

Schweiz
Stockerstr. 55, 8002 Zürich,
Tel. 04 42 21 08 10, Fax 04 42 12 17 49,
turkeiinfo@bluemail.ch

Allgemeine Informationen

Reisedokumente

Reisende aus der Bundesrepublik, Österreich und der Schweiz sollten den gültigen **Reisepass** bzw. Kinderausweis mitführen, vielfach genügt der Personalausweis. Für einen Aufenthalt von mehr als 3 Monaten besteht **Visumpflicht**. Österreicher benötigen zur Einreise ein Visum, das vor Ort ausgestellt wird.

Kfz-Papiere

Nationaler Führerschein oder Internationaler Führerschein, Fahrzeugpapiere, Grüne Versicherungskarte. Bei der *Einreise* wird das Fahrzeug beim türkischen Einreisezollamt im Reisepass eingetragen (Formular ausfüllen). Das dazugehörige Formular ist bis zum Verlassen des Landes gut aufzubewahren. Bei der *Ausreise* darauf achten, dass der Eintrag im Reisepass gelöscht wird.

Sehr empfehlenswert: Abschluss einer Kurzkasko- und Insassenversicherung, darüber hinaus eine schriftliche Bestätigung der Kfz-Versicherung, dass die Deckungssumme des Vertrages auch für den asiatischen Teil der Türkei gilt. – Schutzpass der Autoclubs (z. B. ADAC).

◁ *Kaleidoskop der Südküste: Bauchtanz, Kamelreiten, Gewürzbasar und Teppichladen*

Krankenversicherung und Impfungen

Auslandskrankenscheine der Krankenkassen berechtigen zur kostenlosen Behandlung in öffentlichen türkischen Krankenhäusern und bei Vertragsärzten. Zusätzlich empfiehlt sich eine **private Auslandskrankenversicherung**.

Hund und Katze

EU-Heimtierausweis mit Kennzeichnung des Tieres, tierärztliches Gesundheitszeugnis (nicht älter als eine Woche vor Einfuhr); für Tiere über 3 Monate Impfungen gegen Tollwut, Parvovirose, Distember, Hepatitis und Leptospirose. Impfungen müssen mindestens 15 Tage vor Einreise erfolgt sein.

Zollbestimmungen

Waren des persönlichen Gebrauchs sind zollfrei, dazu gehören jeweils bis zu 200 Zigaretten, 50 Zigarren, 200 g Tabak, 1,5 kg Kaffee, 500 g Tee, 5 l alkoholische Getränke, 5 Fl. Parfum (à 120 ml), 1 kg Schokolade oder 1 kg Süßigkeiten. Wenn Sie **Teppiche** kaufen, vergessen Sie auf keinen Fall die Quittung, die Sie beim Zoll vorlegen müssen. Es empfiehlt sich außerdem, elektronische Geräte oder wertvollen Schmuck bei der **Einreise** in den Reisepass eintragen zu lassen (u. U. Kaufbestätigung vorlegen), um sich Schwierigkeiten bei der Ausreise zu ersparen; das gilt besonders für Mobiltelefone und Laptops.

Bei der Ausfuhr von **Antiquitäten** (Gegenstände, die über 100 Jahre alt sind) benötigen Sie die schriftliche Genehmigung einer Museumsleitung. Ansonsten sind Erwerb, Besitz und Ausfuhr von Antiquitäten, auch von alt aussehenden Gegenständen, Fossilien und behauenen Steinen, unter Androhung hoher Gefängnisstrafen verboten.

Bargeld darf bis umgerechnet max. 5000 US-Dollar ein- bzw. ausgeführt werden.

Geld

Währungseinheit ist die *Türkische Lira*. Anfang 2005 nahm die Regierung die größte Währungsreform seit 70 Jahren vor und führte die Neue Lira (Yeni Türk Lirasi, YTL) ein: sechs Nullen wurden gestrichen, 1 Million der alten Währung wurden 1 Neue Lira, die Farbe der Geldscheieine blieb unverändert. Dadurch erlangte auch die Kleingeldwährung Kurus wieder Bedeutung: 1 YTL sind 100 Kuruş. Vorsicht: die 50 Kuruş-Münze ähnelt der 1-€-Münze! In vielen Orten der Südküste wird der Euro akzeptiert, bei Tankstellen Euro- oder Kreditcard. Bankomaten sollte man nur bei Banken, nicht bei Wechselstuben benutzen. Die Inflation wurde zwar deutlich gesenkt, dennoch empfiehlt es sich, erst in der Türkei zu tauschen.

Wechselquittungen aufbewahren: Bei der Ausreise werden TL nur gegen Quittung in ausländische Währung zurückgetauscht, außerdem gilt die Quittung als Nachweis, dass ein Wertgegenstand (z. B. Teppich) mit umgetauschtem Geld gekauft wurde.

Tourismusämter im Land

In allen größeren Orten (s. **Praktische Hinweise** im Haupttext) gibt es Außenstellen der *Fremdenverkehrsämter*. Sie sind im Sommer in der Regel von 8–12 und 13.30–17 Uhr geöffnet.

Informationsabteilung des Türkischen Generalkonsulats in Antalya
Ahi Yusuf Camii Yanı, Káleiçi,
Tel. 02 42/247 50 42, 02 42/247 05 41,
02 42/243 15 87, Fax 02 42/247 62 98

Notrufnummern

Erste Hilfe: Tel. 112

Feuer: Tel. 110

Polizei: Tel. 155

Verkehrspolizei: Tel. 156

Gesundheitsberatung: Tel. 184

Hilfreich ist die **Touristenpolizei** (spricht meist englisch oder deutsch) in Antalya, Tel. 02 42/243 10 61

ADAC-Notrufstation Istanbul:
Tel. 02 12/288 71 90 (deutschsprachig, ganzjährig Mo–Fr 8–19, Sa 8–15 Uhr)

ADAC-Notrufzentrale München:
Tel. 00 49 89/22 22 22 (rund um die Uhr)

ADAC-Ambulanzdienst München:
Tel. 00 49/89/76 76 76 (rund um die Uhr)

Bei **Unfällen** mit dem Auto ist für die Schadensregulierung ein Polizeiprotokoll erforderlich, man sollte allerdings keinesfalls das Protokoll in türkischer Sprache unterschreiben. Alkoholtest verlangen (beugt eventuell späteren Einwendungen vor). Bei Schäden am Leihwagen die Vertretung im nächstgelegenen Ort anrufen.

Ärztliche Versorgung

An der Südküste gibt es keine ausländischen **Krankenhäuser** (Krankenhaus: türkisch: *Hastane*); bei ernsten Fällen Amerikanisches Krankenhaus Izmir (Amerikan Hastanesi, 1375 Sok., Alsancak), Tel. 02 32/484 53 60.

Türkische **Ärzte** sprechen meist eine Fremdsprache. Am besten ist Barzahlung und Rückerstattung zu Hause [s. S. 173].

Medikamente sind in der Türkei preiswerter als in Deutschland, Österreich oder der Schweiz, allerdings nicht alle erhältlich; deshalb gehören dringend benötigte Medikamente unbedingt ins Reisegepäck.

Diplomatische Vertretungen

Deutschland
Botschaft in **Ankara**, Atatürk Bul. 114,
Tel. 03 12/455 51 00, Fax 03 12/426 69 59

Konsulat in **Antalya**, Yesilbahçe Mah., Pasakavaları Cad., 1447 Sok.,
Tel. 02 42/322 94 66, Fax 02 42/321 69 14

Österreich
Botschaft in **Ankara**, Atatürk Bul. 189,
Tel. 03 12/419 04 31, Fax 03 12/418 94 54

Konsulat in **Antalya**: Namak Kemal Bul. 82, Tel. 02 42/345 18 00, Fax 02 42/345 18 00

Schweiz
Botschaft in **Ankara**, Atatürk Bul. 247;
Tel. 03 12/467 55 55/56, Fax 03 12/467 11 99

Konsulat in **Antalya**, Pamfilya Tourism Inc., Isiklar Caddesi 57, Tel. 02 42/243 15 00, Fax 02 42/242 14 00

Besondere Verkehrsbestimmungen

Tempolimits (in km/h): Für Pkw und Motorräder außerhalb geschlossener Ortschaften 90 (Pkw mit Anhänger und Wohnmobil 80), innerhalb 50. Auf Autobahnen dürfen Pkw 120 fahren.

Es sollen zwei **Warndreiecke** im Auto sein, die im Falle einer Panne vor und hinter dem Wagen aufgestellt werden müssen.

Die **Promillegrenze** für Fahrer von Pkw ohne Anhänger liegt bei 0,5, für die aller anderen Fahrzeuge besteht absolutes Alkoholverbot am Steuer!

Helmpflicht für **Fahrradfahrer**.

Zeit

Der Zeitunterschied zwischen der Türkei und der MEZ beträgt auch während der Sommerzeit plus 1 Stunde.

Anreise

Auto

Umfangreiches **Informations- und Kartenmaterial** können Mitglieder des ADAC kostenlos bei den ADAC-Geschäftsstellen oder unter Tel. 018 05/10 11 12 (0,12 €/Min.) anfordern. Außerdem sind im ADAC Verlag die Länderkarte *Türkei* (1:800 000/1:1,6 Mio.) und das Reisemagazin *Türkei* erschienen.

Die Anreise mit dem Auto ist lang (von München nach Istanbul rund 1900 km), sehr anstrengend und teilweise mit erheblichen Problemen an diversen Grenzen verbunden. Die **Nordroute** führt von Deutschland und Österreich über Ungarn, Rumänien und Bulgarien; oder man fährt durch das Gebiet des ehemaligen Jugoslawien (serbisches Visum!) weiter über Bulgarien zur türkischen Grenzstadt Edirne. Von hier aus sind es noch einmal rund 1100 km an die Südküste nach Fethiye. Die **Südroute** ist deutlich bequemer, sie führt von Deutschland, Österreich und der Schweiz nach Venedig und von hier aus mit der Autofähre nach Marmaris oder Izmir. **Mes Line** bietet eine Fährverbindung von Brindisi bis Izmir an (Reisedauer 2½ Tage, Juni–Sept. 2 x wöchentlich). Info:

Sun Tours Holiday, Roßmarkt 6, 63739 Aschaffenburg, Tel. 060 21/256 42, Fax 060 21/256 53, www.sun-tours.com

Das Benzin ist in der Türkei deutlich preiswerter als in Deutschland, Österreich oder der Schweiz, allerdings wird **bleifreies Benzin** nicht an allen Tankstellen verkauft.

Bahn

Die Zugverbindungen sind nicht sehr gut, entsprechend lang dauert die Reise. So gibt es z. B. von München nach Adana täglich eine Verbindung, bei der man jedoch viermal umsteigen muss und insgesamt rund 65 Stunden unterwegs ist!

Bus

Es gibt zahlreiche Überlandbusse, die in die Türkei fahren – und sicher ist dies die preisgünstigste Reiseart, die vor allem von vielen im Ausland lebenden Türken für einen Familienbesuch genutzt wird. Doch ebenso sicher auch die strapaziöseste und daher für einen angenehmen Urlaubsbeginn nicht zu empfehlen. Info:

Deutsche Touring GmbH, Am Römerhof 17, 60486 Frankfurt/Main, Tel. 069/79 03 50, Fax 069/790 32 19, www.deutsche-touring.com

Bosfor Reisen, Südbahnhof, Argentinierstr. 67, 1040 Wien, Tel. 01/505 06 44, Fax 01/505 09 42, www.bosfor.at.

Flugzeug

Der zentrale Flughafen an der Südküste ist der von **Antalya**, der von verschiedenen Charter-Anbietern im Sommer mehrmals täglich angeflogen wird (Tel. 02 42/330 30 30).

Wichtig vor allem für Chartermaschinen ist **Dalaman**, weiter südwestlich gelegen (Tel. 02 52/792 52 91).

Im Osten der Süd- küste liegt der Şakirpaşa-Flughafen von **Adana** (Tel. 03 22/435 03 80), der allerdings von ausländischen Urlaubern deutlich weniger frequentiert wird.

Bank, Post, Telefon

Bank

Banken wechseln am Flughafen und in Häfen auch am Wochenende und bis in die späten Abendstunden, sonst: Mo–Fr 8.30–12 und evtl. 13.30–17 Uhr.

Wichtig: Je nach Festlegung durch die Bezirksverwaltungen sind Behörden und Banken im Juni, Juli, August **nachmittags geschlossen**.

Post

Postämter (PTT = Post, Telefon, Telegraph) sind Mo–Fr 8.30–12 und 13–17.30 Uhr geöffnet; Sa meist nur 8.30–12 Uhr. Briefmarken (*Posta pulu*) bekommt man auch bei den Kiosken, die Postkarten (*Kartpostal*) verkaufen. Eine Karte braucht bis Deutschland ca. 7 Tage.

Telefon

Internationale Vorwahlen:
Türkei 00 90
Deutschland 00 49
Österreich 00 43
Schweiz 00 41

Es folgt die Ortskennzahl ohne die Null.

Wichtig: Nach der Null etwas warten, bis anderer Summton ertönt.

Telefonvermittlung Ausland: Tel. 115

R-Gespräche nach Deutschland:
Tel. 008 00/49 11 49

Relativ unkompliziert ist das Telefonieren vom **PTT-Amt**: Man meldet sich am Schalter an, wählt in der Kabine selbst und zahlt danach. – Mittlerweile sind auch **Kartentelefone** weit verbreitet. Man ist gut beraten, am Ferienort beim Postamt eine Telefonkarte (*Telefon cartı*) im Wert von 120 Einheiten zu kaufen – häufig kann man dadurch Wartezeiten vermeiden.

Natürlich kann man auch vom Hotel aus telefonieren, es ist aber – je nach Hotelkategorie – entsprechend teurer.

Mobiltelefone: Mobiltelefone sind problemlos nutzbar.

Einkaufen

Öffnungszeiten der Geschäfte: In der Regel Mo–Sa 9–13 und 14–19 Uhr.

Die Türkei ist ein Einkaufsparadies. Es gibt – außer den üblichen Souvenirs – eine Vielzahl traditionsreicher Produkte. Beim Kauf dieser Produkte kann man fast immer handeln oder am nächsten Tag wiederkommen und sich erst dann entscheiden. Es gilt allerdings als unhöflich, sehr lange und intensiv zu handeln und dann doch nicht zu kaufen.

Blaues Glas

Blaues Glas wird in Form eines Auges oder einer Hand angeboten. Sowohl das Auge wie die ›Hand der Fatima‹ (Fatima war die Tochter Mohammeds) besitzen durch Form und Farbe doppelte Amulettfunktion und schützen den Träger vor bösen Einflüssen. Manchmal bekommt man ein ›Auge gegen den bösen Blick‹ geschenkt.

Fliesen und Fayencen

Die Keramikfertigung gehört ebenfalls zu den traditionsreichen Handwerken. Bereits die Seldschukenfürsten schmückten ihren Palast bei Beyşehir mit Fliesen, später waren Iznik und Kütahya berühmte Zentren der Fliesenherstellung für den wundervollen Fliesenschmuck der osmanischen Moscheen. Teller, Schalen und Vasen waren Nebenprodukte. Bei Kauf auf *sorgfältige Bemalung* achten, die Farbe darf bei der Glasur nicht ausgelaufen (verwaschen) sein. Es gibt wunderschöne abstrakte Muster mit Koransuren und bezaubernde florale Motive.

Kleidung

Lederjacken, -mäntel, -kostüme und -röcke gehören zu den beliebtesten Mitbringseln aus der Türkei, denn in einem Land, in dem sehr viel Schafzucht betrieben wird, gehört die **Lederverarbeitung** zu den bedeutenden Industriezweigen. Die Auswahl ist groß, allerdings ist türkische Lederbekleidung manchmal etwas bieder geschnitten. Auch hier gilt: Viele verschiedene Läden aufsuchen und vergleichen, man kann gut handeln – allerdings nur, solange kein großes Kreuzfahrtschiff im Hafen liegt.

Typisch sind auch die lustig-bunten **gestrickten Handschuhe und Strümpfe**, die ursprünglich von den Frauen im Hochland aus Wolle hergestellt wurden und Muster der Clans besaßen. Heute werden die Strickwaren jedoch auch in Kunstfasern gefertigt.

Meerschaumpfeifen

Sie gelten immer noch als Tipp für Pfeifenraucher. Sie, und auch die im Land beliebte *Wasserpfeife* (Nargileh), kauft man am günstigsten im Basar von Antalya.

Naturschwämme

Vielfach werden Naturschwämme angeboten, die wie seit Jahrhunderten von Schwammfischern geborgen werden – wenn auch mit moderner Ausrüstung. Naturschwämme sind wesentlich saugfähiger als synthetisch hergestellte, allerdings teurer und nicht ganz so langlebig wie diese.

Onyx

Onyx wird in vielen Manufakturen der Türkei bearbeitet und in den Touristenorten verkauft (Vasen, Schalen, Eier); an das Gewichtslimit für Fluggepäck denken!

Schmuck

Hier sollte man besonders gut überlegen. Der Goldpreis steht täglich in der Zeitung, Schmuck wird nach Gewicht berechnet. Da die Türkinnen heute nur Goldschmuck kaufen, ist der Preis hoch.

Alten Silberschmuck bekommt man kaum noch. Es gibt viel auf ›antik‹ gearbeiteten Modeschmuck, der oft sehr ansprechend ist. Das häufig mit Blei versetzte Silber dunkelt stark nach.

Spielbretter

Spielbretter für Tavla, ähnlich Backgammon, sind meist gut gearbeitet und viel preiswerter als in Deutschland. Man kauft sie am besten im Basar in Antalya.

Teppiche

Nachgerade grenzenlos ist das Angebot an geknüpften und gewebten Teppichen, ›Halı‹ bzw. ›Kilim‹ genannt. Ursprünglich besaß jede Region oder jeder Nomadenclan seine eigenen Muster, leider haben sich die Unterschiede etwas verwischt; man kann sogar türkische Teppiche in Art eines Ghum etc. kaufen. Knotenzahl, Muster, Material und Farben (Natur- oder Chemiefarben) sind wichtig. Wer nicht sachkundig ist, sollte sich zunächst in mehreren Geschäften die verschiedensten Teppiche unverbindlich vorlegen lassen, man bekommt dabei ständig Tee angeboten und kann sehr viel lernen.

Man kauft in sog. Familienbetrieben nicht günstiger. In den Basaren der Touristenregion sind Auswahl und deshalb auch Vergleichsmöglichkeiten größer. Der Preis orientiert sich an der Knotenzahl, am Material (Schaf-, Ziegen-, Kamelwolle, Baumwolle, Seide) und an der Lage und Ausstattung des Geschäfts.

Wichtig: Vorsicht beim Kauf von Seidenteppichen, sie werden in Polyester und anderen Kunstfasern (›Pappelseide‹) imitiert. – Viele Teppiche werden auch künstlich ›gealtert‹ oder auf seidigen Glanz gewaschen.

Man kann die Ware anzahlen und nach Deutschland schicken lassen. *Mehrwertsteuer* fällt immer an (auch wenn die Händler dies bestreiten).

Speziell beim Teppichkauf sollte man sich viel Zeit nehmen, nicht beim ersten Besuch kaufen, nicht durch ›Schlepper‹ in Läden bringen lassen (die natürlich vom Kauf profitieren). Handeln, der Händler erwartet das!

Was man nicht kaufen sollte

Antiquitäten (Münzen, Vasen, Statuen etc.): Sind die Stücke unecht (sehr wahrscheinlich), ärgert man sich sowieso. Sind sie echt, bekommt man Ärger, denn die Ausfuhr ist verboten und wird mit Gefängnisstrafen von bis zu 10 Jahren geahndet.

Parfums: An vielen Plätzen bieten fliegende Händler ›französische Markenparfums‹ an. Sie sind (3 Stück z. B. 30 €) so preiswert, dass man jedes Mal in Versuchung gerät. Die Verpackung ist täuschend echt, der Inhalt eine Katastrophe, billigste ›Hausmacherqualität‹.

Essen und Trinken

Die Türken unterscheiden verschiedene Speiselokale. Das einfache **Lokanta** hat wenig Aufmachung und bietet meist tadellose Qualität und Auswahl. Man geht an die Theke und zeigt auf die entsprechenden Gerichte. Oft gibt es in Lokantas keine alkoholischen Getränke.

Etwas anderes ist der **Kebap salonu**, in dem hauptsächlich Gerichte aus gebratenem Fleisch (an Spießchen) und Hackfleischbällchen angeboten werden. Legt man Wert auf Döner Kebap, sollte man darauf achten, dass an dem großen Dreh-

Sesamkringel schmecken auch Urlaubern – der Simit-Verkäufer gehört zum Straßenbild

spieß wirklich nur hauchdünne Fleischscheiben, kein Hackfleisch rotiert (der große Drehspieß steht meist im Fenster). Mit Döner Kebap beim Straßenverkäufer sollte man vorsichtig sein.

Ein **Restoran** ist etwas ›Besseres‹, zumindest in der Aufmachung des Lokals. Man bestellt nach Karte, die Auswahl ist größer, die Speisen sind teurer, aber nicht unbedingt schmackhafter. Dafür gibt es auch alkoholische Getränke und die Zubereitung ist oft international. In Touristenorten nennt sich allerdings fast jedes Speiselokal ›Restoran‹ oder ›Restaurant‹.

Die als **Bars** ausgewiesenen Lokale sind in den Städten beliebter Treffpunkt der jungen Leute, entsprechen aber nicht unseren Nachtlokalen. Es gibt alle Arten von Getränken, aber nicht überall Alkohol. Meist bekommt man hier aber Bier (manchmal sogar vom Fass) und Rakı.

Das Menü

Der Bummel über die farbenprächtigen Wochenmärkte vermittelt bereits eine Vorstellung vom riesigen Angebot und der ebenso großen Nachfrage an Gemüsen – tatsächlich zeichnet sich die türkische Küche besonders durch hervorragende Gemüsegerichte aus. Sie werden mit Öl zubereitet und köstlich gewürzt.

Verlockend sind die im Restaurant angebotenen warmen und kalten Gerichte:

meze	**Vorspeisen**
arnavut çiğeri	gebackene Leberstückchen
biber dolması	gefüllte Paprika
caciği	Joghurt mit Gurkenstückchen und Knoblauch
çerkez tavuğu	Hühnerpastete mit Walnüssen
çiğ köfte	ungekochte Klößchen aus *bulgur* (Weizengrütze) und gehackten Tomaten, Zwiebeln, Paprika und Petersilie
patlıcan kızartma	in Öl ausgebackene Auberginenscheiben mit Joghurt
piyaz (plaki)	Salat aus weißen Bohnen
sigara böreği	Blätterteigröllchen mit Schafskäse
tarama	Fischrogen
turşu	in Salz eingelegte Gemüse
yaprak dolması	gefüllte Weinblätter

çorba	**Suppen**
mercimek çorbası	Linsensuppe
bulgur çorbası	aus Tomaten und Weizengrütze
balık çorbası	Fischsuppe
ıskembe çorbası	Kuttelsuppe

Es gibt auch spezielle Suppenlokale (*çorbacı*).

sebze yemekleri	**Gemüsegerichte**

meist mit Hackfleisch (*dolma*) gefüllt:

kabak dolması	gefüllte Zucchini
biber dolması	gefüllte Paprika
lahana dolması	gefüllte Kohlblätter
Imam bayıldı	gefüllte Auberginen (heißt wörtlich: der Imam fiel in Ohnmacht!)

Angeblich gibt es etwa 40 verschiedene Arten der Zubereitung von Auberginen – wer also Auberginen mag, ist in der Türkei richtig.

etler	**Fleischgerichte**

Diese sind häufig mit Gemüse zusammen bereitet, z. B.

güveç	Gemüseeintopf mit Fleischstückchen
kebap	geschnetzeltes Fleisch mit *bamya* (Okraschoten) oder *patlıcan* (wei- ßen Bohnen und Kichererbsen)

Reine Fleischgerichte:

köfte	gegrillte Hackfleischbällchen
tavuk haşlaması	gekochtes Huhn

Treffpunkt für einen Plausch: die überbordenden Gemüsestände in allen Orten

pirzola	Lammkotelett
şiş kebabı	Fleisch am Spieß
piliç ızgara	gegrilltes Hähnchen
dana snitsel	Kalbsschnitzel
bon filet	Rinderfilet

pirinç pilavı **Reis**
Man kann Reis als Beilage wählen, er ist aber eigentlich ein eigenes Gericht und wird sehr verschieden, z.B. mit Leberstückchen, Pistazien, Rosinen etc. zubereitet.

balıklar	**Fisch**
barbunya	Seebarbe
dil balığı	Seezunge
kalkan	Steinbutt
kefal	Meeräsche
palamut	kleiner Thunfisch
levrek	Seebarsch

Levrek gilt als besonders gut. Man findet ihn daher auf fast jeder Speisekarte, obwohl er eigentlich sehr rar ist. Die Lösung des Rätsels: Meist wird Meeräsche als Seebarsch angeboten.

tatılar	**Süßspeisen**
baklava	Blätterteig mit Nüssen oder Pistazien und Zuckersirup
kadın göbeği	›Frauennabel‹, runde Plätzchen in Zuckersirup

Die Getränke

Das Leitungswasser ist in fast allen Städten gechlort, deshalb besser: Mineralwasser trinken!

Hauptgetränk der Türken ist nicht der ›türkische Mokka‹, sondern der an der Schwarzmeerküste angebaute *Çay* – Tee, den man in typischen Gläschen ständig angeboten bekommt. Er erfrischt an heißen Tagen mehr als Cola-Getränke oder andere Softdrinks!

maden suyu	Mineralwasser
su	Wasser
ayran	verdünnter Joghurt
portakal suyu	Orangeade
limonata	Limonade

Hervorragend sind die verschiedenen **Obstsäfte:**

vişne suyu	Kirschsaft
şeftali suyu	Pfirsichsaft

Für den Ausschank **alkoholischer Getränke** ist eine Lizenz notwendig; in Tourismusgebieten gibt es damit kaum Probleme: Zu den Vorspeisen *(Meze)* trinkt man gewöhnlich

rakı	Anisschnaps, der auch mit Wasser verdünnt wird und – weil er dann milchig ausfällt – ›Löwenmilch‹ (*Aslan sütü*) genannt wird
bira	helles Bier, es gibt das einheimische *Efes-Bier* und mehrere in Lizenz gebraute Biere
şarap	Wein
beyaz	Weißwein
kırmızı	Rotwein (bekannte Marken sind *Villa Doluca*, *Efes Güneşi* und *Doruk*)

Es gibt importierten Cognac, der wegen der hohen Zölle sehr teuer ist. Man kann auch den billigeren lokalen *Brandy* verlangen.

Feste und Feiern

Staatliche Feiertage

1. Januar:	Neujahr
23. April:	Tag der Unabhängigkeit und der Kinder
19. Mai:	Atatürk-Gedenktag und Tag der Jugend und des Sports
30. August:	Tag des Sieges (über die Griechen 1922)
29. Oktober:	Tag der Republik (Gründung der Türkei 1923)

Islamische Feiertage und Feste

Die islamischen Feste richten sich nach dem Mondjahr, das nur 354 Tage hat. Daher verschieben sich die Feiertage und Feste in jedem Jahr und liegen immer 10 oder 11 Tage früher als im Vorjahr.

Zwei religiöse Feste werden in der Türkei offiziell gefeiert:

Şeker Bayramı – Zuckerfest. Es ist das Fest des Fastenbrechens am Ende des dreißigtägigen Fastenmonats Ramadan (türk. Ramazan) und dauert 3 Tage. Man trägt neue Kleidung, tauscht Glückwünsche aus und besucht die älteren Verwandten und Nachbarn. Dort bekommt man selbst gebackenes Baklava, man »isst süß und redet süß« – daher der Name ›Zuckerfest‹.

2006: 24.–26. Okt. / 2007: 13.–15. Okt. / 2007: 1.–3. Okt.

Kurban Bayramı – Opferfest. Es ist das wichtigste islamische Fest und dauert 4 Tage. Es beginnt 68 Tage nach dem Zuckerfest am 10. Tag des Pilgermonats und erinnert an das Opfer Abrahams (Koran, Sure 37, 99–109). Man schlachtet ein Schaf, von dem ein Drittel die Nachbarn, ein weiteres Drittel die Armen bekommen. Das Fest wird traditionell in der Großfamilie gefeiert, man kauft neue Kleider und verschickt Grußkarten. Auf den Straßen herrscht starker Verkehr. Viele Ferienorte sind überfüllt, weil berufstätige jüngere Leute die Tage auch als Kurzurlaub nutzen.

2006: 31. Dez. / 2007: 20. Dez. / 2008: 8. Dez.

Klima und Reisezeit

Die beste Reisezeit an der Südküste ist von April bis Anfang Oktober. Bis in die erste Maiwoche und ab der zweiten Oktoberwoche sind kurze, aber sehr heftige Regenschauer nach Gewittern möglich.

Klimadaten Antalya

Monat	Luft (°C) min./max.	Wasser (°C)	Sonnen-std./Tag	Regen-tage
Januar	11/15	17	5	11
Februar	11/15	17	6	9
März	13/16	17	7	6
April	16/17	18	8	4
Mai	19/21	21	10	3
Juni	23/25	24	12	1
Juli	25/28	27	13	1
August	28/28	28	12	1
September	25/26	27	11	1
Oktober	21/23	25	8	4
November	16/20	22	6	5
Dezember	12/17	19	5	11

Kultur live

Die von Behörden und Organisationen eingerichteten **Festivals** sind keineswegs nur für Touristen aus dem Westen gedacht, sondern – speziell in der Provinz Adana – für Teilnehmer und Besucher aus dem Vorderen Orient.

Mai

Silifke: Internationales Musik- und Folklorefestival

Adana: Seyhan Belediyesi Kültür Senlinği – Kulturwoche

Juni

Alanya: Alanya Tourismus Festival

Finike: Finike-Festival – Fest mit Musik und Ausstellungen

Juli

Manavgat/Side: Tourismusfest mit Musik und Ausstellungen

September

Kemer: Kemer Karneval – kein Karneval in unserem Sinn, sondern ein buntes Programm für Touristen

Adana: ›Altın Koza‹ (›Goldener Kokon‹) – Filmfestspiele

September/Oktober

Antalya: ›Akdeniz‹ (›Mittelmeer‹) – Musikfestival

Mersin: Internationale Messe/Kultur- und Kunstfestival – Treffen von in- und ausländischen Künstlern

Oktober

Antalya: ›Altın Portakal‹ (›Goldene Orange‹) – internationaler Filmwettbewerb mit Begleitprogramm

Alanya: Internationaler Triathlon

Bei mehreren Veranstaltungen wird das hervorragend erhaltene Theater von **Aspendos** benutzt; bei der Touristen-Infostelle im Urlaubsort fragen!

Moscheen

Während der Gebetszeiten kann man keine Moschee besichtigen. Außerhalb der Gebetszeiten findet man im Normalfall einen Wärter, der die Moschee betreut und evtl. aufschließt (Spende). Dezente Kleidung sollte selbstverständlich sein, Frauen benötigen ein *Kopftuch* und sollten ein Kleidungsstück mit Ärmeln tragen, Männer *keine Shorts*.

Der Gebetsruf (Ezan) des Muezzin ertönt fünfmal zu Zeiten, die von Tag zu Tag leicht variieren und sich nach dem Sonnenstand richten: 1. Abendgebet; 2. Gebet zur Nachtruhe; 3. Morgengebet; 4. Mittagsgebet; 5. Nachmittagsgebet.

Jeder Moscheebesucher muss die Schuhe ablegen, Muslime müssen Waschungen vornehmen (bei jeder Moschee gibt es Waschbrunnen und Toiletten).

Oft findet man Betende auch außerhalb der Gebetszeiten in der Moschee: Man geht nie vor ihnen, sondern immer hinter ihnen vorbei.

Die schönste Moschee der Südküste ist die Ulu Cami in Adana [Nr. 47]. Sehenswert auch die Tekeli Mehmet Paşa Camii in Antalya [Nr. 24].

Museen und Ausgrabungsstätten

Die staatlichen Museen sind in der Regel täglich außer Montag von 9–12 und 14–17 Uhr geöffnet. Die archäologischen Ausgrabungsstätten sind in den Sommermonaten in der Regel täglich zugänglich.

Nachtleben

Discos und Nachtlokale (Gasinos) gibt es in vielen großen Hotels. Oft steht *Bauchtanz* auf dem Programm der Touristenhotels, wobei die Qualität der Tänzerinnen sehr unterschiedlich ist. Einheimische sind Kenner und stecken der Tänzerin, wenn sie speziell vor ihnen kurze Zeit tanzt, einen großen Geldschein zu; bekannte Bauchtänzerinnen verdienen außergewöhnlich gut. Spielkasinos (Casino) sind seltener; Ausweis erforderlich.

Nationalparks

In der Türkei sind 33 Nationalparks (Milli parkı) eingerichtet. Einige liegen in historisch bedeutsamen Gebieten, andere dienen dem Schutz bedrohter Tier- und Pflanzenarten. Ferner gibt es vom Ministerium für Forstwirtschaft lizenzierte Parks, die vorwiegend Erholungsgebiete sind und meist in historisch oder naturkundlich interessanten Landschaften liegen. Zu ihnen gehören an der Südküste:

Cennet ve Cehennem [Nr. 43], seit der Antike als ›Himmel und Hölle‹ bekannte Einsturzdoline, Tropfsteinhöhle mit unterirdischem Fluss. Karstlandschaft.

Düzlerçamı [Nr. 26], rund 22 km von Antalya an der Straße nach Korkuteli; Zuchtgehege für Damwild, Güver-Schlucht.

Göksu-Delta [Nr. 40], Lagunenlandschaft mit Dünen; letzter Brutplatz des Purpurhuhns in der Türkei.

Güllük Dağı [Nr. 25], auch Termessos-Nationalpark genannt. Prächtiges Waldgebiet mit den Ruinen der antiken Stadt Termessos. Typisch mediterrane Pflanzen. Reservat für Bezoarziegen.

Karataş Kumluğu [Nr. 47]. Der Süden der Çukurova-Ebene (bei Karataş/Adana) gehört zu den größten Flussdelten am Mittelmeer. Lagunen und Dünenzonen. Überwinterungsgebiet für Wasservögel und Rastgebiet für Watvögel. Brutgebiet der Graunachtigall.

Karatepe-Aslantaş [Nr. 48]. Ruinen der Sommerresidenz eines späthethitischen Kleinkönigs in einem seenreichen Waldgebiet aus Rotkiefern, Tamarisken und Eichen. Fauna: Füchse, Wildschweine, Schakale.

Köprülü Kanyon [Nr. 31], größter Zypressenwald der Türkei, Vorkommen von Libanon-Zedern. Eindrucksvoller Cañon, im Nordabschnitt schwer zugängliches Gebiet mit typischen Karstformen.

Olimpos Beydağları [bei Kemer, Nr. 19–22], geschützte Waldzone auf der lykischen Halbinsel.

Patara [Nr. 6], Eiablagegebiet der Meeresschildkröte (Caretta caretta).

Tarsus-Delta [Nr. 46], Eukalyptuswald und ›Alexander-Wasserfälle‹. An den Altwassern des Tarsus brütet der Braunliest, eine Eisvogelart.

Termessos s. Güllük Dağı

Sport

Bergsteigen und Bergwandern

Das Tourismus-Ministerium gibt einen speziellen Prospekt ›Turkey-Mountaineering‹ heraus. Organisierte Bergwandertouren sind (noch) eher selten.

Golf

Golf ist relativ neu im Sportangebot der Südküste. Das Golfparadies ist Belek (**National Golfclub**, Belek Tourism Merkezi, Antalya, Tel. 02 42/725 46 20, Fax 02 42/725 46 23, www.nationalturkey.com).

Paragliding

Paragliding wird (mit Motorboot) vielfach, v. a. bei Kemer, angeboten. Zentrum des ›echten‹ Paragliding ist Ölu Deniz bei Fethiye (Flug vom Baba Dağ, 2000 m). Auch Tandemflüge für Einsteiger.

Rafting und Kanu

Diese Wassersportarten werden von Hotels und privat angeboten, organisierte Touren gibt es auf den Flüssen Köprü im Köprülü-Nationalpark, Manavgat Çayı und Göksu bei Silifke.

Segeln

Die lykische Küste gilt als Traumrevier der Segler und Motorskipper!

Privatjachten benötigen ein Transit-Log und können zur Überwinterung oder Überholung bis zu 2 Jahren in türkischen Gewässern bleiben.

Der Chartermarkt ist riesig. Man kann Segeljachten jeder Klasse oder die typischen, etwas behäbigeren Motorjachten (vom Typ Gulet) mit Mannschaft chartern. Sie werden vorwiegend in Bodrum gebaut und zeichnen sich durch die charakteristische, aus Holz gedrechselte Reling am Achterdeck aus. Die Charterjacht sollte unbedingt die *Lizenz des Tourismusministeriums* besitzen.

Tauchen

Außer für Baden und Wasserski ist die gesamte Südküste auch fürs Tauchen ideal. Tieftauchen mit Sauerstoff nur mit Sondergenehmigung. Auskünfte erteilen Hotels und Touristen-Information.

Tennis

Fast alle größeren Hotels besitzen mehrere Tennisplätze.

Traumstrände und Türkisbuchten

Der moderne Tourismus weckte die türkische Südküste mit ihren wundervollen Naturschönheiten aus einem echten Dornröschenschlaf. Die feinen, weißen Sandstrände von **Patara** und **Ölü Deniz** blieben – rechtzeitig unter Schutz gestellt – unbebaut und bezaubern sogar im buntfarbigen Muster, das die vielen Tagestouristen ihnen aufprägen. Auch die weiten Strände von **Side** und **Kemer** sind – trotz des Urlauberansturms – ein Badeparadies geblieben.

Boote bringen Urlauber in strandlose, von piniengrünen Ufern gesäumte, stille Buchten, deren glasklares Wasser je nach Tiefe von Türkisblau nach Dunkelgrün changiert. Auf dem Sonnendeck eines Bootes träumen, ab und zu ins Meer springen, auf einer kleinen Insel picknicken: Erlebnisse, die deutsche Regentage mit sehnsüchtiger Erinnerung füllen …

Statistik

Lage: Die türkische Mittelmeerküste liegt zwischen dem 29. und 36. Längengrad; der südlichste Punkt bei Eski Anamur auf dem 36. Breitengrad. Die Küste ist ca. 1500 km lang, dabei in Lykien stark, weiter nach Osten kaum gegliedert. Höchste Erhebung bildet im Lykischen Taurus der Ak Dağ östlich Fethiye mit 3024 m.

Verwaltung und Bevölkerung: Die Mittelmeerküste gehört von West nach Ost zu vier Provinzen: Muğla, Antalya, Içel (Mersin) und Adana, wobei die einzelnen Provinzen größere Areale als den Küstenbereich umfassen. Die Gesamtbevölkerung der Türkei wird derzeit auf knapp 71 Mio. geschätzt

98 % aller Türken sind Muslime, wobei die Mehrheit der sunnitischen Richtung angehört. Die Zahl der Christen wird Jahr für Jahr geringer.

Wirtschaft: Die Provinzen Muğla und Antalya sind führend im Anbau von Agrumen, Tomaten, Blumen; bedeutend ferner Lederverarbeitung, Teppichmanufaktur und Marmeladenindustrie. Wichtigster Wirtschaftszweig ist in beiden Küstenzonen der Tourismus.

In der Provinz Adana überwiegt der Anbau von Baumwolle, während die verarbeitende Industrie im Umkreis der Städte Içel und Adana exportstarke Maschinen-, Konserven-, Elektronik- und Zementfabriken aufweist.

Unterkunft

Camping

Die im offiziellen Campingführer (erhältlich in allen Fremdenverkehrsbüros) verzeichneten Anlagen sind im Allgemeinen von April/Mai bis Oktober geöffnet und von akzeptablem bis gutem Standard. Darüber hinaus verzeichnet der jährlich erscheinende **ADAC Camping Caravaning Führer** *Südeuropa* (auch als

CD-Rom erhältlich) eine Auswahl geprüfter Plätze. Manchmal laden auch Einheimische die Urlauber ein, das Zelt auf ihrem Grundstück aufzustellen. Das wilde Zelten ist jedoch verboten.

Hotels

Hotels sind bei den entsprechenden Orten angegeben. Sie werden mit * (sehr bescheiden) bis ***** (Luxushotel) klassifiziert. In der Hauptreisezeit Juni bis August empfiehlt sich die Reservierung von Deutschland aus. Bei Ankunft ist es üblich, das Zimmer vor dem Beziehen anzusehen.

Kleinere Hotels und Privatpensionen sind entschieden preiswerter, besitzen aber oft nur Etagen-WC und -Dusche sowie Mehrbettzimmer. In der Saison von Einheimischen meist ausgebucht.

Jugendherbergen

Über Jugendherbergen geben die staatlichen Fremdenverkehrsbüros Auskunft. Für Jugendliche werden mancherorts auch Unterkünfte in Studentenwohnheimen oder Camps angeboten.

Das vom Türkischen Fremdenverkehrsministerium herausgegebene *Youth Travel Guide Book* informiert darüber – sowie über die anderen Vergünstigungen für jugendliche Türkei-Reisende.

Verkehrsmittel im Land

Bahn

Die türkische Eisenbahn ist preiswert, aber nicht besonders leistungsfähig. An der Südküste führt keine Trasse entlang, doch lohnt sich ein Abstecher von Adana aus nach Norden. Hier kann man den interessantesten Abschnitt der berühmten ›Bagdad-Bahn‹ bei der Taurusüberquerung kennen lernen. Bei entsprechender Planung (Information Bahnhof Adana oder Tourismus-Informationsbüro Adana) lässt sich der Ausflug als Tagestour arrangieren, man muss den Gegenzug vom Gebirge zurück nach Adana abwarten.

Bus

Der Busverkehr ist in der Hand von konkurrierenden Privatfirmen und perfekt ausgebaut, zwischen allen größeren Orten *schnelle und häufige Verbindungen*. Die Busfirmen unterhalten in den Ortszentren **Büros**, sog. *Yazıhanes*; es empfiehlt sich, am Tag vor der Fahrt ein Ticket zu kaufen (feste Plätze). Renommierte Firmen sind z. B. Pamukkale, Akdeniz, Varan. Der **Busbahnhof** *(Otogar)* liegt meistens am Stadtrand, dorthin besser per Taxi.

Auf Nebenstrecken verkehren **Dolmuşe**, Kleinbusse als Sammeltaxis. Ein Ausrufer ruft den Namen des Zielorts; das Dolmuş fährt ab, wenn es voll ist (Dolmuş heißt ›voll, gefüllt‹).

Mietwagen

In größeren Touristenorten werden Mietwagen angeboten, die für Tagesausflüge ausreichen. – Für längere Zeit empfiehlt sich die Anmietung eines *Wagens international bekannter Firmen*. Man kann bei den Zentralen in Deutschland gebührenfrei telefonisch vorbuchen und zahlt in der Türkei mit Kreditkarte oder bar.

In Deutschland
Avis, Tel. 018 05/217702
Europcar, Tel. 018 05/80 00
Hertz, Tel. 018 05/33 35 35
Wichtig: Versicherung sollte inbegriffen, Kilometerzahl unbegrenzt und bei größerem Schaden ein Ersatzwagen garantiert sein – außerdem vor Ort **unbedingt** eine Insassen-Zusatzversicherung abschließen.

Für Mitglieder bietet die **ADAC Autovermietung GmbH** günstige Konditionen. Buchungen über die ADAC-Geschäftsstellen oder unter Tel. 018 05/31 81 81 (0,12 €/Min).

Schiff

Einen Linienverkehr entlang der Südküste gibt es nicht. Eine Autofähre verkehrt u. a. zwischen Izmir und Antalya: **Türkiye Denizcilik Isletmeleri** (TDI), Konyaalti Cad., Göksoy Apt. 40/19, Tel. 02 42/241 11 20 und 02 42/241 26 30, Fax 02 42/247 50 95). In vielen Urlaubsorten warten jedoch kleine Ausflugsboote privater Betreiber auf die Urlauber.

Taxi

Im Vergleich zu europäischen Preisen sind Taxis sehr billig. In der Stadt sollte man auf Einschalten des Taxameters achten. Verschiedene Preise sind festgelegt (Flughafen – Innenstadt), Gepäckstücke werden extra berechnet. Bei längeren Fahrten außerhalb der Stadt unbedingt den Preis vorher aushandeln, eventuell inkl. Wartezeit. Auch im kleinsten Jachthafen findet sich fast immer ein Taxi.

Sprachführer

Türkisch für die Reise

Das Wichtigste in Kürze

Ja/Nein	*Evet/Hayır*
Bitte/Danke	*Lütfen/Teşekkür*
In Ordnung!/Einverstanden!	*Taman!/Kabul ediyorum!*
Entschuldigung!	*Özür dilerim!*
Wie bitte?	*Nasıl lütfen?*
Ich verstehe Sie nicht.	*Sizi anlamıyorum.*
Ich spreche nur wenig Türkisch.	*Ben çok az Türkçe konuşuyorum.*
Können Sie mir bitte helfen?	*Lütfen bana yardım edermisiniz?*
Das gefällt mir (nicht).	*Bunu beğendim (beğenmedim).*
Ich möchte …	*Ben … istiyorum.*
Haben Sie …?	*Sizde … varmı?*
Gibt es …?	*… varmı?*
Wie viel kostet das?	*Bunun fiyatı nedir?*
Wie teuer ist …?	*… fiyatı nedir?*
Kann ich mit Kreditkarte bezahlen?	*Kredi kartı ile ödeyebilirmiyim?*
Wie viel Uhr ist es?	*Saat kaç?*
Guten Morgen!	*Günaydın!*
Guten Tag!	*Iyi günler!*
Guten Abend!	*Iyi akşamlar!*
Gute Nacht!	*Iyi geceler!*
Hallo!/Grüß dich!	*Hallo!/Selam!*
Wie ist Ihr Name, bitte?	*Sizin isminiz, lütfen?*
Mein Name ist …	*Ismim …*
Wie geht es Ihnen?	*Nasılsınız?*
Auf Wiedersehen!	*Tekrar gürüşmek üzere!*
Tschüs!	*Iyi günler!*
Bis bald!	*Yakında görüşmek üzere!*
Bis morgen!	*Yarın görüşmek üzere!*
gestern/heute/morgen	*dün/bügün/yarın*
am Vormittag/am Nachmittag	*öğleyin/öğleden sonra*
am Abend/in der Nacht	*akşam gece*
um 1 Uhr/2 Uhr …	*saat 1'de/2'de …*
um Viertel vor (nach) …	*saat …'e çeyrek kala ('yi çeryek geçe)*
um … Uhr 30	*saat … otuzda*
Minute(n)/Stunde(n)	*dakika(lar)/saat(ler)*
Tag(e)/Woche(n)	*gün(ler)/hafta(lar)*
Monat(e)/Jahr(e)	*ay(lar)/yıl(lar)*

Zahlen

0	*sıfır*	19	*ondokuz*
1	*bir*	20	*yirmi*
2	*iki*	21	*yirmibir*
3	*üç*	22	*yirmiiki*
4	*dört*	30	*otuz*
5	*beş*	40	*kırk*
6	*altı*	50	*elli*
7	*yedi*	60	*altmış*
8	*sekiz*	70	*yetmiş*
9	*dokuz*	80	*seksen*
10	*on*	90	*doksan*
11	*onbir*	100	*yüz*
12	*oniki*	200	*ikiyüz*
13	*onüç*	1 000	*bin*
14	*ondört*	2 000	*ikibin*
15	*onbeş*	10 000	*onbin*
16	*onaltı*	100 000	*bir milyon*
17	*onyedi*	$^1/_4$	*çeyrek*
18	*onsekiz*	$^1/_2$	*yarım*

Wochentage

Montag	*pazartesi*
Dienstag	*salı*
Mittwoch	*çarşamba*
Donnerstag	*perşembe*
Freitag	*cuma*
Samstag	*cumartesi*
Sonntag	*pazar*

Monate

Januar	*ocak*
Februar	*şubat*
März	*mart*
April	*nisan*
Mai	*mayıs*
Juni	*haziran*
Juli	*temmuz*
August	*agustos*
September	*eylül*
Oktober	*ekim*
November	*kasım*
Dezember	*aralık*

Maße

Kilometer	*kilometre*
Meter	*metre*
Zentimeter	*santimetre*
Kilogramm	*kilogram*
Pfund	*yarım kilo*
Gramm	*gram*
Liter	*litre*

Unterwegs

Nord/Süd/West/ Ost	*kuzey/güney/batı/ doğu*
oben/unten	*alt/üst*
geöffnet/geschlossen	*açık/kapalı*
geradeaus/ links/ rechts/ zurück	*direk/ sol/ sağ/ geri*
nah/weit	*yakın/uzak*
Wie weit ist das?	*Ne kadar uzak?*
Wo sind die Toiletten?	*Tuvaletler nerede?*
Wo ist die (der) nächste …	*En yakın …*
Telefonzelle/	*telefon kulübesi/*
Bank/	*banka/*
Polizei/	*polis/*
Geldautomat?	*para otomatiği … nerede?*
Bitte, wo ist …	*Lütfen …*
der Bahnhof/	*tren garı/*
der Busbahnhof/	*otogar/*
der Fährhafen/	*liman/*
der Flughafen?	*havalimanı nerede?*
Wo finde ich …	
eine Apotheke/	*Eczane/*
eine Bäckerei/	*Fırın/*
Fotoartikel/	*Fotoğrafcı/*
ein Kaufhaus/	*Alış veriş mağazası/*
ein Lebensmittelgeschäft/	*Gıdapazarı/*
den Markt?	*Pazaryeri … nerede bulabilirim?*
Ist das der Weg/ die Straße nach …?	*… giden Yol/ giden cadde bu mu?*
Ich möchte mit …	*Ben …*
dem Zug/	*tren/*
dem Schiff/	*gemi/*
der Fähre/	*feribot/*
dem Flugzeug	*uçak*
nach … fahren.	*ile … gitmek istiyorum.*
Gilt dieser Preis für Hin- und Rückfahrt?	*Bu fiyat gidiş-geliş için geçerlimi?*
Wie lange gilt das Ticket?	*Bilet nekadar süreyle geçerlidir?*
Wo ist … das	
Fremdenverkehrsamt/	*Turizm dairesi/*
ein Reisebüro?	*Seyahat acentası … nerede?*
Ich benötige eine Hotelunterkunft.	*Bana bir otel odası lazım.*
Wo kann ich mein Gepäck lassen?	*Eşyalarımı nereye bırakabilirim?*

Zoll, Polizei

Ich habe etwas (nichts) zu verzollen.	*Gümrüklük eşyam (yok) var.*
Ich habe nur persönliche Dinge.	*Benim sadece özel eşyam var.*
Hier ist die Kaufbescheinigung.	*Bu satın alma belgesi.*
Hier ist mein(e) …	*Bu benim …*
Geld/Pass/	*param/passaportum/*
Personalausweis/	*nüfus cüzdanım/*
Kfz-Schein/	*arabamın kağıdı/*
Versicherungskarte.	*sigorta karte.*
Ich fahre nach … und bleibe … Tage/ Wochen.	*Ben … gideceğim ve … gün kalacağım/ hafta.*
Ich möchte eine Anzeige erstatten.	*Ben bir şikayet de bulunacağım.*
Man hat mir …	*Benim …*
Geld/die Tasche	*paramı/ çantamı*
die Papiere/	*evraklarımı/*
die Schlüssel/	*anahtarlarımı/*
den Fotoapparat/	*fotoğraf makinemi/*
den Koffer/	*valizimi/*
das Fahrrad gestohlen.	*bisikletimi çaldılar.*
Verständigen Sie bitte das Deutsche Konsulat.	*Lütfen arayın Alman Konsolosluğunu.*

Freizeit

Ich möchte ein …	*Ben bir tane …*
Fahrrad/	*bisiklet/*
Motorrad/	*motorsiklet/*
Surfbrett/	*surfboard/*
Mountainbike/	*dağ bisikleti/*
Boot/ Pferd mieten.	*kayık/ at kiralamak istiyorum.*
Gibt es ein(en) …	*Yakında bir …*
Freizeitpark/	*eğlence parkı/*
Freibad/	*açık yüzme havuzu/*
Golfplatz in der Nähe?	*golf sahası varmı?*
Wo ist die (der) nächste	*En yakın …*
Bademöglichkeit/	*yüzme imkanı/*
Strand?	*sahil?*
Wann hat … geöffnet?	*… ne zaman açık?*

Bank, Post, Telefon

Ich möchte Geld wechseln.	*Ben para bozdurmak istiyorum.*
Brauchen Sie meinen Ausweis?	*Kimliğimi istiyormusunuz?*

Hinweise zur Aussprache

c	wie ›dsch‹, Bsp.: Naci = Na*dsch*i, Haci = Ha*dsch*i
ç	wie ›tsch‹, Bsp.: Çoban = *Tsch*oban
ğ	Bsp.: Oğlan = *Ow*lan (das *w* nur mitschwingen lassen, wie im Englischen: Howard)
ı	(i ohne Punkt) zwischen ›a‹ und ›i‹ liegend
ş	wie ›sch‹

Wo soll ich unterschreiben?	*Nereye imza atmam gerekir?*
Ich möchte eine Telefonverbindung.	*Ben telefon açmak istiyorum.*
Wie lautet die Vorwahl für …?	*… telefon kodu nedir?*
Wo gibt es … Münzen für den Fernsprecher/ Telefonkarten/ Briefmarken?	*Telefon kulübesi için jeton/ Telefon kartı/ Posta pulu … nerede var?*

Tankstelle

Wo ist die nächste Tankstelle?	*En yakın benzinlik nerede?*
Ich möchte … Liter … Super/ Diesel/ bleifrei/ verbleit mit … Oktan.	*Ben … litre … süper/ dizel/ kurşunsuz/ kurşunlu … oktanlı istiyorum.*
Volltanken, bitte!	*Lütfen depoyu doldurun!*
Bitte prüfen Sie … den Reifendruck/ den Ölstand/ den Wasserstand/ das Wasser für die Scheibenwischanlage/ die Batterie.	*Lütfen … teker basıncını/ yağ durumunu/ su seviyesini/ cam sileceği için su/ aküyü … kontrol edin.*
Würden Sie bitte … den Ölwechsel vornehmen/ den Radwechsel vornehmen/ die Sicherung austauschen/ die Zündkerzen erneuern/ die Zündung nachstellen.	*Lütfen … yağ değişimini yapınız/ teker değişimini yapınız/ sigortayı değiştirin/ bujileri değiştiriniz/ ateşlemeyi ayarlayınız.*

Panne, Mietwagen

Ich habe eine Panne.	*Benim arabam arızalandı.*
Der Motor startet nicht.	*Motor çalışmıyor.*
Ich habe die Schlüssel im Wagen gelassen.	*Ben anahtarları araba da unuttum.*
Ich habe kein Benzin.	*Benim benzinim kalmadı.*
Gibt es hier in der Nähe eine Werkstatt?	*Burada yakında bir tamirhane varmıdır?*
Können Sie meinen Wagen abschleppen?	*Arabamı çeke bilirmisiniz?*
Können Sie den Wagen reparieren?	*Arabayı tamir edebilirmisiniz?*
Bis wann?	*Ne zamana kadar?*
Ich möchte ein Auto mieten.	*Ben bir araba kiralamak istiyorum.*
Was kostet die Miete pro Tag/pro Woche/ mit unbegrenzter km-Zahl/ mit Kaskoversicherung/ mit Kaution?	*Günlük/Haftalık/ Sınırsız kilometre/ Kasko ile sigorta/ Kapora … kiralama fiyatı ne kadar?*
Wo kann ich den Wagen zurückgeben?	*Ben arabayı nerede geri teslim edebilirim?*

Unfall

Hilfe!	*Yardım!*
Achtung!/Vorsicht!	*Dikkat!*
Rufen Sie bitte schnell … einen Krankenwagen/ die Polizei/ die Feuerwehr.	*Lütfen, acilen … bir ambulanz/ polisi/ itfaiyeyi çağırınız.*
Es war (nicht) meine Schuld.	*Bu benim suçum (değildi).*
Geben Sie mir bitte Ihren Namen und Ihre Adresse.	*Lütfen bana isminizi ve adresinizi veriniz.*
Ich brauche die Angaben zu Ihrer Autoversicherung.	*Bana hakkında bilgi vermeniz gerekir araba sigortanız.*

Krankheit

Können Sie mir einen guten deutschsprechenden Arzt/ Zahnarzt empfehlen?	*Siz bana iyi Almanca konuşan bir doktor/ bir diş doktoru tavsiye edebilirsiniz?*
Wann hat er Sprechstunde?	*Ne zaman görüşme saatı var?*
Wo ist die nächste Apotheke?	*En yakın eczane nerede?*
Ich brauche ein Mittel gegen … Durchfall/ Halsschmerzen/ Fieber/ Insektenstiche/ Verstopfung/ Zahnschmerzen.	*Benim … ishale/ boğaz ağrısına/ ateşe/ böçek ısırmasına/ kabıza/ diş ağrısına … karşı ilaca ihtiyacım var.*

Im Hotel

Können Sie mir ein Hotel/eine Pension empfehlen?	*Siz bana bir hotel/ bir pansiyon tavsiye edebilirmisiniz?*

Ich habe bei Ihnen ein Zimmer reserviert.	*Ben sizde bir oda rezervasyon yaptım.*
Haben Sie …	*Sizde …*
ein Einzelzimmer/ Doppelzimmer …	*bir kişilik/ iki kişilik …*
mit Bad/Dusche/	*banyolu/duşlu/*
für eine Nacht/	*bir geceliğine/*
für eine Woche/	*bir haftalığına/*
mit Blick aufs Meer?	*deniz gören bir oda varmı?*
Was kostet das Zimmer	*Oda fiyatı ne kadar*
mit Frühstück/	*kahvaltı ile/*
mit Halbpension/	*yarım pansiyon/*
mit Vollpension?	*tam pansiyon?*
Wie lange gibt es Frühstück?	*Kahvaltıyı saat kaça kadar veriyorsunuz?*
Wie ist hier die Stromspannung?	*Buradaki cereyan akımı nasıl?*
Ich reise heute Abend/ morgen früh ab.	*Ben bu akşam/ yarın sabah erkenden ayrılıyorum.*
Haben Sie ein Faxgerät/ einen Hotelsafe?	*Sizde faks/ emanet kasası var mı?*
Nehmen Sie Kreditkarten an?	*Kredi kartı alıyormusunuz?*
Kann ich Geld wechseln?	*Para bozdura bilirmiyim?*

Im Restaurant

Wo gibt es ein gutes/ günstiges Restaurant?	*Nerede iyi/ hesaplı bir restoran vardır?*
Die Speisekarte/ Getränkekarte, bitte.	*Yemek listesi/ içecek listesi, lütfen.*
Welches Gericht können Sie besonders empfehlen?	*Özellikle hangi yemeği tavsiye edebilirsiniz?*
Ich möchte das Tagesgericht/Menü …	*Ben günün menüsünü/ menüyü … istiyorum.*
Ich möchte nur eine Kleinigkeit essen.	*Az bir şey yemek istiyorum.*
Haben Sie vegetarische Gerichte?	*Sizde vejetaryan yemekleri varmı?*
Haben Sie offenen Wein?	*Açık şarabınız varmı?*
Welche alkoholfreien Getränke haben Sie?	*Alkolsüz içeceklerden hangileri mevcut?*
Haben Sie Mineralwasser mit/ ohne Kohlensäure?	*Sizde madensuyu/ asitsiz madensuyunuz varmı?*
Das Steak bitte …	*Bu bonfileyi, lütfen …*
englisch/	*ingiliz/*
medium/	*medyum/*
durchgebraten.	*iyi pişmiş.*
Können Sie mir bitte …	*Bana, lütfen …*
ein Messer/	*bir bıçak/*
eine Gabel/	*bir çatal/*
einen Löffel geben?	*bir kaşık … verebilirmisiniz?*
Darf man rauchen?	*Sıgara içiliyormu?*
Die Rechnung, bitte!	*Hesap, lütfen!*

Essen und Trinken

Apfel	*elma*
Apfelsine	*portakal*
Aubergine	*patlıcan*
Banane	*muz*
Bier	*bira*
Braten	*kızartma*
Brot/Brötchen	*ekmek*
Butter	*tereyağ*
Ei	*yumurta*
Eintopf	*güveç*
Eiscreme	*dondurma*
Erdbeere	*çilek*
Espresso	*espresso*
Espresso mit einem Schuss Milch	*sütlü espresso*
Essig	*sirke*
Fisch	*balık*
Flasche	*şişe*
Fleisch	*et*
Fleischspieße	*şiş*
Fruchtsaft	*meyva suyu*
Frühstück	*kahvaltı*
Geflügel	*kanatlı hayvan eti*
Gemüse	*sebze*
Glas	*bardak*
Gurke	*salatalık*
Hackfleischspieße	*köfte*
Honigmelone	*kavun*
Huhn	*tavuk*
Kaffee	*kahve*
Kalb	*dana*
Kartoffeln	*patates*
Käse	*peynir*
Kebap	*kebap*
Kirschen	*kiraz*
Knoblauch	*sarmısak*
Krug/Karaffe	*bir fincan*
Meeresfrüchte	*deniz ürünü*
Milch	*süt*
Milchkaffee	*sütlü kahve*
Mineralwasser	*madensuyu*
Nachspeisen	*deser*
Öl	*yağ*
Oliven	*zeytin*
Orangensaft	*portakal suyu*
Pfeffer	*karabiber*
Pilze	*mantar*
Reis	*pilav*
Rindfleisch	*sığır eti*
Salat	*salata*
Salz	*tuz*
Schinken	*pastırma*
Suppe	*çorba*
Süßigkeiten	*tatlı*
Tee	*çay*
Thunfisch	*tonbalığı*
Vorspeisen	*meze*
Wassermelone	*karpuz*
Wein	*şarap*
Weintrauben	*üzüm*
Zucker	*şeker*

Register

A

B

C

D

E

F

G

H

Bildnachweis

Umschlag-Vorderseite: Traumstrand Ölü Deniz bei Fethiye. *Foto: Werner Neumeister, München*

Titelseite
Oben: Jachthafen von Kemer (Wh. v. S. 86/87)
Mitte: Herakles-Sarkophag im Archäologischen Museum von Antalya (Wh. v. S. 97)
Unten: Kalkan am Ausgang des Xanthostals (Wh. v. S. 43)

Werner Dieterich, Stuttgart: 8 oben links, 122 Mitte – *Rainer Hackenberg, Köln:* 11 Mitte, 74 Mitte, 122 unten, 139, 172 Mitte – *Max Kasparek, Heidelberg:* 38 oben u. unten – *Waltraud Klammet, Ohlstadt:* 62, 65, 161 – *Knut Liese, Ottobrunn:* 7 Mitte, 8 unten, 10 unten, 12 unten, 14 unten, 15 oben, 18, 22, 38 Mitte, 42, 44, 49, 50/51, 61, 71, 72, 83, 88, 89, 94, 101, 103, 105, 131, 138, 141, 144, 145, 147, 149 unten, 155, 156/157, 160, 162/163, 170 (2), 171, 172 oben links, 177, 186 – *Werner Neumeister, München:* 6, 6/7, 8 rechts, 9 oben, 19, 20, 22/23, 25, 53, 55, 58, 60, 91, 125, 132, 142, 143, 146 (2), 151, 152, 167 – *Jutta Rudolph, München:* 115 – *Wilkin Spitta, Loham/ Mariaposching:* 28, 30/31, 33, 34, 36, 41, 46, 52, 56/57, 59, 76/77, 84, 106/107, 126, 137, 158, 159, 172 oben rechts – *Werner Stuhler, Hergensweiler:* 9 unten, 10 oben, 21, 95, 96, 117 – *Klaus Thiele, Warburg:* 79, 118, 118/119, 126/127 – *Martin Thomas, Aachen:* 4 drittes von oben, 7 oben, 11 oben rechts u. links, 11 unten, 16/17, 30, 37, 42/43, 45, 74 oben (2), 74 unten, 76, 81, 85, 86/87, 90, 97, 98, 99, 111, 113, 120 oben, 122 oben, 133, 135, 148/149, 172 unten, 178 – *Ernst Wrba, Wiesbaden:* 47, 93, 120 unten, 121, 168, 169 – *Erica Wünsche, München:* 13, 14 oben, 109, 112, 116, 153, 154, 156, 157, 164 (2). Alle übrigen Abbildungen stammen aus dem Archiv des Verlages.

Leserforum

Die Meinung unserer Leserinnen und Leser ist wichtig, daher freuen wir uns von Ihnen zu hören. Wenn Ihnen dieser Reiseführer gefallen hat, wenn Sie wichtige Hinweise zu den Inhalten haben – Ergänzungs- und Verbesserungsvorschläge, Tipps und Korrekturen – dann schreiben Sie uns:

Redaktion ADAC Reiseführer
ADAC Verlag GmbH
81365 München
verlag@adac.de

Impressum

Lektorat und Bildredaktion:
Johannes Graf von Preysing
Aktualisierung: CLP Carlo Lauer & Partner, München
Karten: Wolfgang Mohrbach, Kreative Kartographie, München
Herstellung: Martina Baur
Printed in Germany

Ansprechpartner für den Anzeigenverkauf:
Kommunalverlag GmbH & Co KG,
MediaCenterMünchen, Tel. 089/92 80 96-44

ISBN 10: 3-87003-642-7
ISBN 13: 978-3-87003-642-3

Gedruckt auf chlorfrei gebleichtem Papier

Neu bearbeitete Auflage 2006

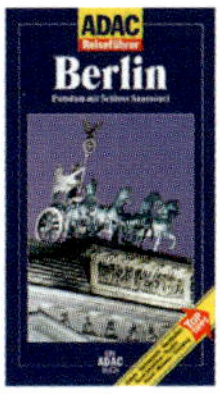

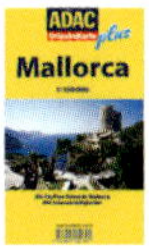

Ägypten
Algarve
Allgäu*
Amsterdam
Andalusien*
Australien
Bali und Lombok
Barcelona*
Berlin*
Bodensee*
Brandenburg
Brasilien
Bretagne
Budapest
Bulgarische Schwarzmeerküste
Burgund
Costa Brava und Costa Daurada
Côte d'Azur
Dalmatien
Dänemark*
Deutschland, City Guide
Dominikanische Republik
Dresden*
Dubai, Vereinigte Arabische Emirate, Oman
Elsass
Emilia Romagna
Florenz
Florida
Französische Atlantikküste
Fuerteventura
Gardasee*
Germany, City Guide (engl.)
Golf von Neapel
Gran Canaria
Hamburg*
Hongkong und Macau
Ibiza und Formentera
Irland
Israel
Istrien und Kvarner Golf*
Italienische Adria
Italienische Riviera
Jamaika
Kalifornien
Kanada – Der Osten
Kanada – Der Westen
Karibik
Kenia
Korfu und Ionische Inseln
Kreta*
Kuba
Kykladen
Lanzarote
Leipzig*
London*
Madeira
Mallorca*
Malta
Marokko
Mauritius und Rodrigues
Mecklenburg-Vorpommern*
Mexiko
München*
Neuengland
Neuseeland
New York*
Niederlande
Norwegen
Oberbayern*
Österreich*
Paris*
Peloponnes
Piemont, Lombardei, Valle d'Aosta
Polen*
Portugal
Prag*
Provence
Rhodos
Rom*
Rügen, Hiddensee, Stralsund
Salzburg
Sardinien
Schleswig-Holstein*
Schottland
Schwarzwald*
Schweden*
Schweiz*
Sizilien
Spanien
St. Petersburg
Südafrika
Südengland
Südtirol*
Sylt
Teneriffa*
Tessin
Thailand
Toskana
Tunesien
Türkei-Südküste
Türkei-Westküste
Umbrien
Ungarn
USA-Südstaaten
USA-Südwest
Usedom*
Venedig*
Venetien und Friaul
Wien*
Zypern

* auch als ADAC Reiseführer Plus mit CityPlan bzw. UrlaubsKarte